Mes mémoires

Joseph Caillaux

MES MÉMOIRES

I

MA JEUNESSE ORGUEILLEUSE

1863-1909

Ce volume a été déposé à la Bibliothèque Nationale en 1942

JOSEPH CAILLAUX

MES MÉMOIRES

I

MA JEUNESSE ORGUEILLEUSE

1863-1909

Avec neuf gravures hors texte

PARIS

LIBRAIRIE PLON

LES PETITS-FILS DE PLON ET NOURRIT

IMPRIMEURS-ÉDITEURS — 8, RUE GARANCIÈRE, 6e

Tous droits réservés

PREMIÈRE PARTIE

―――――――

« *Caillaux, c'est un Sarthois.*
Il a, dans l'élévation, la mesure
et l'âpreté des collines de son
pays. »

ANATOLE FRANCE
A GEORGES PIOCH.

CHAPITRE PREMIER

Ma famille — Mes parents. — 1870. — Mon père entre a
l'Assemblée nationale — Quelques vieux papiers. —
M. Thiers au gouvernement.

« La fausse gloire, et la fausse modestie sont les deux
écueils que la plupart de ceux qui ont écrit leur propre vie
n'ont pu éviter, » a dit le cardinal de Retz. Je n'éprouve
pas pour le rival du cardinal de Mazarin la même admiration que Mirabeau qui, dans une lettre à Sophie Monnier,
le déclara un grand homme d'État et un grand honnête
homme. Je n'en ai pas moins lu à tête reposée, je n'en
relis pas moins périodiquement les étonnants *Mémoires*.
Il m'arrivera d'y glaner. Je commence. J'y cueille la formule que je viens de citer et que je ne manquerai pas de
retenir.

J'entends cependant moins « écrire ma propre vie »
dans le sens littéral des mots que conter ce que j'ai su,
ce que j'ai vu, les événements auxquels j'ai été mêlé. Mon
souci est d'informer — je n'ose dire d'instruire — la postérité en exposant des faits, en produisant des documents,
en commentant, en discutant des doctrines. Mais, mon
existence s'enroule autour des faits que je rapporterai.
Elle sera le pivot de mon ouvrage. Elle fera corps avec mes
récits qui, quel que soit mon souci d'objectivité, me reflé-
teront. Il me faut donc avoir constamment en vue les deux
écueils judicieusement signalés.

Conduit à dire en débutant le milieu où j'ai grandi, qui m'a empreint, à donner des détails indispensables pour expliquer comment se forma mon esprit, sur mes origines dont je n'ai pas plus à me vanter qu'à rougir et qu'il y aurait de l'affectation à omettre, je sens que, en ces premières pages plus peut-être qu'en toutes autres, la fausse gloire et la fausse modestie me guetteront.

Je m'en défendrai en parlant tout uniment, en disant simplement, brièvement, ce que je sais, ce que je ne dois taire **de** mes ascendances, en reléguant dans des notes quelques indications sur mes lointains aïeux, en ne m'étendant que sur mon père, sur sa carrière, sur le rôle qu'il a joué, sur la mesure en laquelle ma mère et lui ont agi sur ma mentalité.

Mes ancêtres du côté paternel furent des Percherons ou des Beaucerons — Perche et Beauce se touchent. — Cultivateurs, ils devinrent entrepreneurs de construction au dix-septième siècle. Sous le règne de Louis XV ils s'élevèrent à la bourgeoisie en achetant des charges de petite judicature. Ils furent notaires, sénéchaux, prévôts au cours du dix-huitième siècle.

Mon arrière-grand-père, Caillaux l'aîné, comme il signait négligeant son prénom « Joseph » dévolu à tous les aînés de la famille, parfois à quelqu'un de leurs frères (1), était

_____

(1) Les filles s'appelaient souvent Joséphine Joséphine Tascher de La Pagerie aurait été, d'après ce que m'a conté mon père, une de nos parentes. Quand elle devint impératrice des Français, certains de nos cousins furent la solliciter. L'un d'eux obtint, par elle, une place de conseiller à la Cour des comptes que Napoléon venait d'instituer Avec cette bonne grâce facile qui ajoutait encore à son charme la souveraine aurait songé à étendre le cercle de ses bienfaits Elle aurait pensé à « baroniser » le chef de la famille Caillaux. De là sans doute la légende qui eut cours parmi les adversaires politiques de mon père se complaisant entre 1875 et 1880 à l'appeler « le

notaire royal et prévôt à Sancheville quand la Révolution éclata Ses offices furent supprimés. Il se fixa à Chartres.

Il amasse une fortune, notable pour l'époque, en faisant le commerce de la terre, en achetant et en revendant des biens nationaux. Il préserve en même temps le patrimoine de quelques-uns des clients nobles de son ancienne étude qui avaient émigré et qui la tourmente passée, lui témoignèrent une médiocre gratitude. Je ne crois pas que ceux dont il sauva la tête lui furent beaucoup plus reconnaissants. Républicain, très lié avec Petion d'origine chartraine, surtout avec Brissot qui avait été son camarade de collège, il arracha quelques suspects à l'échafaud dont il s'en faut de peu qu'il ne monte lui-même les degrés après que ses amis de la Gironde ont croulé. Dénoncé pour ses relations politiques et privées, aussi pour sa fortune, il se défend tant bien que mal. Il échappe. Après Thermidor, il est investi de fonctions municipales pendant plusieurs années. L'Empire proclamé, il reste fidèle à ses principes. Il s'éloigne de la politique et de l'administration. Il vit dans la retraite, tantôt à Chartres, dans sa maison de la rue Saint-Pierre — une ancienne commanderie de Templiers aujourd'hui transformée en école — tantôt à Luisant dans une propriété qu'il a acquise. Il meurt en 1820.

Ses nombreux fils — il eut dix enfants — suivent des voies diverses. Ils sont magistrats, avocats, officiers, notaires, médecins.

L'aîné, mon aïeul, est substitut du procureur impérial à Chartres de 1810 à 1814. A la Restauration il démissionne. Il achète une charge d'avoué à Orléans qu'il occupe jusqu'en 1830. Il revient alors à Chartres appelé par un de

baron Caillaux » La réserve hautaine en laquelle mon arrière-grand-père s'enferma depuis la chute de la République découragea, me fut-il encore dit, les velléités impériales.

ses frères, Constant Caillaux, brillant avocat, que le gouvernement de Louis-Philippe investit des fonctions de procureur du roi dans sa ville natale où, chef des libéraux, il a mené le combat contre Charles X et les Ultras. Constant Caillaux meurt en 1831. Son frère aîné, qui a pris son cabinet, le laisse péricliter. Il l'abandonne au bout de quelques années. Mon grand-père a du goût pour le changement, peu de goût pour le travail. Ayant fait ce qu'on appelle un beau mariage, il jouit de quelque aisance. Il ne songe pas à l'accroître. Une jolie fortune ne doit-elle pas lui advenir? Mais sa belle-mère, mon arrière-grand'mère, qui la détient, a la vie dure. Elle enterre ses filles, son gendre. Elle meurt à quatre-vingt-douze ans. « Quand on attend les souliers d'un mort pour marcher, on risque d'aller longtemps pieds nus, » répète malicieusement la vieille dame qui, dans son appartement de Paris, regarde paisiblement le sablier. A ses petits-enfants seulement elle laisse de beaux débris, rien que des débris de l'opulence que son père, M. Declerck, grand fonctionnaire du premier Empire, un instant ministre du Trésor de Napoléon Ier (1), a constituée,

(1) M. Declerck, mon auteur commun avec les de la Motte, les de Jouvenel, était armateur à Dunkerque en 1789. Il vient à Paris. Il connaît où? comment? Bonaparte. Il approvisionne de fonds, qui lui sont prêtés par des banquiers hollandais, les grands bailleurs d'argent de l'époque avec lesquels il fut en rapports, le jeune général s'embarquant pour l'Égypte. Le premier consul reconnaît le service en confiant à M. Declerck, après brumaire, le poste le plus important du ministère du Trésor : la direction de la Comptabilité et de la Dette Arriérée. L'Empereur songe à l'élever plus haut. Momentanément brouillé avec le comte Mollien, son ministre du Trésor, il fait appel au concours de celui qui l'a toujours aidé. Mais une malheureuse surdité s'est abattue sur mon trisaïeul. Mandé aux Tuileries, il fait répéter à Napoléon sa première phrase. N'entendant pas encore il sollicite l'autorisation de se servir de son cornet acoustique. Il est démissionné d'office. « Quelle compensation voulez-vous? » interroge l'Empereur. « La recette générale de Bordeaux pour mon fils et pour mon gendre qui s'associeront, » répond mon aïeul — Il avait entendu .. cette fois

A la Restauration M. Declerck fils est révoqué. Il obtient cependant d'être réintégré à Dijon par l'entremise de la duchesse de Berry, à la condition,

que son mari M. Thirion, secrétaire du chevalier de Boufflers, ensuite fonctionnaire au Contrôle général des Finances, payeur, payeur général, associé du receveur général de Bordeaux, a accrue, mais que, pris de panique en 1815, réalisant fiévreusement ses biens à vil prix, il a éparpillée de ses propres mains à la veille de sa disparition (1).

me fut-il dit, qu'une part du produit de la recette générale de la Côte-d'Or (40 000 francs l'an) sera versée à la princesse... pour ses charités sans doute.

(1) M. Thirion accompagne le chevalier de Boufflers au Sénégal quand le gouvernement de la colonie récupérée sur les Anglais est octroyé, par le roi Louis XVI, au gentilhomme désargenté, désireux de redorer quelque peu son blason Mon arrière-grand-père, auquel à son retour en France, le chevalier ménage un accès dans les services du contrôle général entre si avant dans l'intimité de son ancien chef que celui-ci, partant pour l'émigration, lui remet en dépôt la célèbre correspondance avec Mme de Sabran, parvenue de la sorte, grâce à l'un des miens, à la postérité.

Des relations étroites persistent entre le délicat poète, revenu à Paris, y vivant dans la médiocrité et dans l'oubli — il appartient au passé, — et son ancien subordonné gravissant les échelons de la nouvelle hiérarchie financière.

Tandis que j'écris, j'ai sous les yeux d'autres lettres, extraites de mes archives familiales, en petit nombre malheureusement — combien se sont égarées ! — adressées à mon arrière-grand-père par Boufflers ou par sa belle-fille Mme de Custines née Sabran, la veuve du général qui monta sur l'échafaud, l'amie de Chateaubriand.

J'en reproduis une dont je respecte scrupuleusement l'orthographe .

Vve Martel f
Poissonnière N° 9

« Ce 27 Gal. an I.

« Je me fis assez à votre ancienne amitié Mon cher Thirion pour vous recommander un ami particulier de ma belle-fille et en même temps le mien comme je me recommanderais moi-même si le sort m'avait réduit au degré d'infortune où vous le verres

« En attendant que vous le connaissiez faites lui passer à mon compte les secours nécessaires pour se rendre de Toulon où il est maintenant jeté comme par un naufrage à Toulouse où vous pourres lui donner de l'ouvrage puisqu'il a une tres belle main et une grande exactitude dans toute espèce de travail, et particulièrement dans tout ce qui tient aux tableaux de comptabilité.

« Enfin mon cher ami faites le vivre de votre mieux avec nous ou ailleurs

« Mandes moi a qui je pourrai remettre vos avences jusqu'à la concurrence

Mon grand-père ne s'émeut guère de cet accident. Il mène à Orléans d'abord, à Chartres ensuite, une existence paisible. Tout ce qui me fut dit de lui me permet, je crois, de l'évoquer. Il me paraît que je le vois parcourant les rues de Chartres où il aime à longuement déambuler, engoncé dans son hausse-col, la gravité autoritaire écrite dans chaque pli de son visage. Il est en effet, à son foyer, un autocrate devant lequel ses enfants tremblent. Père de famille d'ancien régime il ne permet pas à ses fils devenus hommes, sortis de l'École polytechnique, ingénieurs des Mines ou des Ponts et Chaussées, de répondre à une observation qu'il formule. Le séjour de sa maison serait intolérable si ma grand'mère, la douceur incarnée, ne le modérait et si chez lui-même un fonds de grande bonté ne tempérait son despotisme.

Répugnant — je l'ai dit — à toute occupation régulière, il n'en est pas moins un homme de grand savoir. Il a une forte lecture, désordonnée s'il faut en croire un contemporain. « Une admirable bibliothèque M. Caillaux ! Quel dommage qu'elle soit renversée ! » — L'appréciation rentre peut-être dans la catégorie de ces jugements sommaires auxquels, soucieux de se venger de la culture qui offusque, le voisin est prompt. En tous cas, je possède des Cicéron

de 250 et encore une fois croyés que vous aurés fait pour moi ce que vous aures fait pour lui.

> « BOUFFLERS. »

« Le citoyen Cahumière dont vous parle mon père Monsieur, a été de l'expédition de Gantheaume pour legypte qui vient de rentrer dans le port de Toulon, si vous pouviez lui procurer quelque moyen d'existence vous me rendriez le plus grand service ! Son cœur, ses talents, son infortune lui donne des droits à votre intérêt. tirez-le, je vous en conjure, de son terrible embarras, et comptez à jamais sur ma vive reconnaissance.

> « Sabran Vve Custine »

Les autres lettres qui sont en ma possession sont de tout point semblables à celle-ci. Ce sont billets de recommandation.

soigneusement annotés par mon grand-père et, quand j'ouvre un de ces volumes, il me semble que j'aperçois mon aïeul quittant sa petite ville qu'il est las d'arpenter, s'arrêtant dans la campagne au coin d'un bois ou au bord d'un ruisseau pour méditer le *De Senectute* ou le *De Amicitia* qu'il tire de sa poche ou bien, abandonnant les Latins, pour relire un des Encyclopédistes qu'il affectionne.

Car il est voltairien. Il ne va pas à la messe, sauf les jours de grande fête pour complaire à ma grand'mère, et encore ne manque-t-il de faire valoir le prix de la concession. Un érudit, « juste milieu » en politique, libre penseur déférent, voilà, je crois, comment se figure le fils aîné de l'ami de Petion et de Brissot que, beaucoup plus que mon père, ma tante, qui vécut jusqu'en 1908, m'a souvent représenté.

Quatre enfants, trois fils, une fille, naissent de son union avec Mlle Thirion.

La fille, Mme Blin, ma tante dont je viens de parler, n'est mariée que quelques années. Elle voue son existence à un fils qui la déçoit. Elle végète tristement.

L'aîné des fils, Alfred Caillaux, est reçu à l'École polytechnique, mais sa turbulente jeunesse le fait exclure des postes de l'État. Il devient ingénieur civil des Mines. Il meurt inspecteur des Chemins de Fer.

Le plus jeune de mes oncles est tué durant la guerre de Crimée, en montant à l'assaut de la tour de Malakoff.

Le second fils de Joseph-Lubin Caillaux, né en 1822, fut mon père : Eugène Caillaux.

Entré, lui aussi, à l'École polytechnique, il en sort dans un rang brillant : le onzième. Il a accès dans le corps des Ponts et Chaussées. Après avoir fait ses débuts à Orthez où il reste peu de temps, il est nommé ingénieur en second à Laval.

On construit alors le chemin de fer de Paris à Brest. Mon père a charge d'édifier le viaduc qui doit traverser la ville.

Il réussit un ouvrage d'art jugé le plus remarquable du temps. Il est proposé pour la Légion d'honneur. Cependant il n'a que trente-trois ans et son ingénieur en chef n'est pas décoré. C'est à celui-ci que la distinction va être conférée. On l'en informe. Mais le haut fonctionnaire a ce sentiment élevé de la justice qui subsiste encore, qui subsistera toujours — je l'espère — dans le grand corps de l'État auquel il appartient. Il se rend à Paris. Il proteste ; il déclare qu'il n'est pour rien dans la construction du viaduc, que tout le mérite en revient à son jeune subordonné. Il parle si haut qu'il est entendu. Il obtient la singulière satisfaction qu'il réclame. Mon père est décoré malgré l'opposition persistante de M. de Boureuille, secrétaire général du ministère des Travaux publics qui, quelque vingt ans plus tard, sera sous les ordres de M. Eugène Caillaux.

Il va de soi que le ministre ne se souvint pas plus du passe-droit dont il avait failli être l'objet qu'il ne retint un autre incident qui l'avait mis aux prises avec le même secrétaire général et que je m'arrêterai à conter parce qu'il illustre tout un côté de la mentalité de mon père.

D'une honnêteté violente, défendant avec férocité les deniers de l'État, mon père surveillait de très près les entrepreneurs de Travaux publics qui travaillaient aux premières voies ferrées dans les départements de l'Ouest. Quelque jour, il relève, sinon des malversations, du moins des gains illicites causant préjudice à la chose publique. Il prend immédiatement les sanctions qui sont en son pouvoir, rédige un rapport fulminant, malmène de très haut, avec trop de virulence — lui-même me l'a avoué — l'adjudicataire indélicat. Mais, celui-ci est un gros bonnet, ayant

PÉTION ET BRISSOT

amis intimes de mon arrière-grand-père J. Caillaux.

LE DUC DE BROGLIE

ses petites et ses grandes entrées dans les ministères, disposant d'appuis politiques. Mon père est blâmé. Il craint que sa carrière ne soit compromise. Il demande à être entendu. Il est reçu à Paris par M. de Boureuille. Il expose les faits. On maintient les reproches formulés. « Mais, enfin, j'ai fait mon devoir, » observe mon père. « Oui, monsieur, réplique le secrétaire général. *Mais le talent est de faire son devoir sans attirer de difficultés au ministre sous lequel on est placé ou à l'administration dont on dépend* » (sic).

La phrase ne manque pas de saveur, ce n'est cependant que formule de laisser aller dont je dirais qu'elle porte la marque de fabrique du second Empire si je ne devais convenir qu'elle a certainement été prononcée sous des formes diverses. en bien d'autres temps. Le « pas de zèle » de M. de Talleyrand fait partie du vocabulaire de la haute bureaucratie française. Pas plus que mon père je ne m'accommode de ce scepticisme médiocre que je juge nuisible à l'intérêt général. A qui prendrait à son compte le mot de M. de Boureuille je riposterais que le talent, pour un chef, c'est de modérer les impétuosités des jeunes hommes en les admonestant doucement, sans les décourager par des paroles de glace.

Cependant mon père quitte Laval Il est nommé à Caen. Entre temps il perd ses parents, sa grand'mère. Il dispose d'une petite fortune — confortable pour l'époque — pas davantage. Il hésite à se marier comme j'ai hésité moi-même quand je parvins à l'âge qu'il a atteint. Il ne se décide que du jour où il est présenté à Mme Girard, née Donnet.

Mme Girard appartient à une famille de bourgeoisie protestante que la Révocation de l'Édit de Nantes a jetée dans le commerce de l'argent. Elle est la fille d'un riche banquier, lui-même fils, petits-fils de banquiers. M. Donnet, son père, a été maire de Caen pendant toute la durée du gouverne-

ment de Juillet. Pourchassé sous le second Empire il perdra
tout son avoir. Ma mère et son unique frère en souffriront
momentanément Un frère de leur père, un cousin, banquiers
eux aussi l'un à Paris, l'autre en Normandie, les dédomma-
geront amplement en les inscrivant sur leurs testaments.

Mlle Donnet, la plus riche héritière de Caen en l'an de
grâce 1845 (1) a épousé cette même année son cousin
Édouard Girard, jeune magistrat, qui meurt procureur
impérial en 1855. M. Girard, protestant bien entendu — les
deux familles Girard et Donnet sont emmêlées — est le
dernier fils d'un grand ingénieur dont, en quelques mots,
je résumerai la belle carrière, retracée par une de ses filles
Mme Chevreux, qui l'a écrite pour son arrière-petit-fils
Louis de Montebello en un livre tiré à cinquante exemplaires. Ingénieur des Ponts et Chaussées à vingt-quatre ans
en 1789, couronné par l'Académie des Sciences en 1792,
Pierre-Simon Girard est désigné pour faire partie de la
phalange scientifique qui accompagne le général Bonaparte
en Égypte. Explorant la vallée du Nil, découvrant le fameux Nilomètre de l'île Éléphantine, il exprime ses multiples observations sur le régime des eaux, sur les irriga-
tions, sur l'oasis du Fayoum en de nombreux volumes qui,
aujourd'hui encore, font autorité. Revenu en France avec
les débris du corps expéditionnaire, il est chargé par Napoléon, dont il a gagné la confiance, d'amener à Paris les
eaux de l'Ourcq, de construire les deux canaux de Saint-
Martin et de Saint-Denis. Tombé en disgrâce lors de la
Restauration — on reproche à Girard les marques de
haute bienveillance qu'il a reçues de l'Empereur (2), —

(1) Elle eut 200 000 francs de dot ! Sa première toilette de bal a coûté
100 francs ! Prodigalité généralement désapprouvée par la société caennaise !
(2) Napoléon a anobli son ingénieur préféré en lui donnant un blason signi-
ficatif . le sphinx sur champ de sinople M Girard, ni ses fils, ni son petit-
fils ne porteront le titre conféré par l'Empereur.

il n'en parvient pas moins à achever son œuvre. Les canaux
de l'Ourcq, de Saint-Denis, de Saint-Martin terminés, il
commence la construction du système d'égouts de la capitale. Conseiller municipal, conseiller général de la Seine
après 1830, il expose à ses collègues l'état des travaux
d'eaux dans la ville de Paris en un rapport dont je retiens
quelques lignes parce qu'elles relient la mentalité de mon
arrière-grand-oncle à celle de mon père, aussi parce qu'elles
devraient être gravées en lettres d'or dans toutes les salles
de délibérations de l'Hôtel de Ville : « Méfiez-vous de cet
essaim de charlatans et de faiseurs d'affaires qui viennent
et reviennent sans cesse bourdonner autour de la caisse
municipale, comme alléchés par l'odeur de la curée. »
En 1836 Pierre-Simon Girard s'éteint, à a veille de présenter
à l'Institut dont il est membre depuis plus de vingt ans,
un rapport sur une nouvelle histoire scientifique et militaire de l'expédition d'Égypte.

Des nombreux enfants du grand ingénieur un seul
descendant, portant le nom de Girard, est issu : Robert
Girard, mon frère, commandant d'artiller e, mort en 1896,
sans postérité.

Mariée à Édouard Girard, Cécile-Anna Donnet a deux
enfants : un fils, Robert Girard, dont je viens de citer
le nom — une fille, Marguerite Girard, qui fut successivement unie à M. Vavin, trésorier payeur général, et au commandant d'Huningue. Ma sœur disparut en 1914 quelques
mois avant qu'éclatât la guerre mondiale.

Mme Girard, née Donnet, se trouve donc veuve en 1855.
Quatre ans plus tard elle rencontre mon père qui s'éprend
d'elle comme elle s'éprend de lui. La différence de religion
met obstacle pendant de longs mois à la réalisation de leurs
communes espérances.

Bien que ne pratiquant pas à l'époque, mon père ne veut

pas abjurer la religion dans laquelle il a été élevé. Ma mère, elle, est protestante convaincue. Ses parents frémissent encore à la pensée des persécutions dont leurs ancêtres ont été l'objet, qui ont divisé leur famille en deux branches dont l'une est devenue anglaise (1). Ils consentent, à grand'-peine au mariage de leur fille avec un catholique. Mais, les enfants à naître, quelle sera leur religion? L'Église catholique, pour bénir l'union, exige que les futurs conjoints promettent d'élever leur descendance dans le culte romain. Un accommodement intervient cependant. Il est entendu que les fils pratiqueront la religion du père, les filles celle de leur mère.

Le mariage est célébré en 1860.

Peu de temps après, mon père entre au service de la Compagnie de l'Ouest. Il reçoit mission de construire le chemin de fer du Mans à Angers. Il se fixe au Mans où habitent déjà quelques-uns de ses parents, un de ses oncles, notamment, dont la vie a été parsemée d'aventures. Friand de la lame il s'est, sous la Restauration, aligné, une douzaine de fois, aux côtés des « brigands de la Loire » en face des gentilshommes royalistes. Mes grands-oncles transportent d'ailleurs aisément leurs pénates de l'une dans l'autre des trois villes, Chartres, Orléans, Le Mans, qui sont les chefs-lieux naturels de la région dont notre famille est originaire.

---

(1) L'odieuse révocation de l'Édit de Nantes, qui a coûté si cher à la France, obligea les protestants qui ne voulaient pas se voir enlever leurs enfants soit à émigrer, soit à envoyer leurs fils et leurs filles à l'étranger pendant leur minorité. Mes aïeux, normands, dirigèrent naturellement leurs enfants sur Jersey où quelques uns se fixèrent

Ainsi, j'ai une innombrable parenté anglaise Ainsi, le bailli (gouverneur) de l'île de Jersey, lord Vernon, était mon cousin. D'autres, auxquels la fortune n'a pas également souri, les Vincent, les Morris, les de Quetteville, vivent dispersés en Angleterre ou dans les Dominions.

Avec quelques-uns j'ai gardé des relations.

Je nais ainsi au Mans le 30 mars 1863, un .undi saint.
Ma gouvernante anglaise me dira souvent : *You are a
holy child.* « Vous êtes un enfant saint. » La pauvre fille,
qui vivait encore il y a quelques années et qui est, j'imagine, plus confite que jamais en dévotion, juge sans doute
que l'enfant qu'elle a élevé n'a pas pris à tâche de justifier toutes ses espérances.

En 1864 j'ai un frère de seize mois plus jeune que moi.
Joseph et Paul grandiront ensemble. Ils seront élevés en
commun, ils ne se sépareront qu'à l'âge d'homme.

De ma tendre enfance je ne parlerai pas. J'ai dit la règle
générale à laquelle je m'astreins. Eussé-je autrement décidé
que je me garderais du ridicule qui s'attache à quiconque
fait un sort aux minuties du premier âge !

Que conterais-je au surplus? Nos promenades à mon
frère et à moi, dans notre vieille cité mancelle, qui n'a
guère changé depuis soixante ans, sous la conduite de nos
bonnes, ensuite de notre institutrice anglaise? Nos séjours
au bord de la mer? Nos passages à Paris où nos parents
vont presque tous les ans et où il nous arrive d'apercevoir
l'empereur Napoléon III et l'impératrice dans un carrosse
de gala, entourés des cent gardes?

Petits riens qu'on aime à se remémorer, dont on savoure
le parfum à mesure qu'on avance dans la vie ! Premières
fleurs écloses à l'orée du jardin secret que chacun d'entre
nous aménage à son gré, dont les êtres de délicatesse
écartent les profanes, où ils n'autorisent autrui à prendre
vue que par échappées quand ils se trouvent contraints à
faire entrevoir un coin du mystérieux enclos.

Cependant, le temps marche : voici 1870, voici le mariage
de ma sœur — elle a dix-sept ans de plus que moi, elle

épouse le fils de l'ancien député de Paris M. Vavin — voici la guerre. Et puis, des paroles graves à mes petites oreilles : « Mon enfant, nos armées sont battues. L'empereur est prisonnier. La République est proclamée. » Des mois plus tard, en Bretagne où nous avions pris refuge, la nouvelle nous parvient que mon père, resté au Mans pour faire son devoir d'ingénieur et de représentant de la ville (il est conseiller municipal depuis un an), est élu membre de l'Assemblée Nationale.

Quelques semaines à Bordeaux ! ensuite, pendant plusieurs années, nous habitons Versailles et Le Mans alternativement. A la fin de 1874 seulement nous nous fixons à Paris quand mon père est devenu ministre des Travaux publics.

Je ne note ces allées et venues que pour montrer mon père très attaché à sa femme et à ses enfants, associant les siens au mouvement de son existence Logique avec lui-même, il parle librement à la table de famille où il prend place le plus souvent qu'il peut. Ayant de la curiosité d'esprit, j'écoute avec passion J'interroge mon père quand j'ose, ma mère à tout instant. L'un et l'autre me répondent. Je fais effort pour comprendre. Si je n'entends pas entièrement, je retiens. Des semaines, des mois plus tard, ma petite tête ayant travaillé, je pénètre ce que je n'ai pas saisi du premier coup Et puis je grandis. Mon intelligence s'éveille, je commence à penser. Les choses, les hommes de la politique fixent mes premières réflexions.

J'ai fait ainsi provision de souvenirs que j'ai plus tard ajustés aux renseignements qui me sont parvenus, si bien que je me trouve à même d'apporter ma contribution, qui ne sera pas, je crois, dépourvue de toute utilité, à l'histoire des premières années de la République.

J'aurai cependant peu de choses à dire sur le gouvernement de M. Thiers — j'avais tout juste dix ans quand il croula, le 24 mai 1873 — je n'aurais rien à dire du tout sur le second Empire si de singuliers documents n'étaient tombés en ma possession.

J'ai trouvé dans les papiers de mon père, après son décès, une liasse de lettres et de notes dont je ne soupçonnais pas l'existence — il n'avait été fait devant moi que des allusions tellement discrètes à ces pièces que je ne pouvais entendre ce que cela signifiait — le dossier est infiniment curieux, trop curieux pour que je ne le fasse pas connaître.

Un fonctionnaire des Postes « chargé sous le second Empire de la correspondance politique » — délicieux euphémisme ! — est remercié en 1872 ou en 1873 aussitôt que la République commence à s'installer définitivement. Il se plaint, il menace. Ah ! on entend se débarrasser de lui parce qu'il a dirigé le « cabinet noir ». Eh bien ! on va voir. Il a gardé copie de plus de huit cents lettres écrites par de hauts personnages appartenant à tous les partis. Il en sortira une aujourd'hui, une autre demain Du chantage? Eh ! oui, du chantage qui réussit ou qui paraît réussir. M. Léon Renault, préfet de police, cède, fait semblant de céder. Il promet à M. S... de le recommander, comme celui-ci en exprime le désir, au ministre des Finances pour l'obtention d'une recette particulière ou d'une perception, à une condition, à la condition que toutes les copies qui ont été prises seront livrées et que l'ancien chef de service des Postes s'engagera à ne rien conserver, pas même des résumés sténographiques Le marché est conclu. Des lettres sont échangées (singulière imprudence de la part d'un préfet de police !) Ces lettres j'en détiens les originaux ou les copies. Mais je détiens aussi la nomenclature de la cor-

respondance violée et des exemplaires de quelques-unes
des lettres interceptées (1)

Comment cela? L'histoire est simple.

M. S.. n'obtient pas une satisfaction aussi complète
que celle qu'il recherche. Quand, en 1877, mon père devient
ministre des Finances, M. S ... s'adresse à lui et non seulement il lui remet, pour « expliquer » la besogne qu'il a
accepté de faire, la liste des ordres qu'il a reçus de directeurs généraux des Postes du second Empire lui enjoignant
de décacheter telles et telles correspondances — le moyen
de défense est licite — mais il lui adresse des copies qu'il a
conservées malgré le serment fait. Le triste sire se vante
même d'avoir caché au préfet de police les lettres échangées
entre le comte de Chambord et ses fidèles. Il s'est gardé,
allègue-t-il, de livrer, lui, monarchiste, de semblables éléments d'information à un homme politique républicain.
Il les communique à un ministre des Finances qu'il honore
de sa confiance parce que celui-ci fait partie du cabinet
du Seize Mai et parce qu' « il sort de notre grande École ».

Mon père éconduit l'individu qui se lamente en une dernière lettre datée du 9 septembre 1877. Il cherche cependant
à appâter encore en révélant qu'il dispose d'une gentille
petite réserve et que, si le ministre le désire, « il pourra,
avec le temps, lui donner en grande partie le double de ce
qu'il a remis à M Léon Renault. » Nulle réponse ne lui
parvient. Aucun envoi nouveau n'a lieu.

La publication des lettres cambriolées que mon père
a conservées dans son coffre-fort sans les en laisser jamais
sortir n'aurait aucun inconvénient aujourd'hui — il y aura
bientôt soixante-dix ans que les dernières d'entre elles ont
été écrites. — Je n'extrairai cependant du dossier volu-

(1) On trouvera tout le dossier dans mes archives.

mineux que quelques pièces. Le temps a fané les autres.

Il est fort peu intéressant de savoir les difficultés que M. de Laboulaye rencontrait dans sa campagne électorale à Strasbourg en 1866 et dont il entretenait son fils et ses amis parmi lesquels Émile Ollivier Il n'est pas beaucoup plus intéressant de connaître les méthodes dont usaient les partisans de M. Thiers en 1868 pour préparer sa candidature dans tel ou tel département.

La correspondance du comte de Chambord et de ses amis retient davantage l'attention. A travers les lambeaux que je possède il n'est pas difficile de discerner les préoccupations dominantes du prince et de ses conseillers.

Écrivant en 1866, 68, 69 et 70 ils sont inattentifs aux dangers que court la France. Ils ne pensent qu'au prétendu péril révolutionnaire dont ils ont la hantise.

Un instant cependant, au lendemain de Sadowa, ils voient clair. Après avoir cru à la victoire facile de l'armée autrichienne, après avoir gémi sur sa débâcle, ils déplorent que Napoléon III n'ait pas eu la perspicacité qui leur a manqué. Le comte de Blacas écrit le 18 juillet à sa belle-fille :

« En attendant, ce grand politique — je parle de l'empereur Napoléon — voit déjà le beau succès et les heureux avantages que procure à la France son habile politique.

« Voilà la France flanquée de deux puissants voisins qui s'entendent comme larrons en foire et qui se fichent parfaitement de toutes les sommations et menaces françaises. Cela est très rassurant pour l'avenir... »

Mais, ces messieurs oublient vite. Ils en reviennent à leur première marotte. « La Révolution est à nos portes. L'empereur est hors d'état de la maîtriser, » voilà le thème habituel de leurs lettres. On sent que, plus conservateurs que royalistes, ils subiraient le régime étouffant sans trop se plaindre s'ils y trouvaient des garanties contre le progrès des idées qu'ils redoutent « L'Empire est fini, » ajoutent-ils en 1869, jugeant exactement. « Mais où allons-nous? Seul le retour au principe de l'hérédité monarchique avec tout ce qu'il implique peut « sauver la France ».

Ces considérations se rencontrent, emmêlées d'appréciations qui ne sont pas toujours dépourvues de justesse sur les hommes politiques du présent et du passé, dans une lettre écrite en 1869 par le duc d'Ayen au comte de la Ferté. Elle me paraît assez curieuse pour que je a donne en entier :

Le duc d'Ayen au comte de la Ferté à Nice.

Champlâtreux, 15 décembre 1869.

Tu vois dans quelle incertitude ou plutôt dans quel gâchis nous vivons. Le ministère et les Chambres battent l'eau à qui mieux mieux. Quant à l'homme, malgré ses grandes phrases, il reste dans son inertie, ne sachant pas prendre franchement un parti quelconque, ayant toujours une grande tendance à garder le pouvoir qui lui échappe, et cependant se laissant manger peu à peu et, par conséquent, user en pure perte. — Tout cela est pitoyable. Il n'y a pas un *homme*

Cette Chambre, dont la très grande majorité est conservatrice et qui, en crainte de la révolution, est toute disposée à conserver l'Empire — bien qu'elle ne l'aime pas, — va, si elle continue, en arriver à une situation telle, vis-à-vis du pays, qu'une dissolution sera forcée. Dans ce cas, nous aurons légalement la révolution, car il est bien certain que, avec les dispositions actuelles des masses, le suffrage universel nous donnera une Chambre complètement révolutionnaire.

Un homme, un vrai chef, arrêterait tout cela et, avec les éléments actuels, pourrait encore faire marcher la machine Mais remarque que, depuis 89, le niveau n'a fait que baisser. La

France a eu à cette époque (que cependant, je n'aime pas) l'assemblée, il faut en convenir, la plus remarquable — pleine de volontés de premier ordre Tous manquaient d'expérience — c'est ce qui nous a perdus — mais il y avait là une quantité d'hommes hors ligne. L'Empire est venu qui a tout fait disparaître, autant qu'il a pu, puisqu'il a voulu être *seul* : 1815 a produit encore une Chambre remarquable ; 1830 a eu un seul homme : Casimir Périer ; 1848 a commencé la série des incapables et des bavards comme Lamartine. Et le second Empire n'a eu que des avocats comme Billault, Rouher, etc. . plaidant le pour et le contre à volonté — mais d'hommes *point*. Nous descendons chaque jour les degrés de l'échelle et j'ai bien peur que le mouvement ne s'accélère suivant la loi de la chute des corps. — Tu vois que je suis un peu comme Cassandre ; c'est que la partie la meilleure du pays, celle qui voudrait l'ordre dans son propre intérêt, est tellement inerte, tellement habituée à être gouvernée, réglementée, en tout et pour tout, qu'elle ne fait rien et qu'elle ne fera rien pour se sauver.

J'ai été, en effet, préoccupé ces temps derniers, plus peut-être que de coutume, parce qu'il y a eu un moment où le gouvernement a cru fermement à un mouvement populaire à Paris. — Puis, enfin, tu as vu comment la suite de tout cela a tourné en eau de boudin. Une fois cette émotion calmée, on pouvait s'attendre à des violences au commencement de la session et on s'y attendait en effet — mais tu vois ce que sont ces braillards de la gauche, Gambetta, Bancel, Raspail, Rochefort — tout cela de pâles copies des révolutionnaires d'autrefois — tout cela dégénéré comme le reste. Notre pays, il faut le dire, donne le plus triste et le plus pitoyable spectacle à l'Europe.

Monseigneur a écrit une lettre que nous n'avons pas donnée aux journaux, afin qu'on ne lui prête pas le caractère d'un manifeste. Il ne pense pas que le temps soit venu d'en faire un. Mais cette lettre est l'expression d'une pensée constante, le témoignage d'une sollicitude qui ne s'est jamais démentie, qui a toujours eu et qui aura toujours en vue le bonheur et les véritables intérêts du pays En présence de la situation la plus précaire dans laquelle il se soit trouvé depuis longtemps, Monseigneur a besoin de prouver une fois de plus à ses amis avec quelle constante vigilance ses regards sont fixés sur nos destinées.

Je pense que toutes les paroles de cette lettre te paraîtront, comme à moi, l'expression de la vérité Seulement, j'avoue que je crains fort, de toi à moi, que le pays ne soit pas aujourd'hui disposé de façon à ce qu'elle puisse avoir action sur lui. Mais je ne puis m'empêcher de penser qu il arrivera un moment où il se fera une réaction dans les masses.

AYEN.

Le prince est aussi incertain que son second sur « le moment où il se fera une réaction dans les masses. » Le 7 janvier 1870 il écrit de Frohsdorf au comte Villaret de Joyeuse les lignes désenchantées qui suivent :

« Que nous amènera 1870, qui ne commence pas, pour l'Europe, sous d'heureux auspices?

« L'état des esprits en France et à l'étranger, les progrès des idées révolutionnaires et subversives de tout ordre social, les faiblesses des *gouvernements* que l'on peut encore appeler *conservateurs*, tout cela ne semble pr sager rien de bon... »

Que nous amènera 1870? Il semble bien, à lire les quelques lettres de Gambetta que j'ai trouvées au dossier, que, pas plus que les royalistes, les républicains ne pressentent le drame imminent. Je n'ai, il est vrai, que trois lettres du grand tr bun datées de 1869. Deux sont adressées à A. Lavertujon. L'une a trait à un procès. Elle est négligeable. La seconde se réfère à un incident de la politique courante. Je la laisserais de côté si je ne voulais en retenir une vue politique singulièrement perçante. On lira en note le fragment qui l'inclut (1). La troisième lettre, envoyée à Clément

_____

(1) Lettre de L Gambetta à A. Lavertujon.

Montreux (Suisse).
« 2 octobre 1869

« J'ai dû changer mes résolutions au sujet de l'incident Keratry. Tu sais

Laurier, est, au contraire, d'un grand intérêt. Écrivant à peu près à la même date que le duc d'Ayen, le chef des gauches formule, sur deux points : la fragilité du gouvernement impérial, l'impréparation du parti républicain, des opinions se rapprochant de celles exprimées par le conseiller d'Henri V. Il esquisse, en plus, dans le même document, de main de maître, une large politique. Je reproduis textuellement :

L. Gambetta à Laurier avocat.

Montreux (Suisse).
12 septembre 69.

Je t'écris pour la dernière fois avant notre rentrée à Paris... Je ne puis tenir ici plus longtemps ; et puis je veux être aux réunions annoncées par Ferry.

Il serait bien temps de forcer cette gauche à devenir un gouvernement d'opinion publique C'est le grief sérieux contre nous (car je ne m'abstiens pas de ces légitimes reproches)

Nous n'avons pas SU prendre encore la direction, l'hégémonie de l'opinion. C'est le reproche très juste, quoique latent et inavoué, que chacun nous fait.

En face d'un pouvoir officiel qui agonise, le pays cherche un guide et ne trouve rien Tiers parti, centre-gauche et gauche paraissent également impropres à commander et à obéir. Il faut, sous peine des plus graves périls, que cette anarchie ait un terme. Il faut que la gauche se décide, d'ici le 26 octobre, à prendre en mains le gouvernail Il faut qu'elle apparaisse comme le lendemain visible, rassurant et tout préparé, de ce qui est et de ce qui finit.

ce que je pense de cette affaire , *je commets sciemment une faute politique* et voici les motifs décisifs qui me la font commettre .. » Le chef de parti expose que, s'il ne commet pas la faute en question, il perd toute influence à Paris « Je ne veux de ce résultat à aucun prix, » reprend-il « Je ne pouvais pas me laisser *dépasser* à Paris, » poursuit-il .. « Il faut pour toi, comme pour Laurier et probablement pour un troisième que je sois compté pour quelque chose. »

« *En somme, cela ne compromet que ma réputation de modéré et je saurai bien faire une reprise.* »

Telle est, en substance, l'idée principale qui me domine depuis le mois de juillet, que j'ai longuement établie dans mon manifeste du 29 juillet et que je vais reprendre à mon retour avec l'énergie et la force nouvelle que me donnent les circonstances...

Léon GAMBETTA.

Il dépasse son parti celui qui veut contraindre ses amis à préparer « un gouvernement d'opinion publique », celui qui entend « que la gauche apparaisse comme le lendemain visible, rassurant et tout préparé de ce qui est et de ce qui finit ». Embrasse-t-il cependant tout l'horizon le jeune chef qui, le 12 septembre 1869, ne parle même pas de la situation extérieure, alors qu'elle devrait être au premier plan de ses préoccupations? L'expérience m'a sans doute appris que rares sont les politiques qui, dans les périodes de calme apparent, savent s'abstraire de l'absorbante politique intérieure pour prêter l'oreille aux grondements ou aux bruissements qui, venant du dehors, rasent le sol. Cependant, cet homme jeune qui débute dans la politique, dont on ne peut s'étonner qu'il se donne tout entier à la lutte contre le despotisme, a, sinon à ses côtés, du moins non loin de lui, un vieil homme d'État avec lequel il s'entretient.

Celui-là regarde au dehors et prévoit. Celui-là ne cesse, ne cessera de sonner la cloche d'alarme.

Mais, Gambetta et ses amis partagent-ils toutes les appréhensions de M. Thiers? Ont-ils la même épouvante que lui de l'aventure où la France risque d'être entraînée? Ne sont-ils pas dominés par les souvenirs de la Révolution, friands de ses épopées, convaincus que la grande nation toujours victorieuse depuis un siècle, battue une seule fois par l'Europe coalisée, ajouterait, en 1870, au cas où les portes du temple de la Paix viendraient à se fermer, de nouveaux fleurons à sa couronne de gloire?

Si tel est leur sentiment, comme je le présume, il n'est que juste de reconnaître qu'il répond pleinement à la mentalité générale. J'entends encore les miens, mes oncles, mes cousins, prédire quand la guerre de 70 fut déclarée, le prompt et éclatant succès de nos armes — mon père, qui avait le visage soucieux, était isolé.

L'ancien ministre de Louis-Philippe parlait donc dans le désert quand il essayait d'arrêter le gouvernement impérial sur la pente où la légèreté de certains hommes au pouvoir, la faiblesse criminelle de Napoléon III, conscient du péril mais sentant le sol se dérober sous ses pas, cédant, me fut-il dit, avec des précisions à l'appui, aux objurgations de l'impératrice Eugénie (1), précipitèrent la France.

Quand les désastres firent mesurer au pays l'étendue de la faute commise, l'opinion se retourna. Elle alla d'un bond vers le seul homme qui eût vu clair au milieu de la déraison ambiante. Avec lui elle jugea que l'incurie impériale avait mis la France en un tel état d'infériorité que c'était folie de continuer la lutte, que, à prolonger le conflit, on risquait d'aggraver les sacrifices inévitables.

L'Assemblée Nationale prononça, à l'immense majorité, pour M. Thiers contre Gambetta dont l'héroïque intransigeance ne se résignait pas à une amputation de la patrie.

(1) Mon père a recueilli de la bouche de M. Plichon, ministre des Travaux Publics dans le cabinet Émile Ollivier, une confidence dont il m'a fait part. M. Plichon aurait entendu l'Impératrice s'emporter violemment contre Napoléon III décidé à la paix. Elle l'aurait traité de lâche. Elle aurait prononcé devant le collègue de mon père à l'Assemblée nationale la parole. « C'est ma guerre. »

Jean Plichon, le fils du ministre s'entretenant avec moi, en 1928, dans les couloirs de la Chambre, a confirmé mes souvenirs *de tout point*

Elle était, certes, infiniment pénible la triste mutilation... on ne pouvait s'y soustraire.

Le nouveau chef du Pouvoir exécutif aurait commis des fautes? Eh! qui n'en commet? « Il n'était pas un aigle, loin de là, » a dit de lui Bismarck. Peut-être fut-il inférieur à son redoutable partenaire dans la négociation du traité de Francfort. Il manqua certainement de tact si, essayant en 1870, après nos revers, d'émouvoir les grandes nations neutres sur le sort de la France, il se laissa aller comme on l'affirme — mais est-ce vrai? — à dire : « L'Europe ne veut pas changer de maître. » Surtout il ne fit pas — je le crains — tout le possible pour prévenir le lamentable épisode de la Commune. Il ne comprit pas qu'un patriotisme suraigu, attisé par la fièvre obsidionale, était à l'origine de l'explosion révolutionnaire, il ne fut pas davantage assez attentif aux excès d'une répression sanglante.

Mais, en regard de ces erreurs, dont plusieurs sont *incertaines*, quels services considérables il faut inscrire à l'actif de l'homme d'État! Il coupa court à l'acharnement belliqueux qui, n'en déplaise aux exaltés, eût conduit la France aux abîmes. Il comprit qu'au lieu de s'obstiner à poursuivre une partie perdue il fallait liquider au plus vite pour reconstituer un gouvernement, une armée, des finances. Il s'attela à cette grande tâche pendant les deux années durant lesquelles il détint le pouvoir (1). Il aperçut encore les périls que comportait une restauration monarchique. Il alla loyalement, lui royaliste, vers la République. Il fit confiance

(1) Je n'irai pas jusqu'à m'approprier l'éloge qu'avec une infatuation naïve l'ancien président de la République se décernait à lui-même durant les dernières années de sa vie : « Voyez-vous, disait-il, à ses amis, le malheur de ce pays c'est qu'il a toujours été mal gouverné Ainsi, depuis le commencement de ce siècle, il n'a eu de bons gouvernements que pendant quelques années de la Monarchie de Juillet et entre 1871 et 1873 »

Toutes réserves sont à faire sur la gestion des affaires publiques par M. Thiers entre 1830 et 1840. Elle fut souvent fâcheuse, parfois détestable

LE DUC DECAZES

LE MARÉCHAL DE MAC-MAHON

à la démocratie dont il se sentit assuré qu'elle referait la France. Bismarck jugea tout autrement. La République devait causer, à son avis, la décadence définitive des Gaules alors que le quasi-absolutisme germanique maintiendrait la prééminence allemande.

Les événements de 1914 ont tranché le différend. L'Empire bismarckien s'est écroulé tandis que la République est sortie triomphante de l'épreuve (1).

Le bon serviteur du pays que fut M. Thiers n'en fut pas moins congédié le 24 mai 1873 alors qu'il avait eu, tout juste, le temps de mettre un peu d'ordre dans la maison. Que les réacteurs, qui avaient voué une haine particulière à celui que, dès le règne de Louis-Philippe, ils avaient insolemment surnommé « le foutriquet », n'aient pas eu de cesse qu'ils ne l'aient abattu, cela se conçoit. Mais les rétrogrades ne composaient qu'une minorité à l'Assemblée Nationale. Comment obtinrent-ils le concours des conservateurs modérés siégeant au centre droit ou au centre gauche dont beaucoup, tels mon père républicain sous l'Empire, étaient, ou se croyaient, disposés à accepter la République pour laquelle ils ne nourrissaient, en tous cas, aucune aversion?

Un mot, spirituel et profond, de M. Thiers dépeint leur état d'âme. Parlant de deux frères également députés — pourquoi ne pas les nommer? — MM. Lefevre-Portalis, le chef du pouvoir exécutif disait : « Amédée est légitimiste, Antonin est républicain et tous les deux sont orléanistes. » Amédée et Antonin n'étaient pas à l'état d'exception. Sous

___

(1) Le Chancelier de fer faisait preuve vis-à-vis de Gambetta de la même sévérité dont il témoignait à l'égard de M. Thiers. Parlant à notre ambassadeur M. de Gontaut-Biron le 8 mars 1873, il lui aurait dit : « Gambetta s'agite, c'est une médiocrité mais énergique et dans le gouvernement des peuples c'est ce qu'il y a de plus dangereux » (Dépêche 179 (page 212) du premier des *Documents diplomatiques français* — Volume paru en 1929)

des étiquettes diverses les hommes du centre étaient tous orléanistes sans s'en douter parfois ou plutôt — je rectifie M. Thiers — ils avaient l'état d'esprit orléaniste.

Boutade et commentaires appellent des explications.

Peut-être suis-je mieux que d'autres à même de les fournir. J'ai vu, j'ai entendu parler ces conservateurs modérés comme je sortais de l'enfance. J'ai recueilli pendant ma prime jeunesse les échos de leurs déceptions, de leurs regrets, de leurs craintes. J'essaierai, au cours des chapitres suivants, de représenter leur mentalité.

CHAPITRE II .

En mai 1874, lorsque eut été renversé le ministère de Broglie issu du 24 mai 1873, mon père fut appelé au gouvernement auquel il participa pendant deux années. Il fit partie d'une ou deux équipes ministérielles éphémères, enfin du cabinet Buffet-Dufaure-Léon Say qui vecut de mars 1875 à janvier-mars 1876. Compose d'hommes du centre droit (M. Buffet, etc.) et du centre gauche (MM. Dufaure, Léon Say...) le ministère, dit de conjonction des centres, fit voter la constitution républicaine.

Le portefeuille qui échut à mon père dans ces diverses combinaisons fut celui des Travaux Publics pour lequel il était entièrement qualifié Il remplit au mieux les fonctions qui lui furent attribuées. Remarquablement intelligent, travailleur infatigable, armé d'une volonté de fer, il était, de l'aveu de tous, adversaires comme amis, un administrateur de premier ordre.

La vénération dont j'entoure sa mémoire ne m'interdit pas de reconnaître qu'il fut un moindre homme de gouvernement. « Pour bien administrer, disait quelque jour M Thiers parlant dans l'intimité (1), il faut infiniment de qualités . » et il énumérait toutes celles dont mon père

(1) Propos tenus devant mon père.

était abondamment pourvu « mais, pour gouverner, ajoutait le chef de l'État, toutes ces qualités sont inutiles, il suffit d'un esprit juste et d'une volonté ferme ». La volonté de mon père était plus ferme que son esprit n'était juste. Et puis, il était entré tard dans la vie publique. Il avait près de cinquante ans quand il fut élu à l'Assemblée Nationale. Le métier avait pétri son cerveau. Il devait rester, il resta toute sa vie un ingénieur des Ponts et Chaussées. La rigidité du corps auquel il appartenait, se mariant avec une sévérité innée, l'emprisonnait dans un carcan de dogmatisme.

Honnête homme de la vieille roche, il frémissait d'une colère qu'il ne contenait pas — je l'ai montré — quand il flairait ou croyait flairer une indélicatesse. Il lui était alors impossible de taire son indignation qu'il criait aux quatre vents. Habitué à commander sans admettre que ses ordres fussent discutés, autoritaire pour ne pas dire autocrate de tempérament comme son père, mon aïeul, il dédaignait le maniement des hommes. Assuré d'avoir raison, il ne cherchait pas à persuader, il ordonnait sans cesse et toujours. Épris d'absolu, s'étant fabriqué une sorte de catéchisme de principes et d'idées auquel il n'admettait d'autres modifications que celles qu'il y apportait lui-même, il écrasait de son mépris, il combattait avec une violence effrénée les idées qui s'opposaient aux siennes, les hommes qu'il rencontrait en face de lui. Sa haute intelligence lui faisait par la suite apercevoir et regretter les excès auxquels il s'était emporté. Trop tard ! Le mal était fait. Dans la bataille il ne s'appartenait plus.

La vie publique s'accommode mal de ces travers. Ils eussent, selon toutes probabilités, empêché mon père de développer la grande carrière politique à laquelle sa valeur lui eût donné droit de prétendre. En fait, elle se limita à deux stages l'un de deux ans, l'autre de six mois, au gouvernement, a un passage de dix années dans les assemblées. La faute qu'il commit en se liant à la droite, à laquelle ne le rattachaient ni ses origines, ni les opinions de sa jeunesse, ni sa mentalité générale — il le reconnut durant les dernières années de sa vie, — lui ferma très vite les avenues du pouvoir et les portes du Parlement.

D'autres hommes partagèrent son erreur D'autres hommes évoluèrent ainsi que lui du centre gauche voire de la gauche vers la droite Pourquoi? Comment? par ambition a-t-on dit, pour étancher tout de suite la soif des honneurs qui tarit souvent les gosiers parlementaires?

Je crois qu'on fait tort aux politiques de l'époque — à presque tous — en leur attribuant des appétits, des hâtes qui ont sévi à d'autres époques, qui ont parfois troublé les équilibres entre l'ancienneté et la jeunesse, entre la tradition et le mouvement, nécessaires au bien de l'État. Chez les hommes de 1875 le sentiment de l'intérêt général était si profondément ancré qu'il tenait l'ambition en lisière.

Ce ne fut pas l'impatience, ce fut la doctrine — pour parler plus exactement, un ensemble de réflexions, de préjugés et de craintes composant une doctrine — qui orienta mon père et ses amis.

M. de Freycinet rapporte, dans ses *Mémoires*, une curieuse conversation qu'il eut, en 1874 ou 1875 avec M. Eugène Caillaux, ministre des Travaux Publics, qu'il allait parfois solliciter, très normalement comme l'établissent les lettres que je reproduis en note (1). A mon père, entretenant son

(1) C F.

« Paris, le 6 octobre 1874.

« Monsieur le ministre et cher camarade,

« J'ai oublié hier de vous faire remarquer qu'en passant ingénieur en chef je ne fais tort à aucun de mes camarades, puisque je ne prends la place de

camarade de l'École Polytechnique des dangereux progrès
des partis de subversion, faisant appel à la haute intelligence, à la modération d'esprit de Léon Gambetta et de
ses disciples, l'ancien membre du gouvernement de la Défense nationale répondit en remarquant que, pour défendre
utilement les idées conservatrices, il n'était d'autre moyen
que d'entrer franchement dans la République Il ne parvint pas, dit-il, à persuader son interlocuteur dont l'esprit
était dominé par le souvenir tout proche des événements
de 1870 et qui appréhendait que la République ne glissât
vers la Commune.

Le collaborateur de Gambetta voit juste. C'est la peur
des troubles révolutionnaires et de leurs conséquences qui
pesa sur l'esprit des gens du centre et les détermina.

Haïssant l'Empire qu'ils avaient âprement combattu, le

personne , je resterai en mission purement et simplement, avec mon nouveau
grade

« M Poree pourra vous renseigner sur mes titres administratifs Permettez-
moi de vous présenter, d'autre part, la liste de mes travaux de mission .
ils peuvent ce me semble, en dehors de toute autre considération, justifier
votre mesure bienveillante — d'autant qu'ils ont paru dans les Annales des
Mines et ne sont ignorés d'aucun de mes camarades.

« Votre bien dévoué,
                                            « C DE FREYCINET. »

C F
                                            « Paris, le 12 février 76
    « Mon cher camarade,

    « Permettez-moi d'appeler votre bienveillante attention sur une demande
qui vous a été soumise ces jours-ci par M. Demanche, à la fin de remplacer
le très regrettable M Porée à la division du personnel Je connais depuis
longues années M. Demanche j'ai pu apprécier maintes fois son tact, son
urbanité, son honorabilité parfaite, son esprit équitable et son indépendance.
Je pense qu'il deviendrait très rapidement un bon chef du personnel et peut
être plus complètement que la plupart de ceux qui se mettraient sur les rangs.
Je crois donc céder à un devoir autant qu'à mon amitié pour lui, en prenant
la liberté de vous le recommander

    « Si vous désirez de plus amples renseignements, je me tiens à votre dispo-
sition pour vous les fournir.

    « Votre tout dévoué camarade,
                                            « C DE FREYCINET »

haïssant non seulement parce que libéraux — libéraux sincères — mais parce que conservateurs — le régime napoléonien, à raison du trouble de ses origines, à raison de sa précarité, à raison de ses à-coups de démagogie, leur semblait inquiétant pour le *statu quo* social, ils gardaient la mémoire des journées de juin d'où jaillit le coup d'État du 2 décembre. Ils craignaient que la République de 1870 ne sût, pas plus que sa cadette de 48, contenir les éléments de désordre et ils auguraient que, si elle descendait la même pente, les mêmes causes produisant les mêmes effets, il s'ensuivrait une restauration impérialiste dont la pensée les faisait frémir.

Ce n'était pas seulement leur conservatisme, c'était leur patriotisme qui s'épouvantait. Ils avaient pris, ils prenaient tous les jours mesure du mal fait à la France par un despotisme imbécile insouciance et gâchis à l'intérieur — incohérence et forfanterie à l'extérieur.

Faisant le tour du problème, ils ne voyaient qu'un moyen de restaurer la patrie : revenir à la sage administration des affaires publiques qui, de 1830 à 1848, avait maintenu l'ordre dans une atmosphère de liberté tempérée, préservé la nation des aventures tout en assurant son développement économique.

Nombre d'entre eux, soit qu'ils eussent servi le régime de juillet, soit par tradition de famille, étaient attachés aux princes d'Orléans que chérissait, à un point qu'on n'imagine pas aujourd'hui, presque toute la haute et moyenne bourgeoisie. Les autres, par esprit d'imitation, penchaient vers l'orléanisme La plupart, cependant, se seraient accommodés d'une bonne petite république à la condition que celle-ci, enfermée dans des lisières qui garantissent sa sagesse, fût aussi conservatrice, plus respectueuse du clergé, que la royauté libérale.

Ils espérèrent que, l'ancien ministre de Louis-Philippe, M. Thiers, servirait leurs desseins. La rudesse apportée dans la répression de la Commune leur parut un gage. Quand ils virent que, aussi conservateur mais plus avisé qu'eux — de cela ils ne se rendirent pas compte, — l'homme d'État ne s'effrayait pas de la République à laquelle il s'était sincèrement rallié sans prétendre la conditionner puérilement, ils jugèrent qu'ils étaient trahis.

Après avoir longtemps hésité — le prestige de M. Thiers était considérable — ils se décidèrent à l'opération du 24 mai.

Ils renversèrent le Chef du Pouvoir exécutif.

Ils prirent le gouvernement.

Que voulaient-ils en faire? Quel était leur programme? Quelle méthode envisageaient-ils? De quels hommes disposaient-ils?

L'armature de la nouvelle majorité, c'était la résistance à la poussée démocratique, c'était, sous roche, le cléricalisme.

Comme on n'osait avouer ces visées, comme on sentait que les masses se fussent écartées, que des défections se fussent produites parmi ceux qui s'étaient à regret séparés des gauches si les chefs avaient crié tout haut leurs craintes et leurs espérances, on chercha un pavillon sous lequel on pût abriter des troupes bigarrées. On découvrit une formule, bien frappée il faut en convenir, imaginée, dit-on, par M. Numa Baragnon — le Numa Roumestan d'Alphonse Daudet selon la chronique. — On arbora « l'Ordre moral ».

Mais encore fallait-il un édifice où accrocher le drapeau. Quel édifice? La monarchie? Il n'y avait pas de majorité

à l'Assemblée Nationale pour *oser* une restauration de la
branche cadette contre les légitimistes, contre les républicains. On pensa à réconcilier le comte de Chambord et ses
cousins. On réussit. Et puis on découvrit — ce dont on
aurait pu se douter à l'avance — que le rétablissement de
la royauté, à la Henri V, c'est-à-dire avec son cortège
d'idées désuètes et de principes périmés, était un anachro-
nisme que la France de 1873 ne supporterait pas un instant.

Déroutés, les hommes du 24 mai cherchèrent une issue.
On a dit qu'ils se rabattirent sur un expédient : la République sans les républicains. Ce n'est pas tout a fait cela.
Ils essayèrent de fonder le mac-mahonisme qui, dans leur
esprit, devait préparer l'orléanisme. Ils s'accordèrent avec
les républicains modérés pour écrire une Constitution libérale dont je dirai tous les mérites, dont je montrerai tout
ce qu'on en a pu tirer, dont ils imaginèrent, eux, qu'ils
l'avaient fait reposer sur deux piliers inébranlables le
Sénat comprenant 75 inamovibles élus par l'Assemblée
Nationale — le septennat conféré au chef de l'État Dès
lors, pensèrent-ils, le jour où disparaîtra l'exilé de Frohsdorf, il suffira d'une simple substitution de personne, d'une
simple modification à un article de la Constitution pour
que la République cède la place à une monarchie à l'anglaise, à une monarchie où le comte de Paris, le duc d'Au-
male de préférence, occupera la place de Louis-Philippe,
où Guizot s'appellera le duc de Broglie ou bien M. Buffet,
à la rigueur Dufaure ou encore Léon Say.

La conception était fragile. Cette sorte de royauté cons-
titutionnelle masquée d'une étiquette républicaine qu'on
s'évertuait à cacher, ce provisoire dont on ne pouvait dire
quand il finirait n'étaient pas de nature à séduire un pays
latin qui a le goût des solutions nettes, qui ne s'accommode
pas de l'incertain. Il était fatal que, si le chef de l'État

et ses conseillers pratiquaient loyalement le régime parlementaire, le pays exprimât de plus en plus par ses votes sa volonté de sortir de l'indéterminé et de réaliser ou tout au moins de tenter la République puisqu'on ne lui présentait aucune autre formule de gouvernement définitif.

A la différence des orléanistes cherchant à se persuader que le pays consentirait à dormir de longues années sous le mancenillier d'une gloire militaire, les bonapartistes aperçurent que le mac-mahonisme ne vivrait que s'il se résolvait en une dictature. De toutes leurs forces ils s'efforcèrent de pousser gouvernements et majorité dans cette voie, se disant non sans raison que, si, sous le couvert du maréchal de Mac-Mahon, ils réhabituaient la nation au pouvoir personnel, le lit du fils de Napoléon III, du jeune prince impérial, serait fait.

Mais leurs desseins étaient trop apparents Les monarchistes libéraux se gardèrent d'autant plus contre ce qui pouvait les favoriser qu'ils n'ignoraient pas la popularité qu'avait conservé dans les masses rurales le régime napoléonien. « Sous l'Empire les produits se vendaient bien, » dira pendant longtemps le paysan. Revenant d'une tournée électorale dans la Sarthe en 1874, mon père remarquait que la plupart des maires de petites communes avec lesquels il avait causé et auxquels il avait représenté les avantages du mac-mahonisme, lui avaient répondu : « Oui, monsieur Caillaux, le maréchal c'est très bien　en attendant que le « petit » profite » — (Dans le parler sarthois, profiter signifie grandir.)

Résistance donc acharnée de la part des hommes qui gouvernent aux procédés césariens dont ils discernent à quoi ils aboutiraient. Au cours des pages qui suivront, nous verrons les dirigeants au moins aussi préoccupés du péril bonapartiste que de ce qu'ils qualifient : le péril rouge, se défendant de toutes leurs forces contre les infiltrations tentées par les fonctionnaires ou les politiciens du second Empire évincés en 1870, ne cédant pas, même au Seize Mai quoi qu'on en ait dit, à la tentation des violences et des coups de force

Les « juste-milieu » qui prennent la direction des affaires au 24 mai s'en tiendront, pendant tout le temps qu'ils gouverneront, a leur doctrine compassée, au mac-mahonisme, traduisant, voilant l'orléanisme. Cette doctrine aura au moins un éloquent interprète   le duc de Broglie. Elle aura pour pivot un homme : le maréchal de Mac-Mahon, duc de Magenta

Je crois bien que j'ai gardé un faible pour le soldat dont les grands cordons, les étoiles, les chamarres ont ébloui mes yeux d'enfant. Je crois bien que je ne puis me tout à fait défendre de l'admiration tendre ressentie par le gamin de dix ou douze ans pour le maréchal de France qui, à je ne sais quelle revue, le prenait gentiment entre ses genoux et lui demandait s'il préférait les chasseurs aux hussards ou les cuirassiers aux dragons. Je ne céderai cependant pas au sentimentalisme, je serai simplement équitable en avançant qu'on fut souvent trop sévère pour l'homme qui pendant quelques années (1) présida aux destinées de la France

De lui à coup sûr, bien plutôt que de M. Thiers, on pourrait dire, sans crainte de se tromper, qu'il n'était pas un aigle. En plus, il était totalement dénué de la haute culture générale dont s'enorgueillissait avec une feinte modestie, mais a juste titre, son prédécesseur. Il ne savait rien ou

(1) De 1873 a 1879.

bien peu de chose du gouvernement, de l'administration.
Enfin, il était godiche. Il ne parlait pas — on m'entend. —
Il ouvrait la bouche malencontreusement, pour livrer à ses
contemporains des réflexions marquées au coin de la naïveté, parfois pour jeter dans la circulation des mots
« bébêtes » qui faisaient prodigieusement rire à ses
dépens.

Je me suis moi-même diverti, moins des calembredaines
qui ont traîné les rues et dont beaucoup furent inventées,
que des historiettes qui me furent contées par des témoins
auriculaires. M. Dufeuille, qui fut chef de cabinet de
M. Buffet, qui fréquenta chez mes parents, que je retrouvai
des années plus tard à un détour de la politique, avait un
sac tout plein d'anecdotes savoureuses. Il disait les chasses
présidentielles où le maréchal, qui ne tirait pas mieux que
Napoléon Ier ou M. Carnot, dispersait son plomb à la ronde
et répondait à qui lui faisait observer que les jambes de
ses voisins s'en ressentaient : « Bah ! Ce n'est que du petit
plomb. » Il narrait les pittoresques entretiens entre le shah
de Perse venu en France en 1873 et le chef de l'État français. Un entre autres : . . à Versailles   les grandes eaux .
Le maréchal promène son hôte dans le parc en landau :
« Monsieur le maréchal, quel est ce bassin? » demande le
souverain. — « Le bassin de Latone, sire. » — « Monsieur le
maréchal, qu'est-ce que Latone? » Profond silence du maréchal ! Craignant d'avoir manqué aux règles du protocole
dont, comme tout Oriental, il a le souci au plus haut degré,
le shah reprend : « Monsieur le président de la République,
qu'est-ce que Latone? » — « C'est un nom. » Réponse
péremptoire.

Mais, après tout, ne doit-on pardonner à un militaire
d'ignorer la mythologie? Mon frère Girard qui fit la campagne de Tunisie — il était alors tout jeune capitaine

d'artillerie — se trouvait sous les ordres d'un colonel qui, sous sa tente, traduisait les écrivains grecs et à ses officiers venant demander des instructions répondait en soumettant au contrôle de ses subordonnés son interprétation de tel passage d'Aristophane ou d'Euripide. Celui-là connaissait tous les recoins de l'Olympe antique mais il ne savait pas placer une batterie. S'il avait commandé à Magenta .

« D'abord, Ducrot, » disait le maréchal en 1875 à son vieux compagnon d'armes, élu en 1871, député de la Nièvre mais qui, s'étant fait battre sur le nom d'un de ses candidats à une élection partielle, tonnait contre l'infâme radicalisme, « d'abord, Ducrot, les militaires n'entendent rien à la politique... » Et, après ce délicieux exorde, le président de la République annonçait qu'au dire de M. Buffet il y avait trois manières de « sauver la France ». Il les avait d'ailleurs oubliées et il priait son chef de cabinet, le comte d'Harcourt, de lui rafraîchir la mémoire.

Je partage le sentiment du maréchal sur l'inaptitude des militaires à la politique. J'ajouterai que certain coup de tête dont il sera question prouve que le glorieux blessé de Sedan ne faisait pas exception à la règle. Mais, n'est-il pas des civils, voire des professionnels de la politique, qui sont à loger à la même enseigne? Est-ce que M. Buffet, affirmant au maréchal que le premier moyen de « sauver la France » c'est-à-dire d'assurer le triomphe des conservateurs, était le rétablissement du scrutin d'arrondissement ne faisait pas preuve d'un sens politique limité ..?

Au surplus, si le soldat hissé à la première magistrature de l'État ignorait la politique, le gouvernement parlementaire, l'administration, il était du moins un homme parfaitement droit, ne manquant ni d'un solide bon sens, ni d'une connaissance réfléchie du pays. Celui qui a dit, envisageant le retour du comte de Chambord avec le drapeau

blanc déployé, voire en poche · « Les chassepots partiraient
tout seuls, » a montré qu'il avait mieux pénétré le sentiment
général de la France que nombre des personnages éminents
qui l'entouraient. Un entretien avec mon père, que celui-ci
m'a maintes fois conté, atteste la même sagacité. C'était
au lendemain de l'échec du Seize Mai. Le maréchal, qui affectionnait M. Eugène Caillaux, le fit venir pour lui demander
conseil. Homme à poigne — on l'a aperçu — mon père
inclinait vers la « résistance » sans d'ailleurs mesurer exactement la portée du terme dont il usait. Pensait-il à une
seconde dissolution? Imaginait-il qu'il fût possible, par un
déploiement de force extérieure, d'impressionner le pays et
de modifier l'orientation de la majorité nouvelle? Tout cela
était, j'en suis sûr, on ne peut plus vague dans son esprit.
Quoi qu'il en soit, il engagea le président à former un
ministère de « résistance » avec un général à la tête. « Mon
cher monsieur Caillaux, répondit le maréchal en niochant
dans sa moustache blanche, on voit bien que vous ne connaissez pas les généraux. Les généraux sont les gens qui
manquent le plus complètement de courage qu'il y ait. »

Il va de soi que, parlant du courage de ses camarades,
le chef de l'État différenciait, ainsi que le cardinal de Retz,
qui, dans ses *Mémoires*, écrit : « M le comte de Soissons
avait toute la hardiesse de cœur que l'on appelle communé-
ment vaillance au plus haut point qu'un homme la puisse
avoir ; il n'avait pas, même dans le degré le plus commun,
la hardiesse d'esprit qui est ce que l'on nomme résolution. »

Je concède que les militaires — la plupart, non tous bien
entendu — manquent au moins autant de hardiesse d'esprit
que de sens politique et je n'engage pas ceux qui seraient
tentés de me contredire à chercher des arguments dans la
vie publique du maréchal de Mac-Mahon. A dire vrai elle

se déroula, au commencement, entre 1873 et 1877, selon les rites et l'esprit des constitutions libérales

Investi le 24 mai 1873, le président de la République confia le gouvernement ainsi que le voulait la règle parlementaire, au chef de la majorité, au duc de Broglie qui avait renversé M. Thiers. Quand, un an plus tard, celui-ci fut, à son tour, mis en minorité par l'Assemblée Nationale, le maréchal forma, interprétant correctement la volonté du pays exprimée par des élections partielles et les mouvements de l'Assemblée, des ministères de conjonction des centres.

Gouvernements difficiles à faire vivre dans tous les temps ceux qui n'ont le concours dévoué ni de la droite, ni de la gauche ! Leur formation répond souvent à un besoin. Elle est souvent souhaitée par l'opinion silencieuse du pays. Pourtant, harcelés sur leurs flancs, subissant l'entre-croisement des feux, les hommes qui les composent emploient le meilleur de leur temps à disputer à la gauche comme à la droite une existence que leurs amis du centre — j'allais dire du « marais » — s'empressent toujours mollement a affermir.

L'histoire des ministères de 1874 à 1876, telle que mon père l'a couchée par écrit en résumant en style télégraphique, parfois en style nègre, les délibérations des Conseils des ministres, confirme cette vérité d'expérience.

Les notes qu'il m'a léguées, qui sont complètes et pas trop difficiles à déchiffrer (1), montrent des gouvernements sans cesse préoccupés de faire face à droite comme à gauche.

Le 3 juin 1874 les ministres délibèrent sur a suspension du journal *l'Indépendant rémois* dont ils trouvent la ligne trop avancée mais applaudissent le même jour au discours que M. Gambetta vient de prononcer à Auxerre parce qu'il

---

(1) Dossier dans mes archives.

est « antibonapartiste ». Qu'est-ce à dire? Bien simple !
Les gouvernements de l'époque sont et resteront constamment hantés par la crainte d'une collusion entre les radicaux et les bonapartistes. Ils se réjouissent de voir le chef
des gauches prendre position nette contre les impérialistes.
Dans dix, dans vingt des feuilles volantes griffonnées à la
hâte par mon père, des appréhensions analogues se font
jour. Le 25 juin de la même année le Conseil des ministres
s'émeut de ce que « partout des comités bonapartistes se
forment à côté des comités radicaux ». Le 30 juin un orage
dans le gouvernement ! M. Magne, ministre des Finances,
est mis sur la sellette. Ses collègues lui reprochent de
nommer des fonctionnaires bonapartistes. Il proteste, il se
défend d'être bonapartiste et d'avoir fait des choix « cri-
tiquables ». Le même jour mon père note que les chefs
bonapartistes et légitimistes donnent des instructions en
tout point semblables à leurs lieutenants : « Abstenez-vous
de fournir votre concours à tout ce qui organise le pouvoir
du maréchal. »

Et ainsi de suite...

Une lettre, écrite le 2 octobre 1875 après le vote des lois
constitutionnelles, par un politique de premier plan, M. Bocher, leader du centre droit, ancien préfet du gouvernement
de Juillet, ami et confident des princes d'Orléans, précise
la politique des mac-mahoniens, en bataille contre « les
radicaux de droite, contre les radicaux de gauche, surtout
contre les bonapartistes de l'appel au peuple ».

2 octobre 75

Mon cher Caillaux,

J'avais lu, avant qu'il eût les honneurs de la publication au
Journal officiel, l'excellent discours que vous avez prononcé
ces jours-ci devant les cultivateurs de la Sarthe, je veux vous
en faire mon sincère compliment. Vous êtes là, ce me semble,

LE MINISTÈRE DU MARÉCHAL DE MAC-MAHON A VERSAILLES (1875)

De gauche à droite : BUFFET (Intérieur), Léon SAY (Finances), WALLON (Instruction publique),
DE MEAUX (Agriculture et Commerce), DUC DECAZES (Affaires étrangères), Maréchal DE MAC-
MAHON (Président), DE CISSEY (Guerre), CAILLAUX (Travaux publics), Amiral DE MONTAIGNAC
(Marine), DUFAURE (Justice)

PRÉSIDENCE
DE LA
RÉPUBLIQUE

Paris, le 7 [illegible] 1874

FAC-SIMILÉ D'UNE NOTE PRISE PAR EUGÈNE CAILLAUX AU CONSEIL DES MINISTRES

(Cf. page 17.)

sur un excellent terrain, — la Constitution et le Maréchal — terrain sur lequel tous les hommes d'ordre peuvent et doivent s'unir. Mais, qu'en faisant appel à tous les hommes d'ordre. on ne craigne pas de frapper ceux qui sont les adversaires décidés secrets ou patents, heureux ou audacieux, de l'œuvre du 25 février et de ses auteurs (1). On ne fera pas une majorité, ni dans l'Assemblée ni au dehors, avec les radicaux de la droite pas plus qu'avec ceux de la gauche, encore moins avec les bonapartistes de l'appel au peuple. Entre ces partis extrêmes, il y a, dans la Chambre et dans le pays, les éléments d'une majorité de constitutionnels ; mais pour pouvoir les réunir et les associer, il faut commencer par y croire et le vouloir. Je vous félicite beaucoup, pour ma part, de l'issue que vous avez su trouver pour la crise ministérielle (2).

Et je vous renouvelle, mon cher ministre, l'assurance de mes sentiments dévoués et affectueux.

Leon BOCHER.

La majorité à laquelle croyait M. Bocher ne se dégagea pas. Le 11 décembre 1875 M. Dufaure, ministre de la Justice, parlant des premières élections sénatoriales à la veille d'intervenir, exposait à ses collègues réunis en Conseil, que dans nombre de départements deux listes seulement étaient en présence : « Une liste de droite hostile a a Constitution que le ministère a fait voter, une liste de gauche hostile au ministère. » Les mac-mahoniens et le gouvernement qui les représentait étaient pris entre les deux pinces de la tenaille électorale.

Battu au mois de janvier 1876 dans son département — les Vosges --- où il était candidat au Sénat, le président

(1) Par ces mots « l'œuvre du 25 février » M. Bocher entend d signer les lois constitutionnelles

(2) M. Bocher fait sans doute allusion à la formation du ministère Buffet-Dufaure

du Conseil (le vice-président comme on disait alors),
M. Buffet, se retira suivi du vicomte de Meaux. M. Dufaure
le remplaça le 13 février. La direction des affaires passait
ainsi du centre droit au centre gauche. Le léger coup de
barre annonçait et précédait un mouvement beaucoup plus
accentué dont la nation exprima la volonté quand les
urnes s'ouvrirent quelques semaines plus tard. Elle élit une
Chambre des députés à majorité résolument républicaine.
Le maréchal de Mac-Mahon s'inclina devant le verdict du
suffrage universel. Un cabinet de centre gauche et de gauche
modérée remplaça le cabinet de conjonction des centres.

Le ministère dont mon père faisait partie se retirait dès
lors après avoir rempli un rôle infiniment utile, très diffé-
rent de celui qu'envisageaient certains de ses membres :
il avait fondé la République. Par un de ces paradoxes dont
le cours des choses humaines offre souvent le spectacle, il
appartint aux adversaires de la démocratie de jeter les
bases du régime démocratique. Ils y réussirent au mieux.
Les hommes de gauche, s'ils avaient été chargés de ce soin,
auraient à coup sûr réduit les attributions du Pouvoir
exécutif, probablement créé une Chambre unique ; ils n'auraient, à tout le moins, toléré une haute Assemblée qu'à la
condition que les pouvoirs en fussent étroitement limités.
Il est tout à fait probable qu'un tel régime n'eût pas résisté
à la première grande crise. Il se fût presque certainement
effondré lors de la poussée césarienne de 1887-1888. Les
orléanistes de 1875 préservèrent le pays de ce malheur. Ils
écrivirent une Constitution de sagesse, aux articles remarquablement rédigés dans leur brièveté. Pour que la royauté
libérale pût s'y loger à l'aise, ils se gardèrent de borner,
même de définir étroitement les prérogatives du chef de
l'État. Ils ne pressentirent pas que, ce faisant, ils as-
seyaient la fonction présidentielle puisqu'ils la dotaient

d'une souplesse salutaire. L'exercice de la première magistrature de l'État pourra, dès lors, s'adapter aux nécessités variables des temps, aux grands courants d'opinion, aux aspirations de la démocratie. Suivant, d'autre part, les conseils de M. Thiers (1), ils instituèrent un Sénat conservateur. Il fut bien, il sera bien conservateur dans le sens élevé du terme. Il ne sera pas réacteur comme ils l'attendaient. Il suffira d'un léger changement apporté aux lois constitutionnelles pour que, la disparition progressive des sénateurs inamovibles étant ordonnée, la haute Assemblée évolue à gauche tout doucement, discrètement mais sans jamais reculer. La suppression des inamovibles sera, du reste, la seule modification importante que les républicains introduiront dans la Constitution, dans cette Constitution orléaniste qui sera tant honnie pendant de longues années, qui, aujourd'hui encore, est vitupérée par les attardés. En vain... heureusement ! La sagesse des hommes de mesure qui s'appelaient jadis les modérés, les opportunistes, qui s'appellent aujourd'hui les républicains de gauche, les radicaux, les radicaux-socialistes a eu raison des extravagances de M. Clemenceau et de ses disciples, comme elle aura raison dans l'avenir — j'en suis certain — des outrances de ceux qui, sous une étiquette nouvelle, chausseront les souliers des extrémistes de 1880 ou de 1885. Les exagerés, pour parler le langage des conventionnels, ne se rendront proba-

(1) M. Thiers aimait à éprouver ses conceptions politiques en les communiquant après dîner à des parlementaires qu'il avait conviés Il déplaît ainsi devant quelques-uns d entre eux dont mon père, en 1872, si j'ai bonne mémoire, le plan de la Constitution qu'il envisageait. « Je ferai, disait-il, un Sénat qui sera l'organe modérateur, qui contiendra les impatiences de la Chambre des députés. » — « Fort bien, monsieur le président, observa un de ses interlocuteurs de marque, M de Goulard Mais, qui nous garantit que le Sénat tiendra l'emploi que vous lui assignez ? Où irons-nous si la haute Assemblée devance la Chambre issue du suffrage universel ? » — « Vous ne m'avez pas compris, répondit le chef de l'État de sa petite voix aigrelette. Je mettrai sur la porte Sénat Conservateur Il sera conservateur. »

blement jamais compte que notre France est un pays de
grande mesure, qu'elle veut des institutions pondérées,
offrant de solides garanties de continuité politique et de
stabilité sociale. L'opinion s'écarterait vite d'un régime
dont l'agencement impliquerait le risque de réformes pré-
cipitées, qui lui donnerait l'appréhension du déséqui-
libre.

Je n'aurais rien de plus à dire sur les gouvernements
de 1874 à 1876 si je ne devais utiliser les éléments d'information que j'ai recueillis pour considérer la politique extérieure pendant cette période de temps.

Il me faut d'autant plus m'y arrêter qu'on a souvent
avancé, qu'on avance encore de-ci de-là, que, en 1875, le
prince de Bismarck fut sur le point de rallumer la guerre
entre la France et l'Allemagne, que seules l'Angleterre et
la Russie l'empêchèrent de donner suite à ses projets. Le
chancelier du Reich a violemment protesté, affirmant que
jamais il n'avait envisagé la guerre à cette époque. De son
côté l'empereur Guillaume Ier s'est indigné. Dans une lettre
écrite de sa propre main, il s'est élevé contre « des histoires
aussi absurdes, aussi dénuées de tout fondement » *(sic)*.

Cependant, en 1875, exactement le 9 avril, il parut dans
un grand journal allemand la *Post* un article intitulé « La
guerre est-elle en vue »? lourd de menaces, qui succédait
à un autre article plus menaçant encore publié par la
Gazette de Cologne quatre jours auparavant. N'est-il pas
invraisemblable que le prince de Bismarck, qui manœuvrait
sa presse comme un régiment, ait été étranger à cette campagne? A tout le moins il l'a tolérée. Elle servait sans doute
ses desseins. Quels étaient-ils donc? Jusqu'où est-il allé?

Les comptes rendus des Conseils des ministres devraient

fournir le secret de l'énigme? Ils devraient porter trace
des agissements, des inquiétudes ou des émotions françaises.

Je les feuillette, je les refeuillette pour mieux dire. Je
n'y trouve rien, presque rien. Quelques lignes — cueillies
en un petit nombre d'endroits, — rapprochées les unes des
autres, confrontées avec le vide auquel je me suis heurté
par ailleurs auraient cependant suffi à me servir de fil
conducteur Elles m'avaient fait entrevoir la vérité quand
l'étude attentive du tome premier, paru en 1929, des *Documents diplomatiques français*, m'a permis de la démêler,
entièrement je crois.

Je ne surprendrai aucun de ceux qui se sont assis comme
moi à des tables gouvernementales en indiquant que,
de 1874 à 1876, la plus grande partie des séances des Conseils étaient employées à discuter des questions de politique
intérieure, des nominations, des déplacements de fonctionnaires, des réponses à des interpellations, etc .. Je trouve
cependant, dans les notes que je possède, quelques indications, très rares, mais intéressantes, sur la situation extérieure. Je passe tout ce qui a trait à l'Espagne. La guerre
civile sévit dans la péninsule. Le gouvernement français
y est naturellement fort attentif. Rien a retenir, toutefois.
Je m'arrête en revanche sur une phrase piquée au bas du
compte rendu de la séance du Conseil des ministres de
7 novembre 1874 : « SIGNER L'ALLIANCE DE LA FRANCE AVEC
LA RUSSIE ». Donc, dès ce moment, on cherche le rapprochement avec le grand empire de l'est. On n'en est, bien entendu,
qu'aux travaux d'approche Il faut, cependant, qu'ils aient
été poussés assez loin par la voie officieuse sans doute,
pour que mon père et ses collègues considèrent comme
imminente la conclusion d'un traité qui n'interviendra que
près de vingt ans plus tard. Puis, plus rien ! Aucune suite !

Que s'est-il passé? Comment cette alliance, formellement annoncée, n'a-t-elle pas été réalisée? Quelqu'un ne se serait-il pas mis en travers? Question à retenir.

Dans la séance du 13 avril 1875, au lendemain de l'article de la *Post*, le gouvernement s'occupe des élections partielles, de nominations dans l'épiscopat, des lois constitutionnelles. Dans un coin de la page j'aperçois : « *Question allemande* — GUERRE SANS PRÉTEXTE — FAIT ACCOMPLI. » Ces cinq mots sont soulignés. De quoi s'agit-il? Veut-on dire que l'Allemagne ayant accompli son unité, une nouvelle guerre ne trouverait pas l'ombre d'une justification? C'est l'hypothèse la plus plausible. Le gouvernement ne s'émeut pas, en tout cas car, dans aucune des séances ultérieures, il n'y a le moindre indice d'alarme en haut lieu. Pas une fois il n'est parlé de préparatifs militaires nécessaires, d'un effort d'armement exceptionnel. Évidence qu'il y aurait eu branle-bas de combat si l'on avait véritablement craint une agression germanique! J'ai beau parcourir les papiers relatifs à l'année 1875. Rien, absolument rien.

Il me faut attendre 1876 pour rencontrer, dans les comptes rendus du Conseil, des bouts de phrases de quelque intérêt sur les affaires européennes. Je lis (9 février 1876) : « *Prêts à entrer en campagne — fusils chargés — apogée. Prince Humbert croit que les armements sont dirigés contre l'Autriche.* » C'est évidemment des Allemands dont il est question mais le fracas d'armes supposé laisse fort calmes les ministres de la République française qui prennent avec tranquillité — ils ont bien raison — les prédictions du futur roi d'Italie à cette date et à la date du 6 mars : « *Le prince Humbert annonce la guerre pour le printemps...* »

Plus sérieuse, tout à fait sérieuse est une annotation que je relève dans le résumé de la séance du 25 février 1876 par M. Dufaure chef du gouvernement depuis quelques jours. La voici : « *Discours pacifique de Bismarck — en vue des élections — préoccupation des éléments de désordre — Bismarck, veut que tout le monde croie à la paix, comme, l'année passée, il voulait que tout le monde crût à la guerre* ».

Nous approchons de la vérité. Elle est cependant plus complexe que ne l'indique M. Dufaure.

Il est certes vraisemblable que la préoccupation des éléments de désordre a successivement conduit le chancelier de l'empire d'Allemagne, à faire sortir du magasin des accessoires, puis à y remiser, le fantôme de la guerre. Au lendemain des articles menaçants de la *Gazette de Cologne* et de la *Post*, l'empereur de Russie, parlant à notre ambassadeur, le général Le Flô, observait que « tous les symptômes résultant du angage de la presse parisienne et des actes du gouvernement n'étaient que des moyens inventés par le prince de Bismarck pour mieux assurer son pouvoir en se faisant croire plus nécessaire par l'étalage de dangers imaginaires » (1).

Je ne crois pas, toutefois, que des raisons de politique intérieure jumelées avec des soucis personnels suffisent à expliquer l'agitation du chancelier et de son entourage qui ne s'est pas uniquement exprimée dans les journaux. Il appert, en effet, des *Documents diplomatiques français* notamment des dépêches portant les numéros 395, 406, que, dans l'entourage du prince de Bismarck et dans les milieux militaires, on caressa l'idée d'une guerre préventive contre la France dont le rapide relèvement étonnait et effrayait les Germains. Sans doute, comme le remarqua le prince Gortchakoff chancelier de Russie, s'entretenant le 12 juillet 1875 en Suisse avec le comte d'Harcourt notre ambassadeur à Berne, « tout se borna à des supposi-

---

(1) *Documents diplomatiques français*, t. I, dépêche 338.

tions qu'on prit pour des réalités, à des rêveries de militaires qui avaient un plan de campagne en tête, à des propos maladroitement tenus par des hommes d'État berlinois et surtout à des exagérations de journaux. (1) »

« Tout se borna à cela, » dit le prince Gortchakoff. D'accord ! Mais, on me fera difficilement croire que le rude chancelier, qui laissa se dérouler ce tumulte, n'ait pas eu quelques idées de derrière la tête. Il me paraît, à moi, hors de doute qu'il a tenté, en cherchant à nous intimider, de ralentir notre réorganisation militaire. N'aurait-il pas encore eu vent des projets d'alliance, enregistrés sur les papiers de M. Eugène Caillaux, entre la France et la Russie ? Bien que rien dans les dépêches officielles — je le reconnais — ne justifie le bout de phrase que j'ai relevé, dans le compte rendu de la séance du Conseil des ministres en date du 7 novembre 1874, je ne puis me persuader, sachant la gravité pondérée de mon père, que les quelques mots reproduits aient été écrits à la légère. Il y a eu, à tout le moins, ébauche de conversations entre Paris et Pétersbourg. Il est fort possible, que dis-je? tout à fait vraisemblable, que l'écho de ces entretiens soit parvenu à Berlin. Informé, le prince de Bismarck n'aura-t-il pas voulu notifier à son « vieil ami » Gortchakoff, que lui, Bismarck, était enclin à arrêter par tous les moyens, au besoin par une guerre préventive, un rapprochement, dont, constamment, il a nourri l'appréhension?

Si tels furent ses buts, le chancelier n'a, en tout cas, réussi qu'en partie et pour un temps.

M. de Bismarck a eu beau faire la grosse voix, tonner contre l'accroissement des forces militaires de la République, le gouvernement français ne s'est nullement ému.

(1) *Documents diplomatiques français*, p. 476.

Il a tranquillement poursuivi, en quiétude et en dignité, la réorganisation de notre armée.

Donc, de ce côté, échec total du chancelier.

Peut-être a-t-il fait mettre une sourdine à des entretiens, — que j'imagine, — entre Paris et Saint-Pétersbourg. Mais il n'a pu prévenir l'alliance franco-russe. Il en a simplement retardé l'avènement, et, j'avancerai, allant jusqu'au bout de ma pensée, que de ce fait nul dommage ne nous fut causé, au contraire. Il ressort, en effet, d'une dépêche du général Le Flô (pièce 221 du volume auquel il a été déjà emprunté) que, à l'époque, l'armée russe était sans aucune solidité. Notre ambassadeur écrit que : « D'après tout ce qu'il a recueilli, cette armée est incapable de résister à un choc, qu'il parte de l'Allemagne ou même de l'Autriche (1). » N'eût-il pas été quelque peu imprudent pour un pays encore pantelant de la défaite de nouer une alliance qui l'eût fait taxer de visées agressives et qui cependant n'eût valu qu'en apparence ?

Quand bien même le prince de Bismarck aurait obtenu ce mince résultat : ralentir la marche de deux peuples l'un vers l'autre, il a payé cher ce médiocre avantage si tant est que c'en fût un pour lui — je crois que je viens de démontrer le contraire. — L'agitation qu'il a menée ou laissé mener dans la presse, dans les cercles officiels, dans

---

(1) Notre ambassadeur en Russie remarquait dans la même dépêche, en date du 24 juin 1873, qu'il était d'un intérêt majeur pour nous de savoir si l'armée russe demeurait dans cet état de faiblesse. « Cette étude, écrivait-il, ne peut être faite avec fruit à Saint-Pétersbourg seulement, *où l'on ne voit jamais que des corps d'élite*, c'est de tous côtés, même dans les provinces les plus éloignées qu'il faut porter ses observations, et je crois que nos officiers devraient sans cesse parcourir l'Empire, de Saint-Pétersbourg au Caucase de Varsovie à l'Oural. Ces voyages coûteront cher, il est vrai, mais j'oserai dire qu'à mon avis, le gouvernement ne devait pas se refuser à ce sacrifice *dans un pays où l'on ne peut sans danger croire autre chose que ce que l'on a vu*. » Comme il eût été heureux pour notre pays que les sages conseils du général Le Flô eussent été retenus !

les milieux militaires, lui a nui. Fort habilement le duc Decaze a retourné contre le chancelier les armes dont celui-ci voulait se servir. Tirant parti d'une conversation de notre ambassadeur à Berlin, le vicomte de Gontaut-Biron, avec un M. de Radowitz, sorte d'éminence grise de Bismarck et communiquant aux gouvernements des grandes puissances la dépêche remarquablement rédigée de notre représentant en Allemagne où était rapporté le langage plein de menaces épaisses du malhabile que le prince avait parmi ses collaborateurs, le ministre des Affaires étrangères français émut toute l'Europe. En Angleterre comme en Russie on se demanda si l'Allemagne n'avait pas de mauvais desseins. Le tsar et la reine Victoria se mirent en mouvement, écrivirent, parlèrent à Guillaume Ier. Les protestations qu'ils recueillirent de la part du vieil empereur, sa bonne foi évidente, les rassurèrent sur les prochaines éventualités mais ne dissipèrent pas l'état d'esprit de méfiance, auquel la nervosité du chancelier, se manifestant incessamment, les inclinait déjà et qu'acheva de déterminer le brouhaha à la Wilhelmstrasse et dans les parages que le duc Decazes mit heureusement en relief.

Par sa maladresse — car il fut parfaitement maladroit en l'occurrence — l'homme d'État prussien sema dans l'Europe une inquiétude qui devait être la préface de l'isolement de l'Allemagne.

Le duc Decazes, lui, bénéficia, comme il était légitime, d'un succès diplomatique indéniable et que ses amis ne manquèrent pas de surévaluer. Ils assurèrent de la sorte le maintien temporaire au Quai d'Orsay du ministre indispensable.

Mon père, lui, quitta le gouvernement en mars 1876 avec ses amis du centre droit, le ministre des Affaires étrangères

excepté. Il alla occuper le fauteuil sénatorial que les électeurs de la Sarthe lui avaient réservé en janvier de cette
même année.

Un an plus tard ce fut le Seize Mai... le Seize Mai sur
lequel on a tant épilogué... le Seize Mai que je définirai,
parlant objectivement, un coup de partie voué à l'échec
parce que tenté dans les conditions les moins heureuses,
parce que conduit par des hommes disparates.

Son point de départ? une lettre du président de la République au président du Conseil en exercice démissionnant
ou obligeant à démissionner — ce qui revient au même —
le ministère de gauche installé depuis quelques mois. Le
geste fut-il conseillé, comme on l'a souvent prétendu, par
les ou par des hommes politiques de droite? Je n'en crois
rien. Je dirais que je suis certain du contraire si je pouvais
asseoir ma conviction sur autre chose que sur des souvenirs de famille.

J'avais quatorze ans en 1877. J'écoutais, j'entendais, je
comprenais. Un soir à la table de famille, mon père apprend
aux siens le geste du maréchal Son langage est enveloppé
d'une surprise qui, à coup sûr n'est pas feinte Le lendemain
ou le surlendemain matin, dans la salle d'études où nous
travaillons, mon frère et moi, sous la direction de notre
précepteur, ma mère entre, elle est en larmes. Elle se désole
à la pensée que mon père va faire partie d'un ministère de
combat. Quelques heures plus tard mes parents s'expliquent
devant leurs enfants. J'ai retenu l'entretien dont je puis
citer presque textuellement la fin qui me fut par la suite
mainte fois confirmée. « Si cela vous contrarie trop, conclut
mon père, je refuserai. Mais, réfléchissez. Puis-je abandonner le maréchal auquel je suis dévoué et *qui s'est jeté
de l'avant?* » *(sic).* Ma mère cède. Tout ce qu'elle demande,
tout ce qu'elle obtient c'est que son mari décline le grand

portefeuille politique : l'Intérieur qu'on veut lui attribuer.
Il n'accepte que les Finances.

Mon père n'ayant pas été consulté par le maréchal qui,
je le répète, faisait cas de lui, il est plus que probable que
le président ne prit avis de personne.

Il s'entretenait probablement soit directement, soit par
l'intermédiaire de son entourage, avec ceux de ses anciens
collaborateurs qui avaient gardé sa confiance. Ceux-ci
l'avaient certainement imprégné de leur doctrine. Il interprétait comme eux la Constitution de 1875. Avec eux il
considérait qu'elle reposait sur les deux piliers que j'ai dits :
la présidence, le Sénat, qu'il lui revenait par suite de diriger
le pays, de « le faire marcher », selon l'expression dont il
fut usé, en accord avec la haute Assemblée La Chambre
des députés, n'était, aux yeux des uns comme des autres,
qu'un pouvoir de second rang. Bien entendu on ne pouvait
gouverner contre elle et sa majorité de gauche faisait
obstacle à la formation d'un ministère conservateur. Mais,
il suffisait d'attendre. « Les inexpérimentés, les médiocres,
les vaniteux, les avides, » — qualificatifs appliqués par les
gens de droite aux hommes de gauche (1) commettraient

(1) M. le comte de Cumont qui avait été pendant quelques mois le collègue
de mon père au gouvernement lui écrivit le 16 mars 1876 une lettre que j'ai
extraite d'une liasse volumineuse, parce qu'elle me paraît représentative de
l'état d'esprit des conservateurs, de leur dédain pour les républicains arri-
vant au pouvoir, des espoirs qu'ils mettaient dans le Sénat, des illusions qu'ils
nourrissaient.

« Mon cher ami, je vous ai écrit après les élections sénatoriales pour vous
dire combien j'étais heureux de votre nomination au Sénat Aujourd'hui je
reprends la plume pour vous exprimer les regrets que j'éprouve de votre
retraite, regrets fort adoucis, d'ailleurs par le souvenir des services que
vous avez rendus, du talent dont vous avez fait preuve, de la façon si dis-
tinguée dont vous avez conduit les affaires de votre département ministériel Chose rare, tout le monde vous rend justice, et j'ai la joie d'entendre
répéter chaque jour ce que je pense de vous depuis longtemps On a pu vous
donner un successeur, on ne vous a pas remplacé. Quel triste cabinet, bon

sûrement quelques grosses fautes qui indisposeraient l'opinion. Ce jour-là, le chef de l'État en appellerait, avec l'autorisation du Sénat, du suffrage universel mal informé au suffrage universel mieux informé.

C'était une politique. C'était du moins une tactique. Mais, pour la mettre en œuvre avec quelques chances de succès, il fallait du tact, du coup d'œil, de la patience, toutes qualités qui faisaient défaut au maréchal, stratège médiocre au gouvernement comme ailleurs.

Il ne prit pas de champ

Un accès de colère un beau jour et le voilà qui écrit à M Jules Simon la célèbre lettre qu'il se repent presque aussitôt d'avoir envoyée (1). Il fait effort pour la rattraper, il n'y

---

Dieu ! Si c'était une consolation, si l'on pouvait assister en témoin désintéressé aux crises qui se preparent, comme on jouirait de l'impuissance de ces médiocrités envieuses et vantardes, aussi avides du pouvoir qu'incapables d'exercer celui que nos divisions et nos malheurs ont fait tomber dans leurs mains ! Il me semble que votre Sénat ne fait pas trop mauvaise figure, et j'entrevois la possibilité d'y constituer une majorité conservatrice décidée à la resistance contre les passions révolutionnaires de la Chambre des députés Courage, dans tous les cas, mon cher ami, courage ! et encore courage ! Notre cause, notre parti, nos idees, tout cela est fort compromis, assurément, mais rien n'est perdu Les violences prochaines de la faction démagogique pourront beaucoup vous ramener l'opinion, si les conservateurs font preuve de sagesse, de fermeté, d'union surtout, et c'est là, je le reconnais, le point le plus difficile, grâce aux bonapartistes dont l'unique souci est d'exploiter la situation Ah ! vous n'êtes pas sur des roses ! ..

« *Signe*   A. DE CUMONT. »

« Angers, le 16 mars 1876 »

(1) *Le* 16 *mai* 1877, invoquant ce pretexte anodin que Jules Simon a laisse voter à la Chambre en première lecture (car rien n'est encore définitif) la publicite des seances des conseils municipaux et la restitution des delits de presse au jury, le maréchal sans explications prealables, le met, par la lettre suivante qu'il publie au *Journal officiel* dans l'obligation de lui donner sa demission

« J'ai vu avec surprise que ni vous ni le garde des Sceaux n'aviez fait valoir à la tribune toutes les graves raisons qui auraient pu prevenir l'abrogation d'une loi sur la presse votee, il y a moins de deux ans, sur la proposition de M Dufaure et dont tout recemment vous demandiez vous-même l'application aux tribunaux, et cependant dans plusieurs deliberations du

parvient pas. Les dés sont jetés. Force est au président de se retourner vers ses amis politiques qui, mi-satisfaits, mi-penauds, prennent à leur compte — ils ne peuvent faire autrement — la médiocre opération.

Elle était à ce point malencontreuse, les prétextes invoqués par le chef de l'État pour congédier ses ministres de gauche — de gauche modérée — étaient si puérils que le nouveau gouvernement ne devait être suivi qu'avec beaucoup d'hésitation par les conservateurs raisonnables appréhendant l'impérialisme. Un dialogue dans les rues du Mans quelques semaines après le Seize Mai entre mon père, que j'accompagnais, et un orléaniste, qui, six mois plus tard, fut candidat officiel, témoigne de ce trouble dans les esprits. Au ministre des Finances lui demandant l'impression produite dans la Sarthe par l'acte du maréchal, M. Bouriat répondit qu'il avait entendu des conservateurs de fort bon aloi lui dire le 17 ou le 18 mai : « C'est un coup bonapartiste. »

Les procédés que le nouveau gouvernement employa ne furent pas de nature à apaiser les inquiétudes des orléanistes pas plus qu'ils ne satisfirent les impérialistes dont les troupes formaient le gros de l'armée conservatrice.

Le ministère d'ordre moral avait le choix entre deux

Conseil et dans celle d'hier matin même, il avait été décidé que le président du Conseil et le garde des Sceaux se chargeraient de la combattre...

« Cette attitude du chef de Cabinet fait demander s'il a conservé sur la Chambre l'influence nécessaire pour faire prévaloir ses vues.

« Une explication à cet égard est indispensable, car si je ne suis pas responsable comme vous envers le Parlement, j'ai une responsabilité envers la France dont aujourd'hui plus que jamais je dois me préoccuper.

Au reçu de cette lettre, Jules Simon accourt chez le maréchal. Celui-ci, selon sa coutume, le laisse parler sans l'interrompre. Quand Jules Simon a terminé ses explications et offert sa démission, le maréchal lui répond : « Monsieur le ministre, j'accepte votre démission, nous ne pouvons pas marcher ensemble ; j'aime mieux être renversé que de rester sous les ordres de M. Gambetta. »

(Alexandre ZÉVAÈS, *Histoire de la III* République*, p. 151.)

méthodes : il pouvait interroger rapidement et simplement
la nation, organiser une consultation loyale, exclusive de
toute pression gouvernementale — il pouvait essayer d'em-
poigner le pays à la Percigny ou à la Morny, avec, à la clef,
la gamme des brutalités et des violences du second
Empire.

Il ne fit ni l'une ni l'autre de ces deux politiques, ni la
politique semi-libérale qu'affectionnait le chef du gouvernement le duc de Broglie, ni la politique de rudesse policière
vers laquelle inclinait le ministre de l'Intérieur, M. de Four-
tou. Des hommes d'origine et de mentalité dissemblables,
embarqués sur le même bateau pour une expédition incer-
taine, étaient hors d'état d'imprimer une direction concertée
à l'esquif qui les portait. Tantôt un coup de barre dans un
sens ! Tantôt un coup de barre dans un autre !

Une boutade... colorée... échappée à un ancien préfet de
l'Empire à la fin d'un entretien avec le président du Conseil,
exprime, mieux qu'un exposé de détails, l'indigence d'une
politique tiraillée où la timidité succédait à la brusquerie,
où les tracasseries éparses alternaient avec les faveurs
octroyées à la ronde sans discernement.

Je m'attarderai à l'anecdote. Elle me donnera l'occasion
d'opposer deux personnages de stature inégale mais également représentatifs.

La scène se passe dans le cabinet du ministre des Finances.
Un figurant : M. Octave Homberg. père du financier dont
on parlera tellement cinquante ans plus tard. M. Octave
Homberg, avant de se jeter, lui aussi, dans le monde des
affaires où il fera brillante carrière, est chef de cabinet du
ministre. Inspecteur des Finances de valeur, chargé de
mission dans l'empire ottoman, il a été désigné, à son retour
de Constantinople, à M. Eugène Caillaux en quête d'un
collaborateur. Mon père a d'autant plus volontiers accepté

le jeune Homberg que celui-ci est le fils d'un inspecteur
général des Ponts et Chaussées.

« Vous savez, mon cher ami, a dit ce jour de juillet ou
d'août 1877 le ministre des Finances à son chef de cabinet,
que le duc de Broglie désire causer dans mon cabinet avec
M. Janvier de la Motte Vous connaissez le dessous des
cartes Moi, je n'aime pas beaucoup ces petites histoires.
J'aurai la migraine Vous me remplacerez. »

M. Homberg reçoit ainsi le visiteur désigné dont la
venue, précède, comme de juste, celle du chef du gouvernement.

De belle carrure, haut en couleur, portant l'impériale et
les longues moustaches cirées à l'effigie du maître, M. Janvier de la Motte est le type accompli du préfet du second
Empire .. au moral comme au physique... Buveur intré-
pide, appréciant et faisant apprécier tous les autres plaisirs
de la vie, d'une activité débordante, d'une habileté peu
commune, il est un extraordinaire manieur de pâte électorale Il a été longtemps préfet de l'Eure avant 1870 et il
a acquis dans le département que représente le duc de
Broglie au Sénat une telle popularité que le président du
Conseil doit compter avec lui. L'entente n'est pas facile à
nouer. Le préfet de Napoléon III a joué des tours pendables
à l'orléaniste en bataille contre le régime de décembre.
Heureusement pour la « bonne cause » M. Janvier de la
Motte a apporté dans les trésoreries générales où il a passé
en quittant l'administration préfectorale une liberté d'allures que le ministère des Finances a eu le mauvais goût
de trouver répréhensible. De là des démêlés fâcheux pour
l'ancien préfet De là aussi matière à négociations. On
convient de passer l'éponge sur des irrégularités qui ne
sont pas, après tout, des plus graves, qui n'entachent pas
l'honorabilité du fonctionnaire. Celui-ci sera, en revanche,

FAC-SIMILE D'UNE NOTE PRISE PAR EUGÈNE CAILLAUX AU CONSEIL DES MINISTRES

(cf page 49)

EUGÈNE CAILLAUX, SÉNATEUR DE LA SARTHE (1881)

invité à donner son appui aux candidats de « l'Ordre moral »
dans l'Eure.

Le rigorisme de mon père s'accommodant mal de ce
genre de tractations, la parole a été passée au chef de
cabinet qui notifie officiellement à M. Janvier de la Motte
l'indulgence administrative.

Il achève de lui indiquer les décisions à la veille d'être
prises quand le duc de Broglie entre.

Le grand personnage fait contraste frappant avec le serviteur de Napoléon III. Les contemporains ont les uns
raillé, les autres déploré la superbe engoncée du président
du Conseil de 1873 et de 1877. Ma mémoire d'enfant me
le représente — je ne crois pas qu'elle me serve mal — plein
de bonne grâce et de simplicité. Seulement, je me rends
compte qu'il n'apparaissait tel que je l'ai retenu que dans
l'intimité du foyer, après que le contact avait dissipé les
préventions que causaient son aspect et son abord L'attitude de l'homme était de raideur, le masque déplaisant
Un aristocratisme dédaigneux semblait écrit sur le visage,
dans les yeux aux paupières lourdes, dans les lèvres dont
les coins tombaient méprisants. La voix était rauque, saccadée, le geste dur, inattendu, bizarre. A la tribune, l'orateur faisait figure d'un de ces ridicules pantins dont, en
pressant sur un ressort, on déclenche la tête et les
bras.

M'est avis que ces apparences exprimaient tout simplement une grande timidité qui, jointe, comme il advient, à
de la naïveté, composait un être de gaucherie. On s'égayait,
dans nos pays de l'Ouest, d'un dialogue, imaginaire peut-
être, symbolique en tous cas, entre le duc se promenant
aux abords de son château de l'Eure et un paysan traînant
un taureau, dont il a plein les mains. « Vous ne me saluez
pas? » interroge le duc qui veut être aimable, mais qui ne

sait pas s'y prendre — « Eh ! monsieur le duc, répond le
rural, voulez-vous ben tenir mon taureau et je m'en vas
vous saluer? »

La vie publique du chef conservateur, que l'heure est
venue d'explorer, porte trace d'une semblable gaucherie

Issu d'une lignée de maréchaux de France, de diplomates,
de politiques, le duc Albert de Broglie, par sa filiation immédiate, prenait racine dans le libéralisme. Son père, le duc
Victor, qui a laissé des Souvenirs d'un rare intérêt, fut
successivement ministre, président du Conseil — grand
ministre, grand président du Conseil — du roi Louis-Philippe après avoir pris place sous la Restauration au premier
rang des opposants Il s'honora en 1815 lors du procès du
maréchal Ney. Il eut, seul, le courage de défendre le soldat
de la Révolution et de l'Empire devant ses collègues de
la Chambre des Pairs déchaînés ou apeurés.

Petit-fils, par sa mère, de Mme de Staël et, dit-on,
de Benjamin Constant, le fils du duc Victor paraissait voué
a l'orléanisme libéral tout proche du républicanisme Il
infléchit à droite, sans doute parce que, lui aussi, fut donné
par la crainte des troubles sociaux, peut-être encore parce
qu'il céda au cléricalisme dont le protestantisme fervent
de sa mère, exprimé par cette femme remarquable dans un
beau livre, eût dû le préserver.

On conçoit cependant qu'il ait évolué comme la plupart
des orléanistes de sa génération et de sa classe. Mais, supérieur de plusieurs coudées à tous ceux qui l'entouraient,
il aurait dû guider ses amis, employer la haute autorité
dont il disposait à calmer, à refréner les impatiences. Il
aurait dû conseiller, au besoin imposer, la collaboration
avec M. Thiers. Il se laissa emporter. Il suivit ses troupes
au lieu de les précéder. Il commit la faute de renverser le
chef du Pouvoir exécutif sans qu'il sût exactement où il

allait, en n'ayant derrière lui qu'une majorité confuse qui
le mit en minorité au bout d'un an. Il prouva de la sorte
qu'il avait peu de sens politique. Il en manquait, en effet,
non seulement parce qu'il portait la maladresse en lui mais
parce qu'il était livresque

Écrivain de qualité historien de grande valeur, il avait,
pendant les dix-huit ans du second Empire, jusqu'en 1871,
c'est-à-dire jusqu'à ce qu'il eût atteint la cinquantaine, vécu
dans sa bibliothèque. Il n'y avait naturellement appris ni
le maniement des hommes, ni l'art des compromis Pas
davantage n'avait-il pu acquérir les antennes, indispensables aux politiques, dont la pratique des affaires pourvoit
d'aventure ceux auxquels la nature, en les dotant d'intelligence, a refusé l'intuition. Enfoui dans ses livres il se trouvait engagé à régler ses actions d'après les enseignements,
tels qu'il les avait interprétés de l'histoire de France et
de l'histoire d'Angleterre qu'il possédait à fond.

Quand l'impulsivité du maréchal l'obligea a reprendre
le gouvernail en 1877, il se complut a la pensée qu'il allait
réaliser une dissolution *anglaise*. A l'un de ses partisans,
le baron de Nervo, venant demander je ne sais quel appui
au moment d'affronter le suffrage universel, le duc, après
l'avoir écouté d'une oreille distraite, parle onguement histoire de France. Son interlocuteur laisse passer Il se
hasarde enfin à demander au chef redescendu sur la terre
si les nouvelles sont bonnes, les pronostics favorables.
« Nous serons battus, cher ami, certainement battus, répond
le président du Conseil. Mais cela n'a aucune importance, »
ajoute-t-il. Devant le candidat effaré, il reprend : « Pitt,
voyez-vous, cher ami, Pitt était un très grand homme.. »
et le voilà qui explique comment le grand ministre anglais,
ayant dissous la Chambre des Communes, fut battu aux
élections, comment il procéda à une seconde puis à une

troisième consultation jusqu'à tant que le pays eût envoyé à Westminster la majorité attendue.

Est-il besoin de pousser le portrait?...

Je reviens à l'entrevue que j'ai commencé de conter.

En face du préfet de l'Empire le chef du gouvernement accueille les engagements, que M. Janvier de la Motte prend avec déférence. Il répond en parfait homme du monde. Les paroles utiles ont été dites. Tout est pour le mieux. On va se retirer. Le duc ne peut cependant manquer une si belle occasion de commettre une maladresse. Il questionne. « Eh bien ! monsieur Janvier de la Motte, qu'est-ce que vous pensez de notre politique? — Monsieur le duc, est-ce la parole d'un flatteur ou l'opinion d'un honnête homme que vous demandez? — Monsieur, je suis incapable de rechercher une flatterie. — Eh bien ! monsieur le duc, j'ai toujours remarqué, au cours de ma longue carrière — et ce jeune homme qui est là, dit le galantin chevronné en se tournant vers Octave Homberg, ne me démentira pas — que, quand on a envie d'une fille, si on y va carrément, neuf fois sur dix, elle ne vous dit rien, mais si on relève tout doucement ses jupes pour regarder ce qu'il y a dessous, le plus souvent elle vous fout en correctionnelle. Voilà ce que je pense de votre politique. »

« Et que répondit le duc de Broglie? » demandai-je au chef de cabinet de mon père quand il m'amusa, vingt-deux ans plus tard, alors que j'étais moi-même ministre des Finances, en me faisant ce récit « Le duc? Il laissa la porte se refermer sur M. Janvier de la Motte qui avait préparé sa sortie et, s'effondrant dans un fauteuil : « Que cet homme « est grossier ! »

Eh ! oui, il était grossier ce césarien. Il n'en toisait pas moins, non sans bonheur, les mollesses, les fluctuations du grand seigneur qui, ignorant son temps et son pays, obsédé

par l'idée de plier la France aux méthodes et aux mœurs
d'une nation étrangère et d'un siècle passé, obligé cependant de faire compte avec les réalités, n'y consentait qu'a
demi, ne se résignait pas aux opérations de police sommaires, chère aux Janvier de la Motte et consorts.

Après six mois d'autoritarisme désordonné : procès de
presse à tort et à travers, révocations irritantes de fonctionnaires, persécutions de tout ordre, l'entreprise du Seize Mai
échouait piteusement. Mon père quittait le gouvernement.
En 1882 il était battu aux élections sénatoriales. Il tentait
vainement de rentrer à la Chambre en 1885. Il ne devait
plus être que conseiller général du canton de Mamers

CHAPITRE III

Mes études. — Ma jeunesse — Mon entrée dans la politique.

Tandis que ces grandes oscillations politiques remuaient le pays, l'enfant qui les suivait avec une curiosité aiguë grandissait. J'avais commencé mes études dans ma ville natale. Je les poursuivis à Paris.

Confiés, mon frère et moi, à une institutrice anglaise qui nous apprit assez bien la langue de nos voisins pour que je la parle encore couramment, nous eûmes pour premiers maîtres des professeurs au lycée du Mans (1). Dès que nous fûmes sortis de la petite enfance, notre institutrice anglaise s'effaça. Elle fut remplacée par un précepteur qui commença ses leçons au moment où nous partions pour Versailles. Nous y habitâmes l'appartement alors réservé dans le château au ministre des Travaux publics. Le duc Decazes, ministre des Affaires étrangères, s'était installé au Grand Trianon. Son fils, qui était de notre âge, fut tout de suite notre compagnon de jeux. Jean Plichon, le fils du député

(1) On nous fit, bien entendu, donner des leçons de musique, de dessin. La très charmante fille de l'organiste de la cathédrale du Mans, Mlle Kahn, fut notre maîtresse de piano. Si elle avait vécu, une singulière fortune lui serait advenue. Sa sœur, non moins jolie qu'elle, fut la mère de Mme Millerand. Je ne me doutais guère quand, manquant une double croche ou bien un trille, je recevais sur les doigts un léger coup d'une fine baguette d'ivoire, que j'aurais pour collègue au gouvernement, pour ami, ensuite pour adversaire politique, le neveu de celle qui corrigeait doucement les fautes que mon absence de sens musical multipliait.

de la droite, devint très vite un autre de nos camarades.

Les relations qui s'établirent entre nous résistèrent à
l'épreuve du temps. Je ne retrouvai sans doute Élie Decazes qu'à intervalles espacés — nous cheminions dans des
voies singulièrement différentes — mais je ne cessai d'avoir
pour mon plus vieil ami une affection qui, au dire de ses
proches, fut payée de retour. Le troisième duc Decazes
disparut jeune, hélas ! Il mourut en 1912.

Jean Plichon est encore de ce monde. Il siège toujours
à la Chambre des députés où nous nous rencontrâmes
en 1898. Il était assis sur les bancs de la droite. Je pris place
à gauche. Notre amitié ne se ressentit pas de la différence
de nos opinions. Elle persista, elle persiste encore bien que,
se joignant à mes adversaires de la Haute-Cour en 1920 — il
fut momentanément sénateur, — Jean Plichon m'ait meur-
tri. Il m'a depuis si allègrement pardonné la bassesse à
laquelle il descendit que j'aurais mauvaise grâce à lui en
tenir rigueur (1).

Quand nos parents eurent définitivement fixé leur domi-
cile à Paris nous entrâmes comme externes au lycée Condorcet, qui s'appelait alors Fontanes, et un nouveau précepteur eut mission de nous faire travailler dans l'intervalle des classes.

Un curieux homme, ce précepteur que Mgr Dupanloup,
l'évêque d'Orléans, collègue de mon père à l'Assemblée
nationale, avait particulièrement recommandé en disant
de lui : « C'est un bon « humaniste ! » Il possédait, en effet,

(1) En 1925, quand je revins au gouvernement, Jean Plichon me fit
presque aussitôt demander audience. Je n'avais pas entendu parler de lui
depuis cinq ans, depuis qu'il avait voté contre moi. Il entra dans mon cabinet
de ministre des Finances : « Comment vas-tu Joseph ? — Et toi, Jean ? — Je
viens te demander un conseil. — A ta disposition ! » Je donnai le conseil du
mieux que je pus.

le latin, savait assez bien le grec, connaissait la littérature française, avait un très vif sentiment de l'art — il m'a appris ce que je sais en archéologie, il m'a donné le goût de la peinture. — Ces qualités dont j'ai tiré profit coexistaient, malheureusement, avec une navrante mentalité générale. L'homme était le spécimen le plus accompli du fanatique qui se puisse imaginer. Né quarante-cinq ans avant que nous lui fussions confiés à Aix-en-Provence, long et triste comme un cyprès, noueux comme un olivier, il portait sur son visage les stigmates de l'illuminé. Un poil court, rude, clairsemé se plaquait inégalement sur ses joues et sur son menton — un teint basané témoignait des mélanges de sang si fréquents sur les bords de la Méditerranée — il avait enfin des yeux troublants, des yeux d'agathe où luisaient des phosphorescences quand le cerveau s'imprégnait de passion, des yeux chargés de nuances diverses comme une palette quand la tempête était apaisée, des yeux que j'ai retrouvés dans les portraits de Charles Maurras.

Catholique acharné, clérical renforcé pour mieux dire, il ne songeait qu'au prosélytisme. Il s'était attaqué à ma chère mère. Il s'appliquait à la convertir, sans le moindre succès il va de soi. Ses prédications étaient marquées d'une telle véhémence que celle qui en était l'objet disait en riant que, ne pouvant la convaincre, il l'eût fait brûler si cela eût été en son pouvoir. Et, de fait, le violent intérêt qu'il portait au salut de ses frères et sœurs l'eût résigné à imposer aux récalcitrants la petite formalité dont l'accomplissement eût garanti leur bonheur dans l'autre monde.

Qu'on ne croie pas que j'exagère !...

Ce bon « humaniste », brave homme, tout à fait calme dans l'ordinaire de la vie, prenait feu comme un sarment, voyait trouble, chavirait dès qu'il était question de religion.

Il avait alors figure d'un inquisiteur du treizième siècle ressuscité au dix-neuvième.

Naturellement il nous entreprit Il tenta de réagir contre l'enseignement que nous recevions au lycée. Il eût voulu nous incorporer — moi en particulier sur lequel il avait jeté son dévolu — dans le tiers ordre de la demi-folie auquel il appartenait. Il aboutit au résultat opposé à celui qu'il cherchait.

Les récits sous la lampe de ma vieille grand'mère protestante qui, me prenant sur ses genoux, laissant de côté sa Bible qu'elle lisait presque tous les jours, me contait comment nos ancêtres avaient été traqués par les sergents du roi, obligés de fuir à Jersey, pour obéir à leur conscience, à cette conscience sur laquelle leurs coreligionnaires et eux-mêmes ont édifié l'univers moral, s'étaient enfoncés dans mon cerveau prédisposé sans doute par l'atavisme à les recueillir. Quand mon précepteur survint j'avais déjà l'horreur, que j'ai toujours gardée, du sectarisme religieux. Ses exhortations, doucereuses pour commencer, ne me firent nulle impression. S'en apercevant il appuya. Mais plus il s'acharnait, plus je me raidissais. Il fit si bien que non seulement le fanatisme me devint de plus en plus odieux mais que je m'éloignai par degrés de l'idée religieuse. Les Jésuites devaient achever l'œuvre de mon précepteur.

Il nous quitta j'allais avoir quinze ans

Nos parents nous firent entrer comme demi pensionnaires à l'école Fénelon d'où nous continuâmes à suivre les cours du lycée L'école Fénelon était tenue par des prêtres séculiers dont la plupart avaient l'esprit libéral. Plusieurs étaient des hommes de valeur. Aucun d'eux ne songeait à contrarier le haut et bel enseignement que nous distribuaient à Fontanes des universitaires de premier ordre dont quelques-uns, en tête mon professeur de rhétorique M. Aderer, ont profondément agi sur mon esprit.

Cependant nos études classiques sont terminées. J'ai constamment figuré parmi les premiers. Je n'ai que deux condisciples qui me précèdent : M. Gustave Fougère et M. Jean de la Bretonnière (1). Je passe mon baccalauréat en me jouant.

L'heure est venue de choisir ma voie.

Mon père ne conçoit pas que son fils aîné ne soit pas élève de l'École polytechnique. J'ai, moi peu de goût pour les mathématiques. Je ne me sens nullement attiré vers l'une quelconque des carrières dont le passage dans la grande école ouvre l'accès.

Je songe déjà à faire route dans l'Inspection des Finances. Je hasarde quelques suggestions dans ce sens. Elles sont mal accueillies. A son foyer plus que partout ailleurs mon père n'admet pas l'opposition. Il exige que j'affronte le concours de Polytechnique. Il ne me fait qu'une concession : « Quand tu seras sorti de l'École, tu pourras, si tu n'as pas changé d'avis, te présenter à l'Inspection des Finances. »

J'ai bien déjà ma petite volonté mais je suis un enfant soumis Et puis j'obtiens une demi-satisfaction Je m'incline.

Je m'incline encore quand mon père me notifie sa décision de m'encaserner dans l'École de préparation aux concours de l'École polytechnique, de Saint-Cyr et de Centrale tenue par les Jésuites, qu'on dénomme la rue des

----

(1) M Fougère a fait une brillante carrière dans l'Université Il a été longtemps directeur de l'école d'Athènes. Il est mort en 1927 professeur à la Sorbonne, membre de l'Institut

Deux élèves figurant parmi les dix ou quinze derniers de notre classe sont parvenus à la notoriété Jacques Émile Blanche, le peintre, le critique d'art ; Henri Robert l'avocat réputé Henri-Robert, de l'Académie française. Il n'aurait pas dû chercher à justifier cet avènement en publiant des volumes Son style ne s'est pas sensiblement amélioré depuis le temps où il était trente-cinquième sur quarante-cinq en composition française.

Postes. En vain ma mère formule-t-elle des objections judicieuses. Mon père passe outre. Il est — cela va sans dire — animé des meilleures intentions. Il est convaincu qu'il agit pour mon bien. Il se trompe. Il n'a pas réfléchi aux inconvénients qu'il y a à transporter brusquement un adolescent d'un système d'éducation dans un autre. Je sors de l'Université. J'y ai eu pleine liberté d'allures. On m'a engagé, on m'a poussé à penser librement. Du jour au lendemain je me trouve verrouillé dans un étouffoir où défense est faite à chacun de parler à sa guise, de lire ce qui lui plaît, où les méthodes d'enseignement sont totalement différentes de celles auxquelles je suis accoutumé. Tandis qu'à Fontanes nos professeurs s'efforçaient de développer chez leurs élèves la faculté de raisonner, à la rue des Postes on fait la guerre à l'indépendance d'esprit, on ne fait appel qu'à la mémoire, on bourre les jeunes cerveaux.

Il arrive ce qui doit arriver : je m'ennuie, je me décourage, je travaille mollement en regardant le calendrier, je me traîne péniblement jusqu'au concours. Je suis admissible, je ne suis pas reçu.

J'en prends allégrement mon parti. Je m'en frotterais presque les mains. Le mécontentement de mon père est au contraire très vif, d'autant qu'il est trop intelligent pour ne pas apercevoir l'erreur qu'il a commise. Il est cependant enclin à persévérer. Il me parle d'entrer à l'École des mines où il me suffirait d'une très courte préparation pour être admis. Mais, cette fois, je me rebelle. Je ne veux pas être ingénieur. Je n'ai consenti à me présenter à l'École polytechnique que sur la promesse qui me fut faite de donner plus tard à ma vie l'orientation qui me conviendrait. L'École des mines ne m'ouvre aucune porte sur l'avenir que j'envisage. Et puis j'ai pris les études scientifiques en horreur. Tout ce qui me rappellera, même de loin, la rue des Postes sera

désormais pour moi objet d'aversion. Pendant de longues
années il m'arrivera de m'éveiller la nuit en sursaut : j'aurai rêvé que je suis encore emprisonné dans l'étouffoir, en
butte à la compression qu'on a tentée sur moi pour me
modeler comme on en a modelé tant d'autres.

On a dit des Jésuites qu'ils sont des éducateurs remar-
quables. J'accorde qu'ils excellent à gaver le sujet docile
qui leur est confié. Ils lui distribuent la nourriture qui
convient pour en faire une remarquable bête à concours.
Rien de plus. Le jeune homme qui, suralimenté, a franchi
l'obstacle, est lancé dans la vie ne sachant que ce qui était
indispensable pour assurer son succès à l'examen. « Nos
maisons » comme ils qualifient leurs collèges, sont des for-
ceries. Ce sont aussi des laminoirs qui broient les indépen-
dants hors d'état de s'évader.

Ceux qui jugent que l'art de l'éducation ne consiste pas
à enfermer les boutures dont on reçoit le dépôt dans des
serres où les rayons du soleil ne parviennent que tamisés,
où la chaleur et l'eau sont également dispensées, où l'uni-
formité est de règle, ceux qui pensent que les arbrisseaux
ne se développent qu'au grand air, que la protection dont
on les entoure doit se faire discrète, qu'il faut cultiver les
diversités, rechercher les variétés, que la richesse d'une
terre est faite du mélange harmonieux des plantes, ceux-là
déploreront l'emprise sur l'éducation nationale de la Congrégation Elle alimente le pays de fonctionnaires, principalement d'officiers. Chez tous des traces, au moins des
traces, de préjugés semblables, chez tous une culture générale médiocre, asthmatique. Quand même ils se libèrent,
quand même ils se développent — ce qui fort heureusement
est fréquent, — ils acquièrent difficilement l'esprit de libre
discussion, l'esprit critique dont leurs maîtres ont pris à
tâche de prévenir l'éclosion. Ils ont été, ils restent des pro-

duits fabriqués en série. Une démocratie, une république a, plus que tout autre régime, besoin d'une élite. Et seules les libertés d'esprit causent des élites.

Mon désir de grand air finit par triompher. Grâce à l'appui que ma mère me prêta, j'enlevai l'autorisation de faire mon droit, de me préparer à l'Inspection des Finances. Mon père spécifia simplement des règles de travail et d'ordre dont il traça le dessin austère. Je maugréai quelque peu. Je m'accommodai cependant, d'autant que je pressentis le bénéfice que je pourrais retirer, que je retirai effectivement d'une discipline d'existence durement arrêtée. La rigueur avec laquelle je fus tenu ne me préserva pas seulement des abandons auxquels sont sujets les jeunes hommes vivant aisément et librement à Paris, elle m'empêcha de me disperser intellectuellement comme j'en éprouvais la tentation.

Sans doute aurais-je musé dans les chemins de traverse, sans doute aurais-je écrivaillé de droite et de gauche, sans doute n'aurais-je pas concentré mes efforts si une main ferme ne m'avait constamment maintenu ou ramené dans la voie rectiligne où j'avais décidé de marcher. Je fis bien de temps à autre l'école buissonnière, je commis quelques nouvelles dont une ou deux seulement ont vu le jour — elles n'en valaient pas la peine, je me hâte de le dire — mais ce furent des escapades de brève durée qui devinrent de plus en plus rares. Sans cesser de suivre avec passion le mouvement littéraire et artistique, j'en vins à me confiner dans les études économiques ou politiques. M. Léon Say (1), qui

(1) M. Louis Barthou, se réconciliant avec moi en 1925 à la suite d'épisodes tragiques et lamentables que je conterai, m'a remis, en un geste habile, une lettre de Léon Say qu'il a trouvée je ne sais où. Elle est adressée à un

était resté en bonnes relations avec mon père, qui était
apparenté à la famille de ma mère, voulut bien entreprendre
mon éducation financière. Aidé de ses conseils, travaillant
de mon mieux à l'École de droit et à l'École des sciences
politiques j'affrontai le redoutable concours de l'Inspection des Finances. Je fus reçu le second en 1888. A vingt-
cinq ans j'étais adjoint à l'Inspection générale. Je devais
faire carrière pendant dix ans dans ce grand corps de l'État.

Prise au pied de la lettre, l'expression dont je me sers
est inexacte — les lois et règlements ne classant pas l'Inspection des Finances parmi les grands corps de l'État. —
L'organisme n'a pris naissance qu'après que la législation
napoléonienne eût charpenté l'édifice public et le nouveau
venu a débuté modestement. Mais, à mesure que se faisait
sentir la nécessité de contrôles de plus en plus serrés sur
les questions financières et administratives, le rôle de ce
groupe de fonctionnaires, dont le mode de recrutement,
l'agencement avaient été admirablement déterminés, est
allé en grandissant. Il a pris aujourd'hui une telle impor-

ministre ou à un grand fonctionnaire Elle fut écrite au moment où j'abordai
le concours de l'Inspection des Finances Elle demande qu'on soit juste à
mon endroit L'ancien ministre des Finances veut bien faire confiance à mon
intelligence et garantir que, si je suis reçu au concours, je ne m'occuperai
que de mes travaux et pas d'autre chose On entendra ce qu'il voulait dire.
Il ne prévoyait naturellement pas le destin qui m'attendait

Voici le document

SÉNAT

« Paris, le 29 février 1887.

Mon cher monsieur ou ministre (mot douteux),

« Le fils de M. Caillaux doit se présenter aux examens de l'Inspection.
Il est un peu agité parce qu'on lui a dit qu'il pouvait être écarté de l'examen
à cause de la situation politique de son père. Je ne pense pas que cela soit
exact Y a-t-il quelque démarche à faire à ce point de vue ? Le jeune Caillaux
est fort intelligent et, s'il a l'heureuse chance d'être admis, il s'occupera
de ses travaux et pas d'autre chose.

« Recevez l'assurance de mes sentiments les plus dévoués.

« *Signé :* Léon SAY. »

tance, il est appelé à remplir tant et de si diverses missions qu'il est véritablement devenu une des pièces essentielles de l'État. A telles enseignes qu'il m'arrive de craindre pour lui. Je redoute que quelques-unes des tâches qu'on lui inflige ne le dépassent et qu'accablé sous le faix il ne perde un jour ou l'autre la faveur de l'opinion dont à l'heure actuelle il jouit pleinement.

Ces éventualités ne surviendront pas s'il est dans les générations qui montent un homme de gouvernement disposé à recueillir et à mettre en œuvre une idée que j'ai souvent exposée, que les vicissitudes de la vie politique ne m'ont pas permis d'incorporer dans les réalités. Je pense depuis longtemps que nous aurions une élite de fonctionnaires hors de pair si nous recrutions en même temps, par le même concours, pour toutes les grandes carrières administratives, si, inspecteurs des Finances, auditeurs au Conseil d'État ou à la Cour des comptes, secrétaires d'ambassades étaient interchangeables. C'est ainsi qu'est compris le *Civil Service* anglais qui a doté l'empire britannique d'une armature de premier ordre.

En 1888, l'Inspection des Finances avait acquis la confiance du public. On pouvait prévoir qu'elle deviendrait ce que j'ai dit : une cheville ouvrière de l'État. Elle n'était pas encore à ce niveau. Les fonctionnaires qui la composaient étaient presque exclusivement spécialisés dans la vérification des services financiers et des compagnies de chemins de fer. Ils n'étaient appelés qu'accidentellement à étendre le cercle de leurs investigations.

Les jeunes hommes qui entraient dans le corps n'en étaient pas moins soumis au plus utile des entraînements. Au cours des tournées de six à sept mois qu'ils faisaient de par la France sous les ordres d'un inspecteur général des Finances encadré de collaborateurs appartenant aux divers grades de l'Inspection — un inspecteur général, un inspecteur de première classe, un inspecteur de deuxième, un inspecteur de troisième, un inspecteur de quatrième, un adjoint à l'Inspection générale composaient chaque équipe — ils étaient mis en contact avec les administrations, avec les grandes régies financières. Presque tout de suite on les appelait à vérifier le service d'un percepteur, d'un contrôleur des contributions directes, d'un receveur d'enregistrement, d'un agent des douanes et ils devaient, uniquement armés de ce qui leur avait été enseigné à l'école, découvrir et relever les défectuosités dans la gestion de fonctionnaires courbés sur leur tâche. Il n'est guère de professions qui soumettent de jeunes cerveaux à une gymnastique intellectuelle plus salutaire. Il n'en est aucune, je crois, qui oblige à amasser en un petit nombre d'années un plus complet bagage de connaissances administratives.

Je tirai un immense profit de mes dix ans de labeur dans l'Inspection. J'y appris à fond non seulement la fiscalité mais l'administration *vivante* du pays. J'entends que, tandis que l'auditeur à la Cour des comptes ou au Conseil d'État prend vue sur les services publics uniquement à l'aide des traités qu'il a étudiés, des dossiers qui lui passent sous les yeux, l'inspecteur des Finances aperçoit, au delà des textes, au delà des pièces, les êtres en chair et en os chargés d'appliquer, obligés de faire compte avec la pratique. Le receveur de l'enregistrement, c'est pour le lointain fonctionnaire qui travaille à Paris dans son cabinet ou dans son bureau une vague entité personnifiant les lois de frimaire et de brumaire an VII, complétées par d'innombrables textes dont la réunion compose aujourd'hui un code. L'inspecteur des Finances, lui, se représente l'agent chargé de recouvrer les droits d'actes et de mutations dans le chef-lieu de canton où il exerce. Il le voit, il l'a vu défendant pour le mieux les intérêts du Trésor, aux prises avec les officiers publics, essayant de déjouer la fraude. Il a lui-même au cours de ses tournées, mis la main à la pâte. Il a feuilleté les registres, les tables, les répertoires organisés pour la facilité des investigations. Il sait la complexité des choses, l'insuffisance des moyens de recherche. Quand il a la curiosité et la soif du mieux qui élèvent au-dessus de la besogne quotidienne, il aperçoit quelques-unes des réformes qu'il faudrait introduire dans le service pour en améliorer le fonctionnement.

Dans l'intervalle des tournées je résidais à Paris. Pendant les cinq mois que j'y passais, j'étais chargé de vérifications de comptes. Après quelques années je fus appelé à professer à l'École des sciences politiques où la charge des conférences de préparation à l'Inspection des Finances, m'incomba. Il va de soi que je vivais avec les miens, d'autant plus heureux de me garder que mes frères, officiers tous deux, étaient, du fait de leur carrière, éloignés du foyer familial.

Une seule difficulté entre mes parents et moi : la question mariage.

Ils désiraient ardemment me voir marié. Je ne témoignais pas d'un semblable empressement. Aux tendres invites de ma mère, aux objurgations bourrues de mon père j'opposais la force d'inertie. D'où des cliquetis — légers — de propos aigres-doux. Quand je revis le passé, je crois pouvoir me rendre la justice d'avoir toujours été un bon fils ; je me reproche parfois de n'avoir pas donné aux miens, avant leur disparition, la satisfaction qui leur tenait tant à cœur.

Pourquoi ne voulais-je pas fonder un foyer? Il me peinait d'abord de rompre une liaison élégante — j'ai toujours été inapte aux ruptures sentimentales — alors surtout qu'on ne me présentait aucun parti sortable. Car, mes excellents parents déploraient bien mon obstination à rester célibataire mais ils n'usaient d'aucun moyen pratique pour la vaincre. Vivant comme des reclus ils ne recevaient âme qui vive. Je ne rencontrais chez eux ni jeunes filles, ni jeunes femmes libres dont quelqu'une eût pu m'intéresser. Je m'en applaudissais, il est vrai, dans mon for intérieur. J'avais, en effet, pour fuir le mariage, surtout le mariage qu'on aurait voulu me voir faire, des raisons plus sérieuses que l'embarras de dénouer un attachement mondain.

Le goût de la vie publique, que je portais dans le sang, s'était développé en moi depuis que, par l'Inspection des Finances, je m'étais approché des affaires du pays. Je sentais que je ferais de la politique, et de la politique républicaine car je fus républicain aussitôt que je pensai par moi-même. Comment prendre femme, songeai-je, dans le monde conservateur où s'encadrait ma famille? Mes idées philosophiques étaient un obstacle plus décisif encore à l'union que les miens envisageaient. A vingt ans, au sortir de la rue des Postes, j'étais libéré de toute pratique religieuse. Je ne me voyais pas épousant la gentille oie blanche qui m'aurait persécuté pour que je la conduisisse à la messe, qui se serait liguée avec mes parents, avec les siens, pour me ramener à de « bons sentiments ».

J'accorde que mon esprit grossissait des difficultés secondaires. A la vérité je me donnais des prétextes à moi-même pour garder une liberté dont j'étais jaloux.

Ai-je eu tort? Je ne le pense pas. Je ressens quelque tristesse quand je me remémore, comme il m'arrive, une parole de mon père qu'il me répétait pour combattre des idées qu'il avait pénétrées : « *Crois-moi, mon enfant, le bonheur est dans les voies communes.* » Le bonheur qu'envisageait mon père, le bonheur paisible : une famille, des enfants, ne m'a pas appartenu. J'en ai souffert, j'en souffre. Mais, on ne lutte pas contre son destin. Mon destin m'emportait

« *hors des voies communes* ». Je n'ai fait que répondre à son appel en refusant d'aliéner mon indépendance durant ma prime jeunesse jusqu'à ce que j'eusse assis ma vie dans la politique où elle devait s'enfermer.

Bien avant d'y accéder, j'étais acquis, — je viens de le dire, — aux doctrines que je ne devais cesser de défendre. Je les affirmais autour de moi. A vingt-cinq ans, lors de mes débuts dans l'Inspection, je me singularisai dans le milieu administratif où j'étais entré. Milieu exemplaire — je tiens à le spécifier — d'une haute probité morale où chacun, dans l'exercice de ses fonctions, était entièrement détaché de la politique mais dont les hommes qui le composaient étaient des conservateurs, surtout des catholiques pratiquants. Je surpris, j'effarouchai en marquant tout de suite, sans ostentation mais nettement, mon éloignement des observances religieuses, en ne cachant pas mon républicanisme.

Je ne dissimulai pas davantage au foyer de mes parents. Une question montera aux lèvres de ceux qui me liront. Je ne leur laisserai pas le temps de la poser. Je répondrai tout de suite ou plutôt je commencerai à répondre en développant ce que j'ai déjà fait pressentir, en montrant comment le temps, les circonstances amenèrent mon père à modifier l'orientation que, dans le milieu de son existence, sa mentalité générale avait subie.

Jeté, comme il advient en politique, hors de son parti véritable — le centre gauche — par les événements, précipité en pleine droite par l'aventure du Seize Mai, mon père ne se départit pas tout d'abord de la position qu'il avait prise. Mais, il ne pouvait marcher du même pas que ceux au milieu desquels il avait-pris place. Son royalisme manquait de racines et les monarchistes n'avaient pas à leur tête un de ces grands chefs qui, suscitant les enthousiasmes, entraînent les recrues. Il suivait donc clopin-clopant, sans nourrir de grandes illusions sur les princes qu'il servait. Je n'en veux pour preuve que les commentaires dont je l'ai entendu entourer un mot du roi Louis-Philippe qui lui avait été rapporté par M. Guillaume Guizot, le fils du grand homme d'État. Après les obsèques du duc d'Orléans, tristement tué dans l'accident de Neuilly, le ministre se serait rendu auprès du souverain, il aurait trouvé le vieux roi effondré, pleurant à chaudes larmes. Comme M. Guizot prononçait les paroles habituelles de consolation : « Sire, Votre Majesté a d'autres fils. . — Oui, répondit le monarque, *ce sont de bons fonctionnaires mais celui-là était un prince.* » « Il se peut, observait mon père, que par une tendance naturelle à l'esprit humain, Louis-Philippe glorifiât outre-mesure le duc d'Orléans qui venait de disparaître. Il n'en qualifiait pas moins exactement ses autres enfants « Ce sont de bons fonctionnaires »

De tels propos soulignaient une volonté de distance entre celui ou ceux qui les tenaient et le gros de l'armée royaliste Je gage que mon père et ses amis se seraient tout à fait détachés si le cléricalisme ne les avait liés à la droite. Catholiques convaincus pour la plupart ou — je me permettrai une réflexion qui ne sera pas exempte de malice — devenus, redevenus catholiques à l'âge des rhumatismes, ils confondaient de fort bonne foi catholicisme et cléricalisme Quand entre eux le vent de la discussion commençait à souffler, quand, par exemple, telle lettre publique du comte de Paris ardemment louée par les uns était vivement critiquée par les autres, il suffisait, pour rétablir l'harmonie. de faire allusion à l'entreprise de « déchristianisation » poursuivie par le gouvernement de la République — ainsi était qualifiée l'œuvre de laïcité poursuivie par le gouvernement de la République. — Alors, tout le monde s'accordait pour gémir, pour lever les bras au ciel, pour pleurer sur la pauvre France où les catholiques « étaient abominablement persécutés » *(sic)*, où « grandissait tous les jours le péril révolutionnaire » *(sic)*. Et le concert des récriminations et des lamentations allait son train pour se clore toujours dans le même psalmodiement lugubre. « Ce pays est fini, » proféraient les uns. « Nous sommes bien bas, » soupiraient les autres.

Comment ces hommes d'intelligence étaient-ils à ce point déroutés par le mouvement démocratique, à ce point affolés par la sécularisation de l'État que les chefs républicains, en accord avec les masses, poursuivaient ?

La force des préjugés peut seule l'expliquer. En tout cas, quelque persuadés qu'ils pussent être qu'un pays qui se « déchristianise » est tout prêt de s'abîmer dans la décadence, ils n'auraient pas dû faire étalage de ces sombres perspectives devant de jeunes hommes qu'ils morfondaient, dont ils s'exposaient à briser les élans de noblesse, à tarir les enthousiasmes.

Par bonheur ils étaient si agaçants, leurs sempiternelles doléances étaient si insupportables à des enfants qui entraient dans la vie en hennissant de joie que l'effet de leurs exclamations ou de leurs interjections n'était pas trop nocif. Je dis : pas trop. Il en restait quelque chose. Les jeunes gens, à toutes les époques, ont accoutumé de gouailler les opinions de leurs parents surtout quand ils y relèvent un pessimisme maussade qui leur est intolérable. Ils n'en retiennent pas moins. Quoi qu'ils disent, le langage des hommes âgés les impressionne toujours. Ainsi, nous nous irritions, mes amis et moi, contre les jérémiades dont nous recueillions les échos dans les dîners politiques où nous remplissions les bouts de table, dans les fumoirs où nous nous faufilions et cependant ces propos, qui nous énervaient, que nous rejetions, n'en déposaient pas moins dans nos cerveaux une méfiance de notre pays et de notre temps contre laquelle il nous a fallu réagir, dont quelques-uns d'entre nous ne se sont jamais complètement délivrés.

J'ai moi-même gardé longtemps une sensation d'inquiétude générale, qui a peut-être bien influé à de certains moments sur mes conceptions ou sur mes décisions Elle a eu pour origine le résidu, gisant dans le tréfonds de mon être, des conversations dont ma jeunesse fut bercée. L'empreinte n'a heureusement pas été profonde d'abord parce que l'indépendance de pensée que j'ai toujours eue, parfois avec excès, m'a préservé, aussi parce que mon père, qui, bien que ma superbe s'en défendît, exerçait une forte action sur moi, prononça son évolution, se détachant graduellement du milieu où le jeu de la politique l'avait artificiellement classé.

A mesure, en effet, que les années s'écoulaient, l'ancien ministre du maréchal de Mac-Mahon modifiait, revisait ses points de vue. Il en venait à juger équitablement les hommes qu'il avait combattus. Il acquérait une haute estime pour Jules Ferry auquel il exprimait, au lendemain de l'affaire de *Lang Son*, à l'heure où le vide se faisait autour de l'homme d'État, son admiration et sa sympathie. Ce mouvement d'esprit s'accentua à la suite d'un gros événement politique : le boulangisme.

Mon père, qui avait gardé vivace le souvenir des luttes soutenues contre le second Empire, eut vite fait de découvrir le sens et la portée de l'aventure « tout cela c'est des bonaparteux », prit-il l'habitude de dire et, avec la passion qui était dans son tempérament, il se jeta dans le camp antiboulangiste, criant ses opinions sur les toits, se sépa-

rant de la plupart de ses amis, tendant la main à ses adversaires de la veille. Les événements le ralliaient ainsi à la
République. Son âge — il approchait de soixante-dix ans —
un juste sentiment de la réserve que lui imposait son passé,
le souci de sa dignité lui interdirent de prendre une part
active aux luttes politiques sous un drapeau qu'il avait
longtemps combattu. Très sagement il résolut de s'effacer.
Lorsque ses anciens amis lui demandèrent — ils ne pouvaient faire autrement — de poser sa candidature aux
élections sénatoriales de 1891, il les éconduisit, il répondit,
en une lettre qui ne fut pas rendue publique de son vivant,
par un refus étudié. « La profession de foi que je ferais,
écrivit-il, de défendre les intérêts conservateurs, économiques et religieux dans la République et avec la République ne disposerait pas, j'imagine, plus favorablement en
ma faveur, ceux qui sont déjà prêts à m'abandonner parce
que j'ai refusé de m'associer à la politique (la politique boulangiste) qu'ils ont suivie dans ces derniers temps et de
partager leurs illusions... » Une année plus tard, en 1892,
il renonçait à la dernière fonction élective qu'il détenait .
il cessait d'être conseiller général du canton de Mamers.

Il se consacra dès lors exclusivement à l'administration
de la Compagnie des Chemins de fer du P. L. M. Vice-
président du Conseil d'administration depuis de longues
années, il était nommé président en 1892. Prenant en mains
la gestion du grand réseau dont il remaniait l'administration générale, il déployait une merveilleuse activité pour
améliorer encore les conditions d'existence et de développement de la vaste entreprise. Se dépensant sans compter,
il tombait, en août 1896, comme je souhaite tomber moi-
même, le harnais sur le dos, foudroyé par une hémorragie
cérébrale, quelques heures après avoir présidé ses conseils,
en pleine fièvre de travail.

Inspectant à l'époque les services pénitentiaires en Seine-et-Marne, j'employais les loisirs limités dont je disposais à passer une soirée de temps à autre à Paris. Un obscur pressentiment m'amena auprès de mon père la veille de sa disparition. Je le trouvai seul dans son appartement du boulevard Malesherbes — il avait laissé ma mère au château de Vaux, auprès du Mans, que, même au mois d'août, désertait, une semaine sur deux le travailleur infatigable qu'il était. En plein été, il passait la moitié de son temps à contrôler à Paris, la grande administration dont sa conscience lui enjoignait de suivre tous les mouvements. — Un peu surpris, tout heureux de ma visite, mon père me retint. Après le dîner en tête à tête nous montâmes en voiture faire une promenade au Bois

Il allait avoir soixante-quatorze ans. Il semblait merveil-.leusement conservé. Il avait cependant été frappé par une première attaque six ans plus tôt. Je ne sus qu'après sa mort que, l'hiver précédent, il avait recueilli un second avertissement, discret, dont on avait caché la gravité aux siens. Lui, ne s'y était pas trompé. Il sentait que sa fin était proche. Et puis, il était hanté par l'idée que jamais ou presque jamais un Caillaux n'avait dépassé soixante-quatorze ans.

Le sentiment que ses heures étaient comptées, que « la journée allait finir » envahit sans doute son être. Enfermé d'habitude en lui-même, muré dans une sorte d'impassibilité hautaine qui glaçait ceux qui l'entouraient, il se détendit ce soir-là, il se laissa aller à parler de sa vie, de la mienne. Depuis des années il me disait, non seulement qu'il comprenait que je fusse républicain mais qu'il m'aurait blâmé si j'avais témoigné quelque propension pour des régimes périmés. « *Il faut être avec le gouvernement de son pays* » me répéta-t-il une fois de plus. « Tu feras de la poli-

tique, mon enfant, ajouta-t-il, je le sens. Il y a une situation
à prendre pour toi, dans la Sarthe, dans l'arrondissement
de Mamers. Mais, doucement, mon fils, doucement. Défie-
toi toujours de la vivacité de ton tempérament. »

La conversation tomba. Elle rebondit sur un tout autre
sujet. L'affaire Dreyfus obsédait mon père. Il ne pouvait
croire à la culpabilité du capitaine israélite condamné un an
et demi auparavant. « Un pareil crime sans aucun mobile,
remarquait-il, c'est bien extraordinaire. » Avec une singulière prescience il avait avancé que l'affaire renaîtrait. Il
avait même précisé : « Dans deux ou trois ans .. » Deux
ans après sa mort éclatait le faux du colonel Henry . Il
redit ses doutes tandis que nous parcourions les allées du
Bois dans la molle tiédeur de ce soir d'été. L'antisémitisme
qui surgit tout naturellement dans la conversation nous
conduisit à parler religion. Tendrement, mon père, qui était
croyant sincère, fit allusion aux opinions philosophiques
qui, dans des temps lointains, avaient peut-être bien été
les siennes, qui, en tout cas étaient, qui sont les miennes.
Il les souligna avec une ombre de regret. Puis nous nous
entretînmes des nôtres . « A demain, mon garçon, viens
dîner avec moi à mon cercle.. »

Au travail le lendemain matin à Melun où je suis dès
l'aube.. ! Un télégramme m'est remis Je saute dans le
premier train. Mon père s'est écroulé dans la nuit. Les
derniers hoquets de l'agonie quand j'arrive...

J'ignorais la douleur. J'en fis mon premier apprentis-
sage.

Ici-bas, quand un deuil fond sur nous, nous ne pouvons
hélas ! que nous arrêter un instant pour pleurer. Il nous
faut très vite nous remettre en marche. Sept à huit mois

après la disparition de mon père, je partais pour l'Algérie. Mes obligations professionnelles me contraignaient à y résider pendant une année. D'assez longues vacances coupèrent mon séjour. Je les passai auprès de ma mère dans la Sarthe où des incidents d'ordre divers me permirent de poser quelques jalons politiques.

Cependant, attentif aux conseils de mon père, retenant ses dernières paroles je ne voulais connaître d'une prochaine candidature à la députation. Tout ce à quoi j'aspirais c'était à participer aux affaires locales. Le mandat de conseiller général que je recherchais devait servir dans mon esprit à la fois à me créer une situation dans la Sarthe et à faciliter mon accès aux postes élevés du ministère des Finances que j'ambitionnais. Ambition raisonnable, on en conviendra ! Raisonnable également de penser que, plus tard, quand parvenu à mes fins, j'aurais dirigé quelques années, un des services du Trésor, je déciderais soit de continuer ma carrière dans la haute administration, soit, fort des connaissances acquises, de l'expérience amassée, de bifurquer vers la politique.

Mais, une première occasion devait m'être fournie d'apercevoir la vanité des calculs, la fragilité des projets qui paraissent les mieux délibérés, les plus sagement réfléchis. Convoitant un siège au Conseil général de la Sarthe, entrant à ces fins en relations avec les militants républicains de l'arrondissement de Mamers, je posai, sans le vouloir, sans m'en douter, ma candidature à la députation

Histoire simple !

L'arrondissement de Mamers paraissait, à l'époque, inféodé à la droite pure. Sa population totale dépassant cent mille âmes, deux députés le représentaient à la Chambre. Tous deux étaient royalistes. Les républicains étaient régulièrement battus à d'imposantes majorités. Dans les premiers mois de 1897, un des députés, dont la valeur qu'il n'avait pas eu l'occasion de déployer était incontestable, M. Fernand d'Aillières, ancien maître des requêtes au Conseil d'État vint à mourir. Une élection partielle eut lieu. Les gauches présentèrent M Le Chevalier, préfet de la Sarthe sous le gouvernement de la Défense nationale, investi par la suite de hautes fonctions en Égypte, devenu administrateur de la Compagnie de Suez, ami par ailleurs et disciple de Gambetta, très répandu dans le monde républicain où son intelligence, la sûreté de son jugement, sa forte culture étaient unanimement appréciés. M. Le Chevalier était un homme d'une grande distinction d'esprit. Il avait cependant été battu en 1889 et en 1893 par le duc de la Rochefoucauld dans la première circonscription de l'arrondissement. Il fut battu en 1897 dans la deuxième circonscription par un vieillard de quatre-vingts ans qui ne dut son succès qu'au nom qu'il portait ; il s'appelait le colonel d'Aillières, il était l'oncle du député qui venait de s'éteindre. Le succès du duc de la Rochefoucauld qui, aux élections générales de 1898, devait briguer l'unique siège de député réservé à l'arrondissement, les deux circonscriptions étant désormais, de par la décroissance de la population, fondues en une seule, paraissait donc certain. Les républicains ne pouvaient cependant se résigner à laisser passer le président de la droite royaliste, de quelques sympathies qu'il fût entouré, sans lui opposer un concurrent. Mais qui ? il ne pouvait plus être question de M. Le Chevalier que ses échecs répétés avaient usé.

J'apparus alors. Tres vite, conseillers généraux, conseillers d'arrondissement, présidents des Comités républicains pensèrent à moi. On me savait républicain. J'étais, il est vrai, le fils d'un des chefs du parti conservateur. Mais la physionomie politique de mon père n'avait jamais été aussi accusée dans la Sarthe qu'à Paris. On se souvenait de ses débuts, de son opposition à l'Empire. On n'ignorait pas davantage qu'il s'était séparé de la droite lors du boulangisme, qu'il avait été, depuis 1889, en froid avec ses amis. L'idée de me désigner comme candidat républicain fit rapidement son chemin.

Aussitôt que je m'en aperçus, je me dérobai. Mais, ma réserve aboutit à un résultat auquel je ne m'attendais pas ! Je me serais montré empressé, on se fût défié ! Je m'effaçai, on me rechercha. En février 1898, je reçus en Algérie une lettre signée de tous les chefs républicains de l'arrondissement, M. Le Chevalier en tête, me demandant officiellement d'affronter la bataille. Je refusai. On ne se découragea pas. On revint à la charge. Quand, ma mission terminée, je rentrai en France en mars 1898, les instances se firent de plus en plus pressantes.

Ma résistance mollissait. Je ne cédais cependant pas d'autant que j'étais embarrassé par un geste d'étourderie que j'avais commis. Ce n'était pas seulement le désir d'aménager ma vie suivant le plan conçu *a priori* qui m'écartait des comices électoraux. Des considérations de sentiment pesaient sur mon esprit. M. de la Rochefoucauld, qu'il s'agissait pour moi de combattre, avait été lié avec mon père. Leurs relations avaient sans doute fraîchi pour des raisons politiques et personnelles. Il ne m'en était pas moins désagréable d'entrer en lutte contre un ancien ami, qui apparaissait comme étant encore un ami des miens.

J'assurai donc une relation commune aux la Rochefoucauld et à ma famille que je n'avais nulle intention de me présenter à la députation dans l'arrondissement de Mamers en 1898.

C'était l'absolue vérité.

Mais les faits devaient, bien malgré moi, en décider autrement.

Comme je passais les vacances de Pâques avec ma mère dans la Sarthe, je fus assailli par les représentants qualifiés du parti républicain de Mamers. Ils allèrent jusqu'à me mettre le marché en mains : ou maintenant ou jamais. Je compris que, si je reculais, si je ne leur donnais pas pleine confiance en consentant le geste décisif qu'ils attendaient, je me mettais hors de jeu.

Je me laissai arracher un assentiment dix-sept jours avant la date du scrutin.

Aucune chance, pensai-je. Je ferai mon devoir. Je donnerai un témoignage de probité républicaine. Après... sans doute me laissera-t-on poursuivre tranquillement ma carrière...

Mais, à peine ma tournée commencée, je m'aperçus que la situation n'était pas du tout celle que l'on m'avait représentée. Mes amis parlaient avec un effroi mêlé de respect de la « grande organisation » du parti conservateur dans l'arrondissement de Mamers. La « grande organisation » était un mythe. Il n'y avait ni comités, ni groupements conservateurs d'aucune sorte. Les royalistes avaient acquis la majorité, et la gardaient parce qu'ils n'avaient trouvé personne en face d'eux, parce que, pour parler plus exactement, on avait commis la faute de ne leur opposer que des candidats qui n'étaient pas « du pays » et dont les idées étaient ou paraissaient trop avancées. Mes idées à moi, qui étais du pays, étaient très fermement républicaines, mais nettement modérées. Elles correspondaient exactement à la mentalité moyenne de l'arrondissement. Enfin, j'étais jeune, M. de la Rochefoucauld était au seuil de la vieillesse. Quand j'eus mesuré ma chance, je fonçai avec l'ardeur de mes trente-cinq ans. Je l'emportai de haute lutte. J'enlevai le siège à une belle majorité : 1 200 voix.

N'eût été la joie du triomphe, j'eusse été un peu dépité d'un succès qui bouleversait mes projets, qui causait une semi-rupture entre mon frère cadet très éloigné de mes idées politiques et moi. Je pris vite mon parti de l'écroulement de mes châteaux de cartes. En revanche la discorde dans ma famille me peinait. Elle fut heureusement apaisée par ma mère, qui, après avoir regretté ma décision pour des raisons qu'elle expliqua dans une lettre à une de ses amies (1), s'était tout de suite mise de mon côté. Sans trop de peine elle ramena mon frère qui m'affectionnait autant que je l'affectionnais moi-même. Hélas ! les jours de mon pauvre Paul étaient comptés. Moins de deux ans plus tard, il rejoignait dans la tombe notre frère aîné, emporté peu de jours avant mon père (2).

Quelques mois après les élections, suivant l'un de ses fils, précédant l'autre, s'éteignait notre mère, *ma mère* vénérée, *ma mère* dont le portrait emplit la pièce où je travaille, *ma mère* dont le regard, vivant sur la toile, enveloppe encore son enfant préféré.

Déjà séparé de mon père, de mon frère aîné, à la veille de perdre ma mère, mon frère cadet, sur le point d'être seul, presque seul, dans l'existence, j'entrai dans la fournaise politique.

(1) Le 21 mai 1898 ma mère écrivait de Pau à son amie la comtesse de Beausacq les lignes qui suivent

« Merci, mille fois, bien chère amie, de vos affectueuses félicitations. J'ai tant souffert de cette horrible politique que j'aurais mieux aimé que mon fils ne prît pas cette voie, mais puisqu'il l'a voulu, je suis heureuse et fière de son triomphe, car c'en est un réel .. »

(2) Mon frère aîné, Robert Girard, mourut à quarante-quatre ans chef d'escadron d'artillerie, proposé pour le grade de lieutenant-colonel. Mon frère cadet n'avait que trente-cinq ans quand il disparut en janvier 1900 après une longue et douloureuse maladie. Il était lieutenant de cavalerie.

Ni l'un ni l'autre ne purent pleinement témoigner des qualités éminentes dont ils étaient doués. L'aîné était remarquable par l'intelligence, par la culture. Le cadet était une des natures les plus droites, un des caractères les plus fermes que j'aie rencontrés.

DEUXIÈME PARTIE

Un peuple s'est souvent retrempe
et régénéré dans les discordes civiles.

CHATEAUBRIAND.
Mémoires d'outre-tombe.

CHAPITRE IV

MES DÉBUTS AU PARLEMENT. — DÈS 1899 JE SUIS APPELÉ AU GOU-
VERNEMENT — LE MINISTÈRE WALDECK-ROUSSEAU. — SON
PREMIER CONTACT AVEC LES REPRÉSENTANTS DU PAYS.

Je n'avais guère franchi le seuil de la Chambre des députés
quand le mandat dont je fus investi ouvrit toutes grandes
devant moi les portes du Palais-Bourbon. Avare de mon
temps, je craignais de le gaspiller en assistant dans une
tribune aux débats parlementaires dont m'informait la lecture quotidienne du *Journal officiel*

Vivant dans le monde administratif, fréquentant un ou
deux salons littéraires, tout compte fait sortant assez peu
— j'ai toujours eu du penchant pour la solitude — j'ignorais le milieu où je pénétrai. J'y retrouvai quelques camarades d'enfance ou de collège Jean Plichon dont j'ai parlé
— Marcel Habert, le lieutenant du général Boulanger
en 1889, le bras droit de Déroulède en 1899 (il avait fait
ses études au même lycée, dans la même pension que moi)
— Dupuytren un député de la droite qui disparut très vite
(lui aussi avait été mon condisciple) — Ruau, mon futur
collègue dans le ministère Clemenceau, que j'avais entrevu
quand son père était directeur des Monnaies, le mien
ministre des Finances J'avais perdu de vue la plupart de
ces jeunes hommes. Je ne devais me lier avec aucun d'entre
eux. Il n'était qu'un seul membre du Parlement avec lequel

j'eusse des relations d'amitié qui se développèrent Paul Deschanel.

Celui-là fut pour moi un ami très cher auquel les événements, les divergences d'opinion ne me permirent pas, malheureusement, de m'unir autant que je l'aurais souhaité. Je dirai tout à l'heure pourquoi. Je voudrais auparavant dépeindre la nouvelle Chambre, indiquer les mouvements qui l'agitaient quand elle naquit, montrer les querelles du jour reléguées soudain dans la pénombre, un drame shakespearien envahissant brusquement la scène parlementaire.

Les députés élus en 1898 frémissaient encore quand ils prirent place à leurs bancs. La lutte qu'ils avaient menée avait été d'une âpreté singulière. La droite et les modérés, coagulés par le ministère Méline, s'étaient violemment heurtés aux radicaux et aux socialistes faisant front commun.

La question de la réforme de nos vieilles contributions directes avait été la cause de la rupture entre républicains que beaucoup, voyant court, déclaraient définitive. Les gauches préconisaient l'impôt sur le revenu global et progressif tel que M. Doumer, ministre des Finances dans le cabinet Léon Bourgeois (fin de 1895 — commencement de 1896), en avait tracé le dessin sommaire. Les modérés remarquaient que le projet, grossièrement sculpté, n'était pas dans la ligne de notre fiscalité. Ils opposaient les impôts sur les revenus à l'impôt sur le revenu. Seulement, ils ne parvenaient pas à se mettre d'accord sur un système cohérent. Au fond, la plupart d'entre eux étaient *in petto* hostiles à tout changement. L'esprit de conservation fiscale qui les animait les avait peu à peu ajustés à la droite avec laquelle ils avaient pris l'habitude, au cours des batailles parlementaires entre 1896 et 1898, de lier partie. Si bien que le conflit s'était aggravé, que la controverse sur les mérites respectifs de tel ou tel régime d'impôts avait mis aux prises une fois de plus l'esprit de stagnation et l'esprit de progrès.

Les circonstances m'avaient placé hors de la bataille entre républicains. Dans l'arrondissement de Mamers, radicaux et modérés avaient également voté pour moi. J'étais l'élu de tous. Je comprenais cependant que je devais mon succès à la mesure dans mes idées. J'entendais ne pas m'en départir. Je me fis donc inscrire au groupe des républicains progressistes, ratifiant l'étiquette arborée au cours de la campagne électorale. Le même souci de loyauté vis-à-vis de mes électeurs et vis-à-vis de moi-même me conduisit à accorder mes premiers votes au cabinet Méline. Je ne manquai pas de déclarer toutefois qu'il me serait impossible de persister si le ministère ne rompait pas nettement avec la droite. Mon état d'âme, qui était celui de quelques jeunes députés du centre, se fit jour dans un scrutin où la nouvelle Chambre affirmait sa volonté de ne soutenir qu'un gouvernement « s'appuyant sur une majorité exclusivement républicaine ». La phrase impliquait un désaveu courtois mais formel de la politique suivie pendant les deux dernières années. M. Méline le comprit. Il se retira. Il eut pour successeur M. Henri Brisson évincé quelques semaines plus tôt par Paul Deschanel du fauteuil présidentiel qu'il occupait dans la précédente législature.

Bien que le nouveau cabinet se présentât devant les Chambres comme cabinet de concentration républicaine, il avait son axe dans le parti radical. Aussi fut-il vivement discuté. La plupart des modérés lui refusèrent leur suffrage.

Quelques-uns seulement, dont moi, lui donnèrent leur voix.

Mais, l'aspect des choses devait bientôt changer.

L'affaire Dreyfus, qui ravageait l'opinion dès la fin de 1897, qui ne s'était cependant pas violemment réfléchie sur les élections de 1898, allait faire irruption dans la politique, assoupir les anciens différends, déterminer de nouvelles positions, détacher, comme il advient dans les périodes de crise, certains hommes de leur parti pour les classer suivant leurs affinités profondes.

Je devais être un de ceux-là.

Les paroles de mon père m'avaient rendu attentif au drame judiciaire qui, en 1896, semblait à la plupart définitivement clos par l'arrêt du Conseil de guerre. Les grandes protestations, les premières révélations, le *J'accuse* de Zola auraient sans doute emporté ma conviction si, au fin fond de l'Algérie à l'époque, je n'avais été dans l'impossibilité de suivre de près les discussions et les événements. Quand je revins en France, j'étais en proie aux doutes les plus graves. Je n'étais pas fixé.

Arrivé au Parlement sans que j'eusse eu à émettre une opinion quelconque au cours de la campagne électorale tant sur les incidents de la veille que sur les éventualités du lendemain, je m'appliquai a écouter dans les couloirs du Palais-Bourbon les uns et les autres s'entretenant abondamment de l'affaire.

Je fus vite frappé par la pauvreté des arguments des antidreyfusards. Ceux d'entre eux qui étaient réactionnaires et cléricaux commençaient par faire le signe de la croix devant l'arrêt du Conseil de guerre. Ils continuaient en débitant un tas d'inepties sur le sombre complot organisé pour réhabiliter Dreyfus. Quand on haussait les épaules, la plupart s'indignaient. Quelques-uns, plus intelligents, avouaient que, quand le capitaine Dreyfus aurait été injustement condamné, ils entendaient le voir rester dans un *in pace* La révision de son procès comportait, à les entendre, de trop graves dangers. D'abord l'honneur de l'armée était en cause. Pourquoi? Comment? Parce que c'était porter atteinte au lustre de l'institution militaire que d'admettre que sept officiers se fussent trompés? Si l'on envisageait cette éventualité, l'esprit de soumission et de discipline serait endommagé puisque le respect que les soldats doivent conserver intact pour la juridiction dont ils dépendent se trouvait ébranlé. Enfin, la révision impliquait forcément, disaient les mêmes, des divulgations de nature à gêner dans ses entournures l'admirable Service de renseignements si précieusement constitué par le 2e bureau de l'état-major.

Il est à peine croyable que ces sornettes aient fourni pâture à des hommes auxquels la sagacité ne faisait pas entièrement defaut. Elles étaient cependant avalées par nombre de républicains modérés ou radicaux. D'autres se cachaient la tête dans les mains, déclaraient s'en rapporter au gouvernement. Quelques-uns seulement ne dissimulaient pas leurs angoisses.

Ceux-là cependant, pour la plupart du moins, furent portés à croire qu'ils faisaient fausse route, quand, aussitôt après la constitution du cabinet Brisson, le nouveau ministre de la Guerre, M. Cavaignac, proclama à la tribune, en un discours retentissant dont la Chambre ordonna l'affichage, la culpabilité de Dreyfus. Il produisit une pièce qui semblait tellement décisive contre le condamné que nos incertitudes, à moi comme a bien d'autres, furent apaisées pour un instant. Pour un instant seulement... Le vote à peine clos, nous entendions dans les couloirs quelques-uns de nos anciens émettre des doutes sur la qualité du papier. « C'est certainement un faux, » disait Rouvier.

C'était, en effet, un faux, le faux du colonel Henry.

Lorsque, au cours des vacances parlementaires, le scandale éclata, lorsque l'officier coupable, opportunément muni d'un rasoir, se fût suicidé, toute hésitation s'abolit dans mon esprit. Un crime judiciaire avait été commis. Mes résolutions furent dès lors arrêtées. Je soutiendrais tous ministères s'attelant courageusement à la besogne de probité indispensable. Je refuserais ma confiance à quelque gouvernement que ce fût, qui se déroberait ou qui ruserait.

L'occasion me fut fournie, dès la rentrée, d'accorder mes votes avec la ligne de conduite que je m'étais tracée. M. Brisson avait saisi la Cour de cassation de la demande en révision formulée au nom de Dreyfus. Il fut violemment interpellé, abandonné à la tribune par son troisième ministre de la Guerre. Le général Chanoine, successeur du général Zurlinden, successeur lui-même de Cavaignac, vint affirmer, au milieu de l'émotion générale, qu'il partageait l'opinion de tous ceux qui, avant lui, avaient été les chefs de l'armée et que, ayant conservé intact le dépôt qui lui avait été confié, il remettait sa démission aux représentants du pays. Déchaînement de clameurs, apostrophes indignées, contradictoires bien entendu! Lorsque, le calme quelque peu rétabli, le scrutin s'ouvrit, j'opinai comme Rouvier : « L'envoi du dossier Dreyfus à la Cour de cassation est un acte noble, me dit textuellement l'ancien ministre des Finances. Je ne refuse pas ma voix à un gouvernement qui a eu le courage d'un geste de noblesse. »

Quelques modérés pensèrent et agirent comme nous. En petit nombre! Le ministère Brisson ne conserva pas la majorité.

Alors, s'ouvrit une période de trouble dans les esprits, dans la rue, grosse d'incidents périlleux pour la tranquillité publique, pour le régime. Avant d'apporter en quelques lignes ma contribution à l'histoire de ce temps, moins en rappelant des faits qui sont ou seront connus de tous qu'en esquissant la physionomie de ces huit mois d'incertitudes, je voudrais représenter le départ qui se fit dans mes amitiés commençantes. Pour expliquer comment je m'éloignai ou je me sentis éloigné de quelques-uns, pourquoi je me rapprochai de certains, je devrai d'abord jeter des coups de crayon à la volée, m'arrêter ensuite au portrait de deux hommes dont les inégalités dans la mentalité, si je sais les exprimer, mettront en lumière les causes profondes de désaccord entre deux grandes familles de politiques également zélées pour le bien du pays, mais différemment dotés par la nature.

La position que j'avais prise dans les scrutins amena une vive rupture entre M. Cavaignac et moi.

Député de la Sarthe, représentant l'arrondissement de Saint-Calais, il avait accueilli sans enthousiasme ma candidature dans l'arrondissement de Mamers. Il est juste de dire que je n'avais témoigné aucun empressement à le connaître. Je le tenais en méfiance. Ses volte-face dans les précédentes législatures où il avait passé du centre gauche à la gauche avancée, soutenant un jour la thèse du ralliement désagréable aux républicains d'origine, se faisant pardonner le lendemain en adhérant bruyamment à une réforme inétudiée de nos impôts directs m'avaient paru justifier l'opinion qu'avait de lui mon père qui le jugeait un médiocre à intelligence ordinaire. Un sénateur radical de la Sarthe M. Leporché, tout pétri de finesse mancelle, rejoignait son adversaire le ministre du Seize Mai. M. Cavaignac avait commis de pesants volumes sur l'histoire du royaume de Prusse. « Le malheureux, disait M. Leporché. Ce que je ne lui pardonne pas, c'est d'avoir fait faire cet ouvrage-là dans les prisons. »

Devenu député je me départis, en quelque mesure, de ma réserve. M. Cavaignac de son côté chercha à m'attirer. Au commencement de juin 1898, avant qu'il entrât dans le ministère Brisson, il m'invita à déjeuner chez lui, pour rencontrer le général Mercier (l'auteur du procès Dreyfus), spécifia-t-il. Je refusai net. Ma réponse fut, bien entendu, d'un homme du monde, assez ferme cependant pour que mon collègue ne pût se méprendre sur mes tendances.

Lorsque, à la suite de la découverte du faux Henry et de la résolution de M. Brisson d'entreprendre la révision, il démissionna, je ne lui donnai plus signe de vie.

Le lendemain de la chute du cabinet dont il avait fait partie, il m'aborda dans les couloirs. « J'ai vu vos votes à *l'Officiel*. Je vous préviens que, si vous continuez dans la même voie, nous ne pourrons marcher de concert ni dans la Sarthe ni ailleurs. — Vraiment ! fis-je. — Oui, reprit-il, je vois que vous suivez les conseils de gens dont j'ai horreur parce que je leur reproche entre autres choses d'avoir introduit les affaires, les basses affaires, au Parlement. Vous vous rapprochez de M. Delombre, surtout vous naviguez dans le sillage de Rouvier. — Quel rapport y a-t-il entre M. Rouvier et mes votes ? — Vous avez voté comme lui hier. — Parce que j'ai les mêmes idées que lui sur la révision. — Est-ce une question de conscience ? — Parfaitement, Monsieur le Ministre, c'est une question de conscience. — Ah ! alors, je n'ai rien à vous dire. »

Il me tourna le dos. A partir de ce jour il m'évita comme je l'évitai moi-même.

Le pauvre homme devait disparaître peu d'années plus tard, en 1904, au lendemain d'un échec particulièrement cuisant. Péniblement réélu député en 1902, il se vit refuser deux ans plus tard le renouvellement de son mandat de conseiller général de la Sarthe. Il était abandonné par tous ses anciens amis qui ne lui pardonnaient pas de s'être donné à ses adversaires de la veille. Encore ne soupçonnaient-ils pas à quel point il s'était livré au nationalisme. L'affaire Dreyfus avait totalement désorbité ce malheureux que, développant les appréciations de mon père et de M. Leporché, je définirais un *têtu borné* si l'équité ne m'interdisait de méconnaître ses qualités secondaires mais réelles rare application au travail, etc... M. Cavaignac eût servi utilement l'État s'il fût resté dans le corps des Ponts et Chaussées auquel il appartenait. Pour son malheur il entra dans la vie publique, où son nom devait lui assurer une rapide fortune: Il n'était pas de taille à la soutenir. Il devait se noyer aussitôt qu'il entreprendrait de nager dans les grandes eaux de la politique.

D'autres parlementaires, voisinant M. Cavaignac, groupés autour de Déroulède, Déroulède lui-même, avaient rôdé autour de moi essayant de m'enrégimenter. En novembre 1898, ils aperçurent qu'ils prenaient une peine inutile. Il n'y eut plus entre eux et moi que des relations de courtoisie.. clairsemées. En revanche je m'approchai de M. Ribot et de M. Aynard (1), que je sentais d'esprit libre, surtout M. Aynard qui, jusqu'à sa mort survenue en 1913, voulut bien me témoigner une estime et une sympathie que je lui rendis J'eus tout naturellement des contacts plus étroits avec les hommes de ma génération ou des générations proches de la mienne, appartenant soit au parti progressiste avancé, soit au parti radical modéré, avec Paul

(1) J'avais été présenté à M Aynard de longues années plus tôt par Léon Say dont il était l'ami Grand bourgeois de Lyon, riche banquier, M. Aynard était un homme de valeur et de beaucoup d'esprit Il etait merveilleusement averti des questions économiques Disciple de Bastiat, il adhérait à la doctrine libre-échangiste que j'épousais moi-même. J'aurais siégé non loin de lui si, en politique, il n'avait penché à droite Il était cependant un républicain de principe mais infiniment modéré, que son catholicisme conduisait, sans qu'il s'en doutât probablement, jusqu'au cléricalisme.

d'Estournelles de Constant (1) député, lui aussi, de la
Sarthe, qui, par la suite, fut pour moi le plus admirable
des amis, avec Gaston Doumergue, avec Raymond Poincaré, avec Louis Barthou qui devaient être appelés à de
hautes destinées. L'un d'entre eux, ne m'abandonna
jamais. Si les deux autres s'étaient bornés à ne plus me connaître quand je fus éprouvé, il me suffirait de répéter en
songeant à eux le distique du poète latin sur les amis dont
le nombre et les soins accablent quand la fortune sourit, sur
la solitude où l'on s'abime lorsque les nuages montent au
ciel. Mais, la part que Poincaré et Barthou prirent à
mes disgrâces ne trouve pas sa définition dans les vers
d'Ovide. Me remémorant le rôle qu'ils jouèrent, je ne puis
me hausser à la sérénité qu'en évoquant à leur bénéfice la
parole du cardinal de Retz sur les « tempêtes d'état durant
lesquelles les hommes ne se connaissent plus ». Il y eut
« tempête d'état » en des années mémorables.

N'auraient-ils pas cependant dû conserver la maîtrise
d'eux-mêmes ces personnages éminents et, s'ils n'étaient
pas assez solidement bâtis, comme il paraît d'évidence, pour
résister aux ouragans qui enveloppent le commun, comment les battements de leur cœur ne les ont-ils pas pré-
munis? Comment tout leur être n'a-t-il pas frémi à l'idée
de saccager une amitié de jeunesse? Car nous fûmes des
amis. Poincaré et Barthou m'accueillirent avec beaucoup
d'affabilité bienveillante. Il me souvient que Poincaré
accepta de plaider en 1899 un procès qui m'était puérilement intenté par le propriétaire de l'appartement où vivait
ma chère mère. Il le gagna aisément. Il ne voulut pas

_____

(1) J'ai prononcé en 1924 sur la tombe de mon ami d'Estournelles de Constant un discours où j'ai essayé de le faire revivre, où j'ai dit ses qualités de
cœur, sa vie toute de noblesse, de dévouement désintéressé à la plus noble
cause . il fut durant des années l'infatigable pionnier de la paix

accepter d'honoraires. J'éprouvai quelque difficulté à lui
faire agréer une belle édition de *la Prière sur l'Acropole* dont
Barthou me suggéra de lui faire hommage. Le livre doit
être toujours sur les mêmes rayons (1). J'espère pour celui
auquel il appartient que, quand il le feuillette, il éprouve,
ne pouvant oublier qui a placé le volume dans sa bibliothèque, quelque trouble.   Les strophes de Renan louent
la sagesse, la raison, aussi *la générosité de cœur, la bonté* .

« Regarde et passe » dit Virgile au Dante quand ils tra-
versent le premier cercle des Enfers.

Je m'approprie le conseil, pour le moment   J'ai hâte de
considérer deux autres hommes : Paul Deschanel, Maurice
Rouvier, dont les médailles, si elles viennent bien à la
frappe, représenteront, mieux que de longs développements,
les oppositions permanentes de tendances, d'aspirations, de
conceptions entre les êtres humains, médiocrement appa-
rentes dans les années de mollesse, qui émergent en plein
relief aux heures de crise.

Paul Deschanel avait trente-cinq ans — j'en avais vingt-
sept — quand je le rencontrai dans le salon de la comtesse
de Beausacq (2) où je fréquentais. Il était encore et devait
rester longtemps « le petit Deschanel » comme il avait été
affectueusement dénommé lorsqu'il fit son entrée tout
jeune, à vingt-trois ou vingt-quatre ans, dans le Paris littéraire et politique. Pas de raillerie ou très peu dans le dimi-
nutif ! Fils d'un vieil universitaire républicain proscrit sous
l'Empire, qui figurait noblement au Sénat et au Collège

(1) M Poincare était de ce monde quand ces lignes ont été écrites.
(2) La comtesse de Beausacq, l'amie de ma mère à laquelle celle-ci écrivait la lettre reproduite en note au précédent chapitre, recevait tous les
vendredis des littérateurs et des politiques, surtout des littérateurs : Sully
Prudhomme, Pierre Loti, Becque, Laurent Tailhade, Jean Aicard, etc . Le
coin des politiques était moins bien garni On n'y voyait guère que Paul
Deschanel et Georges Thiébaud l'agitateur boulangiste, curieux homme...
Je me disperserais en le décrivant !

de France, Paul Deschanel encourait naturellement un qualificatif qui seyait à sa taille, à ses manières. Agréable à
voir, plein de courtoisie attentive, causeur brillant, un peu
affété, il était adulé dans les salons, adoré dans les boudoirs
sans trop susciter les jalousies masculines que désarmait
sa parfaite bonne grâce. Une culture étendue.. en surface,
de l'esprit un peu facile mais jamais acéré, une parole per-
mettant d'exprimer avec feu des opinions au goût de ses
auditeurs, de conter avec vivacité, de complimenter avec
passion achevaient de le rendre tout à fait séduisant.

Il me conquit immédiatement. Je m'attachai à lui comme
s'attachent les très jeunes gens à un aîné où leur imagination se mire. La première visite que je fis quand je fus élu
député fut pour lui. Le premier bulletin que je déposai
dans l'urne du Palais-Bourbon porta son nom. Mon affection pour lui grandit avec les années. Il fut à vrai dire un
des seuls amis *véritables* que j'aie rencontré dans la politique.

C'est qu'il n'avait pas seulement une façade de distinction et d'élégance. Dans la réalité aussi bien que dans les
apparences il était un parfait galant homme, d'une droiture
impeccable, fidèle en amitié, ignorant les roueries habituelles aux politiciens, n'ayant même pas l'idée des crocs-
en-jambe qu'on donne ou qu'on fait donner par en dessous
aux petits camarades dont l'ascension offusque. Jamais je
n'ai vu Paul Deschanel faire une vilenie à qui que ce soit
et il est restreint le nombre des hommes politiques, de ma
génération tout au moins, dont les doigts soient restés
indemnes de ces salissures.

Ses idées, son intelligence, sa valeur? de moindre qualité
que son cœur...

Républicain, il va de soi, républicain épris d'autorité —
tout naturel — mais d'une autorité irréfléchie, il était enclin

à faire siennes les formules d'ordre — d'ordre brutal plus que moral — chères aux conservateurs de salon qu'il lui plaisait de fréquenter. Au fond il se sentait près d'eux. Il n'avait pas tort. Il n'en était séparé que par son anticléricalisme, de bon aloi sans doute mais qu'il prenait soin d'affirmer le plus rarement possible. Il concentrait son activité sur des matières où il jugeait que les dissentiments avaient peu de prise. Il se vouait principalement, presque exclusivement à la politique extérieure. Il comptait planer ainsi au-dessus des partis. En deux mots il aspirait à être un chef national et il aurait pu y parvenir d'autant qu'il voyait juste dans certaines questions telles que la question d'Orient ou celle de l'Europe centrale, si, amoureux du panache, des grands mots, dès lors superficiel, il ne s'était laissé emporter jusqu'au nationalisme. Il répudiait le mot Il faisait effort par instants, — je l'ai entrevu — pour se débarrasser de la tunique de Nessus qui l'enserrait. Impossible ! Elle était collée à ses flancs.

Du talent? Un talent oratoire incontestable, peigné comme sa conversation, comme son style, mais de la chaleur, du mouvement, de la vie dans sa parole châtiée. Descendu de la tribune, dans les Commissions où s'accomplit le labeur parlementaire, il ne donnait malheureusement et ne pouvait donner que peu de chose. Il ne savait pas l'administration du pays. On lui avait, disait-il, refusé l'occasion de l'apprendre en l'écartant du gouvernement. Une part de vérité dans cette allégation ! Cependant, s'il avait été tout à fait franc vis-à-vis de lui-même et vis-à-vis des autres, il eût avoué qu'il s'était volontiers laissé reléguer dans les fonctions d'apparat. Il ne pensait au fond qu'à l'Élysée. Il craignait de diminuer ses chances en se compromettant dans des équipes ministérielles.

Il a calculé juste, pensera-t-on, puisqu'il a finalement

réussi. Eh ! non, il n'a pas réussi mon pauvre ami. Il voulait la présidence de la République pour transformer la plus haute fonction de l'État. Conception empreinte d'idéologie que, seul, un homme formidablement armé de connaissances, d'intelligence, de volonté pouvait tenter de mettre en œuvre ! Et encore... La disproportion entre les ambitions et les possibilités de Paul Deschanel était immense. Le sentiment qu'il en eut sans doute aggrava probablement la lugubre maladie qui s'abattit sur lui. Il dut souffrir cruellement, au moral comme au physique.

Il souffrait d'ailleurs de tout ce qui l'offusquait le moindrement. Il avait une sensibilité féminine qui se répercutait dans ses relations d'amitié et qui n'était pas sans donner une saveur particulière à son affection. Une poignée de main détachée, un mot brusque venant de quelqu'un qu'il chérissait lui causaient une peine qu'il ne pouvait dissimuler. Je garde la mémoire d'une séance de la Commission du budget de 1910 dont, par hasard, il faisait partie La lamentable histoire de la N'Goko Sangha que j'ai exposée dans mon livre *Agadir*, que je résumerai au cours de ces récits, était sur le tapis. Paul Deschanel s'était fait « dindonner », selon l'expression dont usa M. Ribot, à la Commission des Affaires extérieures qu'il présidait, par les aigrefins du monde colonial ou plutôt de leurs complices parlementaires. Il avait laissé passer, même appuyé, une invraisemblable motion dont les trafiquants du Congo s'armaient pour tenter d'escroquer l'État. Il voulut, devant la Commission du budget, défendre, non sa bonne foi qui était hors de cause, mais sa position qui avait été de naïveté. Naturellement il pataugea. Je le relevai doucement. Il insista. Je m'agaçai. J'en vins à répliquer d'un ton un peu rude — le ton seulement fut dur, non les mots. — « Quel chagrin vous m'avez fait ! me dit-il au sortir de la séance.

Comment vous, vous, me parler de la sorte? » J'avais déjà
oublié ma fusée d'irritation et je lui aurais répondu en
riant si je n'avais senti que son émotion était profonde.
Je m'excusai sur-le-champ et longtemps je gardai, je garde
peut-être encore, le remords d'avoir contristé, ne fût-ce
qu'une minute, cet irréprochable ami que j'aimais de tout
mon cœur.

Je lui devais d'autant plus d'affection qu'il avait été,
qu'il fut exquis pour moi lors de mes débuts au Parlement.
Tout de suite il m'encouragea, il me louangea auprès des
uns et des autres, avec discrétion et tact, comme il convenait, il parla en public dans son arrondissement, aux confins
du mien, de l'avenir qui m'attendait. Il me servit autant
qu'il le put.

Aussi ne demandai-je en 1898 qu'à l'écouter et à le suivre.
Seulement, m'y étant essayé, je dus y renoncer très vite.
La présidence de la Chambre qui lui avait été attribuée
lui permettait de planer au-dessus des partis. Comme il
était prudent, fin, suffisamment « secret », il ne manquait
d'invoquer les devoirs d'impartialité que lui imposait sa
fonction pour se soustraire aux interrogations gênantes.
D'où des conversations décevantes! Je voulus malgré tout
savoir son sentiment sur l'affaire Dreyfus Je le questionnai.
Il se déroba. J'insistai tant et si bien qu'il se livra dans un
de ces mouvements d'impatience qui le faisaient parfois
chavirer — sa nervosité l'emportait alors jusqu'à la frénésie. — Comme je parlais du faux Henry, etc..., il se leva
frémissant de colère « Voyez-vous, mon cher ami, ce qui
gâte toute cette affaire c'est qu'il y a de l'argent étranger
qu'on suit à la trace *(sic)*. Il cria, il hurla, plutôt, trois fois
de suite ces mots : « qu'on suit à la trace. » Je fus tellement
ahuri par cette pauvreté que je ne trouvai rien à repondre.
A quoi bon d'ailleurs? J'avais entendu tout ce que recélait

ce bout de phrase Paul Deschanel resterait le meilleur de mes amis. Il ne pourrait ni me guider, ni même me conseiller.

Mes premières directions devaient me venir d'un autre homme politique.

Un hasard de vestiaire me mit en contact avec Maurice Rouvier dès mon arrivée à la Chambre. Aussitôt qu'il eut aperçu mon nom : « J'avais beaucoup d'estime et de considération pour votre père, » fit-il. Je répliquai que non seulement mon père faisait le plus grand cas de l'insigne valeur de son ancien collègue mais qu'il professait pour celui-ci une amitié qu'il avait *constamment* affirmée — c'était pure vérité.

Dès lors Maurice Rouvier me prit sous son égide. La nouvelle Chambre fut appelée dès le mois de juin à nommer une Commission des crédits pour examiner les premiers projets de loi financiers, les projets tout à fait urgents. J'en fis partie. Rouvier en fut nommé président. L'autorité dont il disposait lui permit de m'attribuer le rapport le plus important. J'eus ainsi l'occasion de faire à la tribune des débuts heureux, qui furent une des causes de ma singulière élévation un an plus tard.

Dans le courant de l'hiver 98-99, l'ancien ministre des Finances, présidant une autre Commission, la Commission de législation fiscale, où j'entrai, me chargea d'un exposé comparatif sur les divers systèmes d'impôts sur le revenu. Le travail auquel je m'appliquai me valut un second succès. Quand j'en donnai lecture à la Commission, mes collègues voulurent bien me remercier et me féliciter.

Ainsi commença la longue liaison que j'eus avec le ministre auquel, ministre des Finances moi-même pour la troisième fois quand il disparut, j'adressai au nom de la haute maison qu'il avait longtemps dirigée, le suprême

adieu. Mon discours a paru dans le volume que j'ai donné
au public en 1926 sous le titre *Ma doctrine*. Je ne le répéterai pas. Je me bornerai à dire ici que Maurice Rouvier
possédait au plus haut degré les qualités qui sont l'apanage
des financiers de race : l'imagination alliée à l'exacte compréhension des réalités — le sens de l'argent — le goût de
la décision rapide — l'amour des responsabilités.

Mais, cela répété, il m'appartient d'achever mon discours
officiel en ces souvenirs et, dominant mon sujet, de figurer,
d'essayer de figurer l'homme.

Tout en vigueur à l'opposé de Deschanel tout en miè-
vrerie ! Pas de distinction Rien de la suavité de manières
du président de la Chambre. De la vulgarité à revendre.
Un corps d'athlète, aux épaules voûtées, déambulant étrangement à travers les couloirs parlementaires. Quand il se
mouvait, on eût dit qu'il comprimait sous ses pieds le roulis
d'un navire imaginaire Une voix corrosive dont les âcretés
faisaient parfois grincer des dents, mais pénétrante. Un
langage heurté, que traversaient comme des éclairs des
formules heureuses, des aperçus profonds ramassés en
quelques mots — et puis un fourmillement d'expressions
pittoresques, de mots gras, de jurons... des « tonnerre de
Dieu ! » à tout bout de champ. Le même à la tribune, les
mêmes déhanchements du corps, les mêmes abandons de
gestes, la même parole, moins lâchée il va de soi, mais les
mêmes ressauts dans le discours que dans la conversation.
Se traînant, versant dans la banalité proche de la trivialité
quand le sujet ne l'animait pas, carrément mauvais quand
il visait à l'effet, quand il cherchait la tirade, il était extraordinaire quand il parlait, surtout quand il improvisait, sur
des questions auxquelles il était attaché. Alors, le verbe
courait, volait, les arguments s'enchaînaient, se pressaient,
haletaient. L'auditoire était saisi, empoigné. Poincaré, qui

ne l'aimait pas — Rouvier le lui rendait avec usure, — me disait quelque jour de 1903 où, assis côte à côte, nous l'écoutions : « Quel merveilleux don de création spontanée il a ! » Il était, en effet, en même temps que le plus puissant des « debaters », un évocateur incomparable. Il s'élevait plus haut, il parvenait aux sommets de l'éloquence sobre quand il se jetait à la tribune pour défendre son honneur ou pour sauvegarder les grands intérêts de l'État tel qu'il les entendait.

Car il avait la passion de l'État qui est la passion du bien général. Car la colère bouillait en lui quand il voyait les intérêts particuliers monter à l'assaut de l'intérêt public. Car il se contenait à peine quand les fumeuses idéologies s'opposaient aux solutions de bon sens utiles.

Démocrate dans les moelles, imprégné de la Déclaration des Droits, républicain jusqu'au tréfonds, modéré par tempérament, par raison, par sentiment de la mesure, patriote ardent, trop averti pour ne pas redouter et haïr le nationalisme, il ne lui a manqué, pour être un tout à fait grand homme d'État, que la culture qui ne lui fut pas distribuée pendant sa jeunesse, qu'il n'acquit pas, qu'il ne put peut-être pas acquérir dans le laminoir parlementaire où il fut précipité avant d'être parvenu a la maturité.

Son œuvre politique n'en doit pas moins lui valoir plus de titres à la reconnaissance du pays que son œuvre financière, quelque remarquable que celle-ci ait été. Deux fois président du Conseil il a par deux fois dégagé la France des récifs.

En 1887, au plus fort de la folie boulangiste, Rouvier qui a vu le péril, répond à l'appel que lui adresse le président Grévy conscient, lui aussi, du danger. Il rejette du gouvernement le général-revanche que la faiblesse parlementaire a laissé s'y incruster. Clemenceau a beau tonner. Rouvier tient ferme. En quelques mois il liquide le soldat factieux. Il le prend en flagrant délit d'intrigue politique. Il le fait exclure de l'armée. Dépouillé de son commandement, Boulanger n'est plus qu'un vulgaire agitateur qui traîne dans l'aventure jusqu'au jour où, levant son petit doigt, un ministre de l'Intérieur avisé nettoie le pantin.

Rouvier m'a conté comment et pourquoi il avait pris la décision de marcher à fond, aussitôt que l'occasion lui en serait donnée, contre le grand homme des nationalistes de l'époque. « J'étais président de la Commission du budget en 1885 et 1886, m'a-t-il dit. Des crédits furent demandés pour améliorer notre matériel d'artillerie. Boulanger, ministre de la Guerre, m'offrit d'assister à des expériences de tir. Je saisis la balle au bond. Je me dis que, passant une journée avec lui, je verrais bien s'il avait quelque chose dans le ventre. Il ne me fallut pas longtemps pour apercevoir que j'avais affaire à une nullité. S'il avait fallu en découdre, avec un crétin pareil à notre tête, nous aurions été jolis. »

En 1905, pour la seconde fois, Rouvier nous fit heureusement traverser une rude passe. Je conterai plus loin ces incidents que j'ai vécus. Je n'en retiendrai pour le moment que ceci : l'homme d'État fit preuve de la même sûreté de jugement, du même courage, du même sens de l'intérêt national dans l'épisode delcassiste que dans l'aventure boulangiste. Autant et plus que d'autres il mérita bien de la patrie.

Mais les services de la nature de ceux qu'il rendit sont généralement payés d'ingratitude. Le poète Barbier oppose dans ses *Iambes* « l'homme qui tue avec le sabre et le canon », que le peuple affectionne, au « doux pasteur de l'humanité » pour lequel il n'est point de haute statue, dont la mémoire est vouée à l'oubli. La mémoire de Rouvier eût sombré non pas même dans l'oubli mais dans l'opprobre, si l'homme

n'avait pas eu la prodigieuse force de défense dont il fit
preuve, quand le chauvinisme, trouvant des auxiliaires
inattendus parmi les jeunes hommes trop pressés d'arriver,
essaya de prendre sa revanche de l'échec du boulangisme.

C'est une triste histoire que celle de la querelle des jeunes
et des vieux (1893-1894). Des jeunes de ma génération,
dont il est inutile de donner les noms — on les devinera, —
des jeunes aux dents longues bondirent sur un scandale qui
s'offrait à leur avidité. Négligeant d'exiger que rendissent
gorge les grands forbans qui avaient arraché des millions
à la pauvre Compagnie de Panama, ils s'acharnèrent sur
des parlementaires accusés, à tort ou à raison, souvent à
tort je crois, d'avoir « pignoché » dans les fonds secrets de
l'entreprise. Jaurès a dit, à la tribune de la Chambre,
comment ces jeunes professeurs de vertu se répandaient
dans les couloirs du Palais-Bourbon, excitant les gens
d'extrême gauche, les pressant de réclamer la lumière, toute
la lumière, des poursuites, des exécutions. Admirable occasion pour frayer la voie aux impatiences ! Le Panama
permettait de liquider sans frais un personnel de gouvernement, le personnel gambettiste !

Sans doute, je le reconnais, y avait-il, parmi ces hommes
qui avaient fondé ou concouru à fonder la République,
quelques brebis galeuses. Il eût suffi de les pousser dehors
par les épaules .. doucement... Sans doute, d'autres
avaient-ils sur la conscience des péchés véniels que le
puritanisme d'un Cavaignac flétrissait, exagérant d'ailleurs, quand il parlait des affaires, des basses affaires que
Delombre ou Rouvier auraient introduites au Parlement.
Mais regardons donc les choses en face. Pas délicat — il va
de soi — de grappiller, étant sénateur ou député, dans des
fonds de publicité. Pas délicat de participer, étant ministre,

à des affaires. Je dirai (1) quelles règles d'inexorable sévérité je me suis imposé à ce point de vue. Cela même me met
fort à l'aise pour juger équitablement, humainement, des
faiblesses de cet ordre. Elles sont répréhensibles à coup sûr.
Il faut les enrayer cela va de soi. Elles ne sont cependant
pas telles qu'elles autorisent à traîner sur la claie des
hommes qui ont à leur actif de signalés services rendus à
la chose publique Firent-ils jamais trafic, ces hommes, des
grands intérêts dont ils eurent la garde? — cela, oui cela
serait horriblement coupable. Mais, je ne sache pas que les
jeunes aient pu relever contre les vieux un forfait de cette
nature (2). Pour en revenir à Rouvier, il est une chose
dont je suis sûr, c'est que jamais il n'a abandonné une par-
celle des droits de l'État contre quelque avantage personnel
que se puisse être. Et cela seul importe ! Que pèse en regard
le reproche qu'on lui a fait d'avoir encaissé par un intermédiaire de modiques sommes prélevées sur les fonds de
publicité du Panama? Il s'en est défendu, il a fourni des
explications qui, à moi comme à mon collègue Rouanet
rapporteur devant la Chambre en la matière, ont paru per-
tinentes. Mais, aurait-il recueilli par ces voies une centaine
de mille francs, la faute serait d'autant plus légère, que
l'argent, s'il fut encaissé, fut à coup sûr distribué par lui
de droite et de gauche.

Rouvier savait les mœurs de son temps. Il ne s'en indi-
gnait pas... Pas assez. Une anecdote dont je ne puis certifier l'authenticité mais qui est d'une vérité supérieure,
comme eût dit Renan, parce que, si elle n'est pas vraie,

(1) L'accès de mon cabinet du Louvre a toujours été interdit à mon agent
de change. Jamais, étant ministre des Finances, je n'ai fait une opération de
Bourse, un placement J'ai été jusqu'à laisser improductifs des capitaux qui
m'étaient remboursés (obligations, sorties au tirage, etc ..).

(2) Un nommé Baihaut, ministre des Travaux Publics, fut bien acheté par
M. de Lesseps. Mais, qu'était-ce que Baihaut? Rien, moins que rien.

elle devrait l'être, dépeint sa mentalité. C'était en 1905.
Il était président du Conseil. De graves dissentiments
s'étaient élevés au sein du Comité républicain du Commerce
et de l'Industrie, dit « Comité Mascuraud ». Une minorité
s'était évadée en faisant claquer les portes. Elle demande
audience au chef du gouvernement. Rouvier reçoit. Il
écoute la longue énumération des griefs non sans marquer
quelque impatience — il a d'autres chats à fouetter. — Ses
interlocuteurs perçoivent qu'il est distant. Ils se décident
à frapper un grand coup. « Enfin, monsieur le président du
Conseil, voici ce qu'il y a de plus grave et que nous hésitions
à vous dire . ils (Mascuraud et ses acolytes) vendent des
décorations. — Eh bien ! qu'est-ce que vous voulez donc
qu'ils vendent? » riposte l'homme politique en frappant la
table du poing. Il n'ignorait pas les malpropretés auxquelles
donne souvent lieu l'attribution de la Légion d'honneur à
des industriels, à des commerçants, à des financiers. Il s'en
accommodait . Il se disait sans doute, que de l'autre côté
de la Manche on met à l'encan les titres de lord. Est-ce que
les partis n'ont pas besoin de fonds en France comme en
Angleterre? Est-ce que, chez nous, les journaux d'opinion
pourraient subsister s'ils n'étaient pas soutenus? Pour alimenter cette presse, pour remplir ces caisses électorales, il
faut bien donner quelque chose : la noblesse ici, la croix d'honneur là... « Qu'est-ce que vous voulez donc qu'ils vendent? »

Morale facile? Eh oui ! Rouvier était facile dans les
affaires d'argent, aussi facile qu'il était inflexible dans les
questions de gouvernement, qu'il était intraitable quand
les principes ou la doctrine étaient en cause. Infériorité
chez cet homme exceptionnel par tant de côtés, par la
« vastité » intellectuelle, par la décision, par le courage
j'allais omettre : par la bonté. Car il était foncièrement bon.
Peut-être — je hasarde l'explication — son indulgence

pour les frelons qui bourdonnent autour du gouvernement peuplant des comités ou des journaux sans lecteurs procédait-elle pour une large part de sa bienveillance universelle?

Elle s'étendait, cette bienveillance, même à ceux qui lui avaient fait ou qui avaient essayé de lui faire le plus de mal. Déchiré lors du Panama par la clique des chauvins et des antisémites, délaissé hélas! par nombre de ses amis, exclu du gouvernement pour de longues années, accusé ouvertement dans les conversations, à mots couverts dans la presse, de prévarication, de concussion, il fut supérieur à la rancune. J'ai pu dire sur sa tombe, au milieu de la muette approbation de tous, que, avec une belle sérénité, avec une tranquille superbe, il avait pratiqué le pardon chrétien des injures.

J'allai donc vers Rouvier dont la robustesse alliée à une si nette modération dans les idées et à une si visible générosité d'âme me conquit. Le mépris où il tenait le nationalisme dont j'ai toujours eu l'aversion, le dédain qu'il témoignait pour les trémolos sur le grand air de patrie qui enchantaient le sentimentalisme alangui de mon cher Paul Deschanel achevèrent de m'attacher à lui. Waldeck-Rousseau et lui — Waldeck-Rousseau d'abord, bien entendu — furent parmi mes grands anciens, les seuls qui m'aient imprégné.

Ainsi, M. Brisson tomba en novembre 1898, M. Charles Dupuy lui succéda Excellent homme, bon républicain, fort intelligent et cultivé, le nouveau président du Conseil ne comprit cependant rien à la situation. Il ne mesura pas l'affaire Dreyfus. Dans le drame qui mettait aux prises les droites et les gauches, la réaction et la République, il ne vit qu'une bataille de coteries. Autant que j'ai pu en juger par les brèves conversations que j'eus avec lui, ı penchait plutôt du côté des antidreyfusards. Son état d'esprit n'était pas très éloigné, je crois, de celui de Paul Deschanel. Faisant mine par nécessité de tenir la balance égale entre les deux partis, entre les deux clans disait-il sans doute, il donna tantôt un coup de barre à gauche, tantôt un coup de barre à droite. Les coups de barre à droite furent plus accentués que les autres.

La demi-faveur dont les nationalistes se sentirent entourés les enhardit. Voulant par tous les moyens prévenir la révision du procès Dreyfus, ils entamèrent une violente campagne contre les magistrats de la Cour de cassation chargés d'examiner le pourvoi. Après avoir commencé par résister, le gouvernement fléchit. Il osa déposer un invraisemblable projet de loi en vertu duquel la chambre criminelle de la Cour de cassation était dessaisie du dossier de l'affaire Dreyfus ; l'étude en était confiée à toutes les Chambres réunies. Ainsi, au cours d'une instance, on enlevait à un accusé les juges que la loi lui avait donnés. Ainsi on frappait de suspicion une élite de magistrats sans qu'on pût relever à leur charge l'apparence d'une faute. Le but qu'on cherchait, qu'on prenait à peine le soin de dissimuler, était d'empêcher le nouveau procès à l'horizon dont on soupçonnait que la Chambre criminelle l'ordonnerait, dont on espérait que, apeurées, toutes les Chambres réunies le refuseraient.

Quelque monstrueuse qu'elle fût, la loi de dessaisissement fut votée par la Chambre à une assez forte majorité. Elle passa difficilement au Sénat où elle fut combattue par Waldeck-Rousseau, dont le discours qu'il m'advient de relire, compte parmi les plus beaux que j'aie entendus.

Les nationalistes comprirent cependant qu'ils avaient remporté une victoire à la Pyrrhus. Leurs calculs furent, en effet, déjoués. La Cour de cassation tint ferme. Toutes chambres réunies, elle prononça la révision. Elle ordonna qu'un Conseil de guerre se réunît à Rennes pour juger à nouveau Dreyfus.

Entre temps les antidreyfusards avaient perdu un de leurs atouts. Le président Félix Faure mourut subitement au commencement de 1899 (1). Gaudissart élevé à la plus haute magistrature de l'État par un de ces concours de circonstances qui déconcertent, il s'encadrait naturellement parmi les « patriotards ». Il était, afin d'expliquer le terme qui reviendra sous ma plume, de ceux pour qui l'essence du patriotisme c'est de révérer aveuglément les généraux, les conseils de guerre, etc... de se refuser à toutes critiques de l'institution militaire.

Au lieu et place de Félix Faure, le Congrès nomma le candidat des gauches, le président du Sénat, M. Loubet, un républicain.

Exaspérés, tremblant à l'idée qu'ils allaient perdre la partie, les nationalistes tentèrent un coup d'audace. Le jour des obsèques de Félix Faure, Déroulède et Marcel Habert pénétrèrent dans la caserne de Reuilly, essayèrent d'entraîner des régiments à marcher sur l'Élysée. Ils échouèrent de justesse. Ils furent arrêtés. Force au gouvernement de sévir. Il y apporta une insigne mollesse. Faisant preuve d'une longanimité qui frisait le ridicule, qui ouvrait par cela même la porte à tous les soupçons, il traduisit devant le tribunal correctionnel, en les inculpant d'un délit insignifiant, les fauteurs du complot qui furent acquittés.

La rue appartenait dès lors à Déroulède et à ses partisans

---

(1) D'autres feront le récit des derniers moments de Félix Faure. A qui voudrait avoir quelques lueurs sur le sujet, je recommanderai, après Joseph Reinach, la lecture d'un passage des *Mémoires de Saint-Simon*. L'archevêque de Paris, M de Harlay connut, sous le règne de Louis XIV, la même fin « tragique et délicate » que le cinquième président de la République.

qui multiplièrent les agitations. Le jour du Grand Prix de
Paris, le président de la République fut assailli dans la
tribune qu'il occupait, frappé par un gentilhomme. Cette
fois la mesure était comble. Les gauches se réveillèrent. En
méfiance depuis de longs mois, vivement animées en paroles
contre le gouvernement depuis la loi de dessaisissement,
elles n'en reculaient pas moins devant l'acte décisif. Elles
aperçurent enfin les dangers qu'impliquait leur veulerie.
Le ministère Charles Dupuy fut renversé.

L'intervention récente de Waldeck-Rousseau à la tribune
du Sénat, son passé de républicain aussi ferme que modéré
désignaient l'ancien ministre de l'Intérieur de Gambetta
et de Ferry. Il fut effectivement appelé à prendre le pouvoir
mais la formation du nouveau cabinet n'alla pas sans difficultés.

Je déjeunais à l'Élysée le surlendemain de la chute du
ministère.

Déjeuner de parlementaires qui rassemblait les présidents, vice-présidents, secrétaires des Commissions dans
l'une et l'autre Chambre. J'étais secrétaire d'une ou deux
Commissions. Sortant de table, je causais avec un de mes
collègues de la Chambre, de la crise bien entendu. Nous
nous accordions pour déclarer — moi très haut — qu'il
n'y avait qu'un cabinet possible : un cabinet Waldeck-
Rousseau. Quelqu'un me frappe amicalement sur l'épaule.
C'est Waldeck-Rousseau. « Vous croyez que cela se fait
comme cela, mon petit. » Le hasard m'avait fait rencontrer
Waldeck-Rousseau au lendemain des élections dans un
dîner politique. Au grand cercle républicain fondé sous son
patronage on eut l'idée de fêter les succès électoraux. Je
fus convié. Les organisateurs de la réunion voulurent qu'un

toast fût porté à Waldeck-Rousseau au nom des députés nouveaux. On chercha un jeune député issu du dernier scrutin. On me trouva Je me récriai : « Improviser un toast à Waldeck-Rousseau !... » On insista J'étais à un âge où l'on ne doute de rien. Je tournai tant bien que mal, plutôt mal que bien j'imagine, un compliment qui fut cependant goûté.

Sentant que j'avais plu, je saisis toutes les occasions qui me furent offertes pour me rapprocher de l'homme d'État que j'admirais depuis .. toujours et qui s'empara de moi dès que je l'eus connu. Il dînait presque tous les vendredis au grand Cercle. J'y vins moi-même ces jours-là pour le rencontrer, pour l'écouter. Il voulut bien m'interroger, s'entretenir à plusieurs reprises assez longuement avec moi. Je devins son disciple passionné .

Waldeck m'avait à peine jeté cette boutade gaie que je suis accosté par M. Millerand. Je l'avais naturellement rencontré à la Chambre. Il paraissait me tenir en sympathie. « Savez-vous M. Caillaux, me dit-il, à brûle-pourpoint, que vous feriez un excellent ministre des Finances? » Je me mets à rire et je lui réponds textuellement ou peu s'en faut : « Diable comme vous y allez ! Le ministère des Finances ! rien que cela ! Mais, je ne me soucierais d'être ministre des Finances que le jour où j'aurais acquis assez d'autorité pour enlever le vote de réformes que je crois nécessaires. Je ne ferais cependant pas, ajoutai-je, voulant donner un avertissement, de choses excessives. — Il ne faut jamais faire de choses excessives, » me répondit sagement celui qui, en l'absence de Jaurès battu aux élections de 1898, était le chef incontesté du parti socialiste parlementaire.

Deux ou trois jours plus tard, j'apprends, en même temps que tout le monde, que Waldeck-Rousseau, invité à cons-

tituer un cabinet, n'a pas abouti. Ses amis du centre et
de la gauche modérée, M. Poincaré notamment, ont eu
des exigences qu'il a jugées inadmissibles. Mon nom a été
écrit dans les journaux. J'ai été indiqué comme devant
faire partie du ministère éventuel. Je ne sais ce qu'il y a
de vrai dans cet « on dit ». Peu importe d'ailleurs! La
combinaison est par terre.

A qui reviendra donc la tâche de former un gouvernement?

Quelques jours d'incertitude! Le nom de Waldeck repa-
raît sur l'écran.

Brusquement je suis mandé chez Delcassé, ministre des
Affaires étrangères dans les cabinets Brisson et Charles
Dupuy, dont on estime généralement qu'il remplira les
mêmes fonctions dans le ministère, quel qu'il soit, qui va
se constituer.

Sans détours, sans périphrases, Delcassé m'offre, au nom
de Waldeck-Rousseau, le ministère des Finances. Je sur-
saute! J'imaginai bien, quand je pénétrai au Quai d'Orsay,
qu'on me demanderait mon concours mais je pensais qu'il
ne s'agirait, qu'il ne pouvait s'agir pour moi que d'un sous-
secrétariat d'État. Le ministère des Finances!... Je résiste.
J'objecte ma jeunesse, mon inexpérience de la vie parlementaire.. affronterai-je heureusement la tribune?... Je
demande enfin si le nom que je porte ne risque pas de
faire tort au cabinet.

Delcassé s'applique à me rassurer. « Votre nom, un obstacle? mais non, mais non, mon cher ami, vous verrez. » —
Je devais voir, en effet, et comprendre. — « On n'attend
de vous que deux choses, reprend-il, faire voter la loi des
quatre contributions sans laquelle le gouvernement ne peut
clore la session parlementaire — vous vous en tirerez aisément, — diriger les services du ministère des Finances pen-

dant les vacances. » Visiblement mon interlocuteur n'a aucune confiance dans la durée du gouvernement que Waldeck-Rousseau met sur pied. Il a déploré, à ma surprise, la chute du ministère Dupuy alors « qu'il y a tant de choses graves à l'extérieur ». En prononçant ces mots il a levé les bras au ciel et les a laissé retomber en un geste de lassitude éperdue Je continue cependant à résister. « Le ministère des Finances !... » Delcassé insiste, me presse. Il finit par faire appel à mon dévouement à la chose publique. Je n'ai plus le droit d'hésiter. J'accepte... en tremblant.

Quelques heures plus tard je me rencontre dans les mêmes salons du ministère des Affaires étrangères avec mes nouveaux collègues Monis. de Lanessan, Leygues, Baudin, Jean Dupuy, Millerand, etc. Nous nous asseyons autour d'une table où une place reste vide : celle du ministre de la Guerre Waldeck qui préside, expose que, à l'heure où d'une part, l'institution militaire est en butte à des attaques d'une violence inconsidérée où, d'autre part, des ferments d'indiscipline se manifestent parmi les généraux, il juge qu'il convient d'appeler rue Saint-Dominique un des plus glorieux soldats dont la désignation attestera la confiance du gouvernement dans l'armée nationale, dont l'autorité s'imposera à tous du haut en bas de l'échelle. Le président du Conseil ajoute que son choix s'est porté sur le général de Galliffet. Il regarde M. Millerand en parlant. Le nouveau ministre du Commerce ne fait pas d'objection. Il suggère simplement qu'il serait urgent de procéder à certaines mutations dans le haut commandement. La réflexion est accueillie froidement par Waldeck-Rousseau qui n'admet évidemment pas que des questions de cet ordre soient discutées hors de la présence du ministre responsable. Il a simplement voulu s'assurer que la décision de hardiesse qu'il avait prise ne ruinerait pas la combinaison. Il a obtenu les apaisements qu'il désirait. Le général de Galliffet est ministre de la Guerre. La séance est levée.

Une jolie clameur dans la presse et au Parlement ! Un socialiste au gouvernement et quel socialiste? Un socialiste identifiant en un discours prononcé quelques années plus tôt à Saint-Mandé socialisme et collectivisme ! C'était la fin de tout, affirmaient les conservateurs. Les modérés — la plupart — faisaient chorus. M. Alexandre Ribot n'avait-il pas qualifié au mois de juin 1898 les socialistes « les ennemis de toute société »? Le mot courait les couloirs. Raymond Poincaré le prenait à son compte en déclarant comme il le fit en ma présence durant l'interrègne ministériel, qu'appeler, soit Millerand, soit Viviani, au gouvernement « c'était tout ce qu'il y avait de plus dangereux » *(sic)*. Il omettait la formule de Mirabeau : « Un jacobin ministre n'est pas un ministre jacobin. »

Par ailleurs l'extrême gauche rugissait... Galliffet « le massacreur de la Commune » à la Guerre !...

J'étais, moi, un trop petit personnage pour que mon élévation soulevât de semblables protestations. Elle n'en était pas moins critiquée. On évoquait le Seize Mai Surtout on remarquait, non sans raison il faut en convenir, que je n'avais pas fait mes preuves, qu'il n'y avait guère plus d'un an que j'étais entré à la Chambre. M. Baudin, également issu de la dernière consultation électorale, était lui aussi discuté. Moins que moi ! Son nom et son long passage au Conseil municipal de Paris lui valaient une demi-faveur dont je ne bénéficiais naturellement pas.

Les uns et les autres ne discernaient pas ou feignaient de ne pas discerner l'idée-maîtresse de Waldeck-Rousseau Convaincu que la République était en péril, il appelait tous les républicains à la défendre et il symbolisait leur union en groupant autour de lui le général de Galliffet tout juste rallié au régime, Joseph Caillaux fils d'un ministre de l'Ordre moral, des opportunistes . Decrais, Leygues, etc..., des radicaux : Lanessan, Baudin, le leader des socialistes : Millerand.

Une seule considération, une espérance plutôt, atténuait la violence des attaques : le ministère tomberait, disait-on, dès qu'il prendrait contact avec la Chambre des députés.

Peu s'en fallut que la prédiction ne se vérifiât.

J'ai encore dans l'oreille le formidable brouhaha qui accueillit les ministres pénétrant dans la salle des séances. Les socialistes debout hurlent : « Vive la Commune » au passage de Galliffet. La droite et une partie du centre invectivent, en un langage de porcherie, « le ministère Dreyfus. » Un soi-disant socialiste, qui ne fut jamais qu'un nationaliste mal déguisé, M. Mirman, dirige contre le chef du gouvernement et quelques-uns de ses collaborateurs des attaques enfiellées de sycophante haineux. Waldeck-Rousseau est dans la quasi-impossibilité de parler. Viviani apporte bien au gouvernement le secours de son éloquence. Il rassemble les socialistes. Le résultat n'est pas moins incertain jusqu'à ce que M. Brisson, qui jouit d'une grande autorité morale sur les républicains, monte à la tribune. Il sonne le ralliement. Les gauches se ressaisissent. Des membres du centre votent avec les avancés ou s'abstiennent les uns par amitié pour Waldeck-Rousseau, les autres parce qu'ils sont dreyfusards dans l'âme sans oser l'avouer. La confiance est obtenue à une faible majorité. N'importe !

Le ministère est debout ! Il vivra trois ans.

CHAPITRE V

L'affaire Dreyfus. — Le ministère, les ministres de la Guerre. Le général de Galliffet. — Le général André.

Il y eut plusieurs phases dans l'existence du cabinet Waldeck-Rousseau Durant la première le président du Conseil s'employa principalement, presque exclusivement, à liquider l'affaire Dreyfus, qui était le ciment des entreprises de rebellion contre le régime, à balayer les factieux, à rétablir l'ordre.

Quelques difficultés qu'il rencontrât dans l'accomplissement de cette tâche, l'homme d'État réussit pleinement. Il justifia la dénomination de « ministère de Défense républicaine » qui avait défini son gouvernement se présentant devant les Chambres.

On a prodigieusement écrit sur l'affaire Dreyfus. Joseph Reinach a consacré je ne sais combien de volumes à en retracer toutes les péripéties. Je tenterai de la résumer en quelques pages en m'attachant moins à conter qu'à expliquer l'incroyable aventure, à en montrer les dessous. Je m'aiderai aussi bien des révélations qui me furent faites personnellement que de celles qui, pendant ces dernières années, sont parvenues au public.

Une histoire banale au fond, démesurément grossie, trans-

125

formée, dénaturée par les passions politiques, et religieuses !

Quelques officiers, tarés ou « fricoteurs », trouvent fort intéressant de puiser dans les fonds secrets de deux ou trois grandes puissances en passant aux divers services de renseignements auxquels ils sont affiliés des pièces dont toutes celles qui sont parvenues à notre connaissance sont sans valeur, — voilà la substance du forfait (1).

Du côté français le chef de l'entreprise est le colonel Henry. Il a un complice, un instrument : le commandant Esterhazy.

Quiconque se donnera la peine de réfléchir un tant soit peu ne mettra pas en doute la culpabilité du colonel Henry. Dès le suicide du Mont-Valérien, elle sautait aux yeux. L'hypothèse du « faux patriotique » que les nationalistes essayèrent d'accréditer défiait le bon sens Un fanatique, qui eût forgé un document pour authentifier une trahison

(1) *Note écrite en* 1930 La publication des *Carnets* du colonel puis général von Schwartzkoppen qui vient d'avoir lieu m'engage à réviser quelque peu mon point de vue sur l'affaire Dreyfus.

Jusqu'en 1930 j'ai été incertain, je l'avoue (cela transparaît d'ailleurs dans le corps de mes *Mémoires*), sur le rôle qu'avaient joué certains officiers étrangers, notamment l'auteur des *Carnets* De la lecture que je viens faire, je retire une autre impression Le colonel von Schwartzkoppen m'apparaît comme un fort honnête homme engagé sur l'ordre de ses chefs dans une besogne équivoque, obligé, pour obéir aux mêmes chefs, de cacher la vérité à son ambassadeur, souffrant dès le premier jour des dissimulations auxquelles il est contraint, torturé par la suite quand il découvre que les contacts qu'il a eus, surtout le silence qu'on lui a imposé ont amené la condamnation puis le martyre d'un innocent. Les angoisses, les remords même dont il est bourrelé s'expriment de façon émouvante à son lit de mort quand, à la veille de disparaître, il proclame, s'adressant en français au peuple français, l'absolue intégrité du capitaine Dreyfus

Ce n'est pas à dire que j'attache une foi absolue aux récits de l'officier allemand. Ils me paraissent au contraire pleins de réticences J'en note une qui sautera aux yeux de tous ceux qui liront et compareront Le colonel von Schwartzkoppen, laisse entendre, — laisse entendre seulement, — que le colonel Henry pouvait bien être derrière Esterhazy Il ne va pas plus loin Qu'on mette en regard les propos de Panizzardi déclarant à Wickam Steed qu'il apprit de la bouche de son collègue allemand que « le colonel Henry était le véritable coupable » La contradiction est flagrante Dans d'autres pages des *Carnets* je relève, comme quelques-uns de mes concitoyens l'ont déjà fait dans la presse, des étrangetés, des lacunes singulières

de la réalité de laquelle il eût été convaincu, ne se fût pas tué. Cela ne lui serait même pas venu à l'esprit. Convaincu qu'il avait rendu un éminent service à la patrie, sachant fort bien que, quelles fussent les sanctions encourues, il serait à peine châtié par ses chefs imprégnés de nationalisme et, en tout cas, magnifiquement dédommagé par ceux dont il servait les desseins politiques, il eût gardé la tête haute. Henry se trancha la gorge parce qu'il était à bout de forces, parce qu'il ne pouvait lutter plus longtemps contre la vérité.

La vérité, que de semi-divulgations germaniques ont laissé transparaître, est écrite dans un livre publié en 1924 (1).

Un écrivain anglais de haute valeur, de probité insoupçonnable, de mentalité nationaliste — ce qui donne plus de poids à son témoignage — relate les confidences que, peu de temps avant le procès de Rennes, il recueillit, étant à Rome, de la bouche du major Panizzardi, revenu dans son pays après avoir rempli pendant de longues années les fonctions d'attaché militaire à l'ambassade d'Italie à Paris.

Je cite : « Il (Panizzardi) était navré de n'avoir pas reçu la permission de comparaître comme témoin devant le Conseil de guerre et il me dit ce qu'aurait été sa déposition. L'Italie, indiqua-t-il, n'avait pas, faute d'argent, un système d'espionnage organisé à Paris. L'attaché militaire allemand, le colonel von Schwarzkoppen, qui disposait amplement de fonds secrets, était en relations constantes avec le commandant Esterhazy et le colonel Henry qui, à eux deux, l'approvisionnèrent à divers intervalles de quelque cent soixante-dix documents au-dessus et en dehors de ceux mentionnés dans le célèbre bordereau.

---

(1) *Through thirty years*, par WICKHAM STEED London, William Heinemann Ltd, 1924 , édition française · Trente années de vie politique en Europe. *Mes Souvenirs* (1892-1914) Librairie Plon, 1926.

Schwarzkoppen montrait habituellement ces documents à Panizzardi qui les copiait et en faisait rapport au ministère de la Guerre d'Italie. Au commencement de l'année 1898, Panizzardi apprit de Schwarzkoppen que le colonel Henry était le véritable coupable et il en informa son gouvernement. »

M'est avis que le major Panizzardi passe l'estompe sur son rôle dont je présume qu'il ne fut pas aussi effacé qu'il le prétend. Je développerai toute ma pensée que j'ai déjà fait entrevoir en suggérant que les papiers fournis par Henry et par Esterhazy — papiers médiocres selon toutes probabilités — eurent une contre-partie. Il est plus que vraisemblable que l'attaché militaire allemand, peut-être l'attaché italien, munirent leurs agents stipendiés de pièces ayant à peu près autant de valeur que celles qui leur étaient versées. Ces superbes documents étaient sans doute largement payés par le ministère de la Guerre français. Henry et Esterhazy et leurs complices mangeaient ainsi à deux râteliers.

Immondes trafics qui sont de trahison puisque l'or étranger reste collé aux doigts de ceux qui les pratiquent, mais qui sont aussi, qui sont surtout d'escroquerie. Les gredins qui opèrent ne cherchent qu'à soulager de numéraire à leur bénéfice quelques Trésors publics, nullement à nuire a leur pays Ils livrent le moins possible. S'ils pouvaient garnir leurs poches sans rien donner du tout, ils seraient tout à fait heureux.

Esterhazy, dont l'opprobre est indiscutable, qui a d'ailleurs avoué la rédaction du bordereau (1), s'est défendu,

(1) Oscar Wilde, le grand écrivain anglais échoué à Paris après le martyre que la dureté puritaine lui eût fait subir, désira rencontrer Esterhazy Frank Harris, un autre écrivain anglais de renom qui a rapporté la scène, combina un déjeuner au cours duquel Wilde stimula si habilement la vanité du forban à cervelle d'oiseau que celui-ci en vint a s'enorgueillir de son ignominie.

certain jour, en prenant abri dans la vilaine cuisine de l'espionnage. Voici comme ! En 1903 alors que le rideau est tombé sur les premiers actes du drame judiciaire, un de mes amis dont je parlerai à plusieurs reprises, M. Marius Gabion, alors rédacteur au *Temps*, est à Londres. Il est venu suivre le rapprochement heureusement entrepris entre les Parlements français et britannique par mon collègue d'Estournelles amenant à Westminster une délégation de députés et de sénateurs Au *British Museum* où Gabion vague, il rencontre Esterhazy qui a prudemment traversé le détroit peu de temps après le suicide d'Henry. Les deux hommes se connaissent. « Tiens, Esterhazy ! — Tiens, Gabion ! » Ils causent devant les frises du Parthénon, puis à table. Marius Gabion essaie, naturellement, de faire causer l'aventurier. Celui-ci bavarde à tort et à travers, bat les buissons, se répand en invectives contre les généraux français qu'il accuse de l'avoir abandonné. Pressé par son interlocuteur, il se retranche derrière une phrase curieuse : « Voyez-vous, mon cher, entre l'espionnage et le contre-espionnage il n'y a que l'épaisseur d'une feuille de papier à cigarettes *(sic).* »

Qu'est-ce à dire? C'est-à-dire que le métier de contre-espion — délicieux euphémisme qui désigne, on le sait, l'espion au service de son pays — expose celui qui le pratique à verser dans l'espionnage. Il faut, en effet, pour obtenir une marchandise étrangère — germanique dans l'espèce — offrir une marchandise française. Pièce d'amorçage, dit-on ! Quel critérium différencie la pièce d'amorçage de celle dont l'apport exprime une trahison? Des faux pas sont compréhensibles, excusables — c'est évidemment ce qu'Esterhazy plaidait. Il se gardait de remarquer que

(Lire *la Vie et les Confessions d'Oscar Wilde*, vol. II, p. 87. Mercure de France (1928).

ces erreurs ne sont pardonnables qu'autant qu'elles sont commises de bonne foi, *qu'autant que toute pensée de lucre est exclue.* Ce n'était pas le cas. Si les mains d'Esterhazy et d'Henry avaient été propres, s'il n'y avait eu à leur charge que des imprudences ou des légèretés, ils eussent avoué le bordereau, ils ne se fussent pas mis en quête d'un innocent au compte duquel il leur fût possible d'inscrire le forfait.

Car, sur ce point, aucun doute n'est permis. Le capitaine Dreyfus est « l'innocent ».

Pourquoi les misérables l'ont-ils choisi? Parce que, m'a dit Me Demange le grand avocat qui défendit Dreyfus devant le Conseil de guerre de Rennes, il y avait, entre son écriture et celle d'Esterhazy, une de ces similitudes qui tiennent du prodige, parce que, par un concours de circonstances extraordinaire, l'officier qui servait ainsi les desseins des criminels était un Juif.

L'antisémitisme sévissait alors...

Qu'il convienne d'être attentif aux mouvements d'une race singulière que les événements qui ont suivi la grande guerre nous ont montré surgissant du sol dans les pays où rôde la décomposition, je l'accorde. Que le bouleversement russe ait eu pour principaux acteurs des Juifs qui, après avoir mis leur emprise sur des Orientaux comme eux-mêmes, sur les Scythes aux yeux louches, après les avoir érigés contre l'Occident, contre les lois qui régissent notre civilisation, ont essayé de saper la forteresse européenne en la faisant attaquer de l'intérieur par d'autres Israélites également hantés par les rêves millénaires que leur a légués la vieille Asie, cela est difficilement contestable. Que, pour parler plus large, le Juif, dans quelque sphère qu'il travaille, porte en lui le goût de la destruction, la soif de la domination, l'appétit d'un idéal ou précis ou confus, il faut avoir peu observé pour ne pas s'en rendre compte. Est-ce parce que la race fut longtemps et odieusement persécutée que, se renfermant en elle-même, elle a nourri, couvé des aspirations, des aversions qui, sous roche en temps normal, explosent dès que les cadres sociaux distendus donnent passage? Est-il vrai au contraire qu'Israël ne fut si ignoblement pourchassé dans le passé qu'à raison d'une volonté de suprématie qu'il a constamment manifestée et qui dérive de sa religion, du messianisme, de la croyance en un triomphe soudain des fidèles de Jéhovah rénovant le monde? Qui pourrait répondre? Ce dont, pour ma part, je suis convaincu, c'est que les siècles passant, les fabulations religieuses s'effritant, la mentalité israélite se modifiera, se corrigera ; la fusion s'opérera complète entre les Juifs et les enfants du pays où leurs ancêtres se seront fixés. Ce dont je me sens en tous cas assuré, c'est que l'avènement d'un état de choses que tous les esprits élevés doivent souhaiter ne peut être que retardé — Dieu sait pour combien de temps ! — par un retour aux persécutions de jadis.

Ce fut cependant la guerre aux Juifs que prêcha dans une série de livres, dont le plus retentissant eut pour titre *la France juive* un écrivain suintant le fiel, gangrené de haines Raillant, déchirant, insultant, avec talent il faut le reconnaître, s'attaquant aux Israélites, aux chefs républicains pêle-mêle, voire aux conservateurs modérés, Édouard Drumont mit bas des ouvrages, des pamphlets pour mieux dire, dont, entre 1885 et 1895, le succès fut immense.

Ils enthousiasmèrent le monde clérical, enrageant des lois de laïcité, toujours prompt à imaginer de noirs complots, se laissant persuader que les Israélites, républicains pour la plupart, attisaient le mouvement anticlérical, cherchaient à traquer les catholiques. La foule des envieux, des jaloux, qui serraient les poings au spectacle de la prospérité des banques, des entreprises juives, emboîtèrent le pas aux réacteurs Les benêts suivirent à demi, comme ils suivent toujours ceux qui, de bonne foi ou non, dénoncent de mystérieuses machinations. Ils n'y croient qu'à demi. Il ne leur déplaît cependant pas d'imaginer qu' « il y a quelque chose ». Le goût du populaire pour le mythe saisit toutes les occasions qui lui sont données de se repaître.

Il ne pouvait ui être offert un plat plus succulent que celui qui fut mijoté par Henry et Esterhazy. Un officier juif pris en flagrant délit de trahison ! Quel régal pour le chef de rayon parisien dodelinant déjà de la tête à la lecture des journaux antisémites ! Quel mets de choix pour l'officier sorti des collèges de Jésuites et qui ne s'est pas débarrassé des préjugés dont on a farci son cerveau !

Seulement la préparation du ragoût n'allait pas sans difficultés. La femme de chambre attachée à l'ambassade d'Allemagne par le 2e Bureau de l'état-major et qui livrait au service des renseignements le contenu de la corbeille à papiers du colonel Schwartzkoppen avait apporté un bordereau déchiré où étaient énumérés les documents qu'un X .. (Esterhazy) livrait à l'Allemagne (1). Henry eût fait disparaître le papier s'il l'avait reçu comme d'habitude. Il était en congé. En son absence, puis à son retour, on chercha le traître. On trouva — Henry trouva .. Dreyfus... le Juif. Mais rien d'autre à la charge du capitaine israélite qu'une concordance d'écritures ! Bien maigre une accusation qui ne repose que sur une similitude dans des tracés de caracteres ! On possédait, il est vrai, un autre papier

_____

(1) Erreur de détail sur ce point ! D'après ce que nous savons aujourd'hui, le bordereau fut pris dans le casier de Schwartzkoppen chez le concierge de l'ambassade par un agent du 2e Bureau, ensuite déchiré pour faire croire qu'il était parvenu par « la voie ordinaire ».

parvenu précédemment par la même voie : « Un petit
bleu » échangé entre Schwartzkoppen et Panizzardi où il
était question de « ce canaille de D . ». C'est Dreyfus,
prétendit-on (on a appris depuis qu'il s'agissait d'un
drôle utilisé par les attachés militaires et qui les faisait
chanter). Rien de cela n'était su, naturellement, en 1895.
Une aubaine cette pièce! Excellente pour étayer une
accusation vacillante! On la repêcha au fond d'un ti-
roir. Elle fut communiquée au Conseil de guerre jugeant
Dreyfus, hors de la présence de l'inculpé et de son défenseur.
Elle permit d'arracher une condamnation. Mais est-ce que
tout cela tiendra? Est-ce qu'un jour ou l'autre le « pot
aux roses » ne sera pas découvert? Que faire? Une seule
voie est ouverte aux misérables : sceller la date sur le
cachot de Dreyfus en fortifiant le dossier de la soi-disant
culpabilité par un document massue On fabrique un faux,
maladroit, naturellement, le faux Henry, brandi par Cavaignac. Et puis, comme il arrive toujours en pareil cas, les
criminels sont hantés par la crainte que « ça ne suffise pas
encore ». Et les voilà qui bourrent le dossier, qui y entassent
les papiers les plus extravagants. Ils en arrivent à constituer un dossier secret, puis un dossier ultra-secret. Les
rayons des armoires cadenassées du ministère de la Guerre
gémissent sous le poids des paperasses.

Quelles paperasses? On aura peine à le croire mais, en
dehors du faux Henry, en dehors de menues pièces falsifiées
ou dont on altère le sens, en dehors de traductions triturées
de quelques dépêches diplomatiques oiseuses, les dossiers
revêtus d'impressionnants qualificatifs ne renferment que
des collections de lettres galantes dérobées dans les ambassades, pouvant gravement compromettre des femmes, une
très grande dame en particulier... Également, *m'a-t-on dit,*
une correspondance d'une pornographie spéciale entre deux

personnages du même sexe revêtus de l'immunité diplomatique.

Pourquoi tout ce fatras? A quoi pouvait-il servir? A décourager par son poids, à dérouter par les ambiguïtés qui s'y rencontraient — il y a toujours des mots de convention dans les lettres de volupté. — De ces ambiguïtés, de ces mots de convention on tirait profit. On feignait d'imaginer que Dreyfus était désigné par telle initiale, par tel terme équivoque, qu'il était emmêlé à l'expression de tendresses échevelées. Une note — je veux reléguer en bas de la page le récit croustillant — montrera quelles idioties la canaillerie d'un ou deux coquins faisait gober à la « simplicité » de tout un paquet d'officiers embrasés par le feu des passions politiques ou religieuses (1).

Tout de même ! Comment des stupidités de ce calibre ne furent-elles pas tout de suite éventées, se demandera-t-on? Eh ! mon Dieu !... voici !

Quelque invraisemblable que cela puisse paraître, j'affirme, *le tenant de la bouche même de Waldeck-Rousseau*,

(1) Le capitaine Targe, aujourd'hui général de division, membre du Conseil supérieur de la Guerre m'a conté comment, alors qu'il était chargé, en 1903 ou en 1904, par le ministre de la Guerre de dépouiller les dossiers secrets et d'en résumer le contenu devant la Cour de cassation, son attention avait été appelée par l'état-major sur une liasse de lettres d'amour échangées entre la femme d'un conseiller de l'ambassade d'X — et un attaché à l'ambassade d'Y. — Dans la correspondance il était périodiquement question d'un mystérieux visiteur dont on attendait parfois la venue avec impatience, dont on regrettait à d'autres moments que le séjour se prolongeât. Ce visiteur était dénommé le « chinois » « C'est Dreyfus » avançaient les gens du service des renseignements « Pourquoi Dreyfus? » observait le capitaine Targe « Ça ne peut être que lui, » ripostait-on Mal satisfait de cette affirmation, aussi sommaire que péremptoire, l'officier enquêteur examina les choses de plus près. Il constata que le visiteur revenait tous les mois avec un battement de quelques jours. Il comprit qu'il s'agissait d'un . incident mensuel dont la plupart des amants redoutent qu'il ne se produise pas, dont, quand il est survenu, ils souhaitent la fin rapide Les membres de la Cour suprême ne purent retenir le ur sérieux quand le général Targe devant eux, expliqua et justifia.

qu'aucun des ministres de la Guerre qui se succédèrent rue Saint-Dominique entre 1895 et 1899 ne prit la peine de lire le dossier de l'affaire Dreyfus d'un bout à l'autre. Le général de Galliffet fut le premier qui s'attela à cette besogne. Avant lui, *de l'aveu des fonctionnaires qui conservaient le dépôt,* pas un des étonnants chefs de l'armée qui proclamèrent du haut de la tribune leur conviction de la culpabilité de Dreyfus, ne s'était imposé le travail élémentaire qu'ordonnait la vulgaire honnêteté.

Stupéfiant ! Ma foi, non !

Ceux qui, comme moi, ont été longtemps au gouvernement savent qu'on peut compter, hélas ! les ministres qui étudient personnellement les questions, qui se font apporter les dossiers, qui en lisent, qui en scrutent les pièces depuis la première jusqu'à la dernière. Combien de parlementaires ou de généraux auxquels le pouvoir est dévolu imaginent que la seule obligation qui leur incombe est de s'en remettre docilement aux bureaux qu'ils ont charge de diriger !

Quand on est ainsi informé, on se représente la scène, risible si elle n'eût été tragique, dont le cabinet ministériel de la rue Saint-Dominique dut être périodiquement le théâtre. Un nouveau titulaire du portefeuille est là. Il mande les gens du service des renseignements, Henry ou un de ses collègues envoûté par lui. Le ministre interroge. « La culpabilité de Dreyfus? — Elle est certaine, monsieur le ministre. — Ah ! oui, n'est-ce pas? Elle est certaine. Je veux cependant m'assurer par moi-même. Faites venir le dossier. — Comme vous l'entendrez, monsieur le ministre. Mais, il y a des milliers, des dizaines de milliers de pièces. Elles tiendront à peine dans votre cabinet. — Diable ! diable ! apportez tout de même. » On véhicule une première brouette de paperasses, puis une seconde, puis une troisième. Le ministre contemple avec épouvante : « Monsieur le ministre, insinue l'officier qui s'est glissé, qui a été glissé, près du grand patron, voulez me permettre de vous guider dans ce travail, de vous montrer quelques-unes des pièces probantes pour abréger un examen fastidieux? — Soit ! commençons toujours par là, » répond le nouveau chef de l'armée qui ne se rend pas du premier coup. On lui sort le faux du colonel Henry et de menus papiers de même acabit. « Il y en a bien d'autres, » ajoute-t-on. Cela suffit. Impossible de douter en présence de ces « pièces probantes » qui ne sont, dit Henry ou son subordonné, que des échantillons de ce que la charretée recèle dans ses flancs.

Seulement, voilà le malheur pour les gredins. Les événements, dont je ne narre pas le détail, font que d'honnêtes gens, ayant quelque sens critique ou simplement de la droiture, entrent dans l'examen de l'affaire. Alors, pan par pan, l'édifice de mensonge s'écroule. Les principaux artisans du crime disparaissent. Esterhazy en fuite. Henry réfugié dans la mort. Rien ne semble donc plus faire obstacle à l'annulation d'une sentence dont les faits, parlant d'eux-mêmes, crient la monstruosité. Cependant, le parti nationaliste ne cède pas. Pied à pied il défend l'iniquité. Charles Maurras, qui débute dans la littérature politique, pousse l'audace jusqu'à écrire à l'adresse du suicidé du Mont-Valérien : « Votre faux malheureux, mon colonel, sera compté parmi vos meilleurs faits de guerre. » Une souscription est ouverte pour offrir une « épée d'honneur » à la veuve d'un homme que tous les clairvoyants soupçonnent de trahison et dont nul, en tout cas, n'ignore qu'il fut un criminel de droit commun. Une partie de l'armorial de l'armée française n'hésite pas à participer à la collecte qui prend le caractère d'un défi. Le militarisme s'est vu le maître de la République. Il ne veut pas renoncer à l'asservir. Il s'obstine.

En vain ! Le Parlement, momentanément courbé, a fini
par se redresser. Un gouvernement fait front. L'inepte
arrêt du second Conseil de guerre siégeant à Rennes est
annulé par la grâce dont le capitaine Dreyfus bénéficie.
Plus tard le verdict sera mis en miettes par la Cour de
cassation Le Juif et son héroïque défenseur le colonel
Picquart seront réintégrés dans leurs grades. L'injustice
sera totalement réparée. L'ordre, entre temps, aura été très
vite rétabli dans l'armée. Un grand chef, Galliffet, aura
commandé le silence dans le rang.

Le général de Galliffet avait soixante-dix ans quand il
accéda au gouvernement. Les gaîtés de sa jeunesse ora-
geuse alimenteront la chronique scandaleuse du second
Empire, si tant est qu'on l'écrive jamais complètement.
L'histoire retiendra — ce qui vaut mieux — son héroïsme
sur les champs de bataille d'Italie, du Mexique, de France,
la charge à la mort qu'il conduisit superbement à Sedan.
Au général en chef qui demandait au colonel de Galliffet,
commandant au lieu et place du général Margueritte tué,
s'il pouvait jeter pour la troisième ou la quatrième fois ses
soldats sur les lignes ennemies, il fut répondu : « Tant que
vous voudrez, mon général, tant qu'il y aura un cavalier
et moi, nous chargerons. » Et, précipitant à nouveau ses
escadrons dans la mêlée, Galliffet arrachait au roi de Prusse
le cri d'admiration que l'histoire a retenu . « Ah ! l'héroïque
cavalerie ! »
Appelé après 1870 à des commandements de corps il
devenait non seulement l'idole de la cavalerie, mais un des
animateurs de l'armée française. Distribuant, multipliant
les leçons d'énergie, il fascinait, il subjuguait. La mise à la
retraite qui l'atteignait en pleine vigueur physique ne le

faisait descendre qu'à peine de son piédestal. Ses magnifiques états de service lui maintenaient une exceptionnelle autorité que confirmaient des allures d'une martialité triomphante. Septuagénaire, il gardait l'aspect jeune. Il ne pouvait plus, il est vrai, lui l'incomparable cavalier de jadis, manier le cheval aussi aisément que par le passé et ce lui fut un crève-cœur de s'enfermer, le 14 juillet 1899, dans le landau du président de la République. Il ne voulut pas, craignant d'être inférieur à son éclatante renommée, passer la revue en galopant sur le front des troupes.

Aucune autre ride ne le plissait.

Son esprit restait étincelant. Son intelligence n'avait rien perdu de son alacrité. Il connaissait admirablement l'armée. Il savait ce qu'on pouvait attendre du corps d'officiers. Il savait aussi que l'institution militaire serait en grave péril le jour où on laisserait s'y infiltrer la politique. Les divisions que créait, l'état de trouble que déterminait l'affaire Dreyfus l'inquiétaient. C'était pour remettre les hommes et les choses à leur place qu'il avait accepté de faire partie du ministère Waldeck-Rousseau.

Il s'y employa rapidement et simplement. Frappant à la tête, il sévit contre quelques généraux dont l'un, suivant ses propres expressions, parlait bien mais parlait trop. Il déplaça quelques officiers. Ce fut tout. On entendit. On obéit.

Au cours du procès de Rennes, Galliffet fit preuve d'infiniment de tact. En Conseil des ministres M. Millerand demanda avec insistance qu'il fût donné au commissaire du gouvernement près le tribunal militaire l'ordre de conclure à l'acquittement de l'inculpé. Le général s'y refusa. Il jugea que l'officier chargé de requérir pourrait invoquer l'adage de droit : « L'écriture est serve mais la parole est libre, » déclarer que sa conscience lui interdisait de soutenir

verbalement les conclusions qu'il avait reçu l'ordre de
déposer. Il fit remarquer qu'un tel incident aurait les réper-
cussions les plus fâcheuses. Il conclut qu'il fallait laisser
autant de liberté au ministère public qu'aux membres du
Conseil de guerre et, suivi par le gouvernement, il agit en
conséquence.

Mais, lorsque la ridicule sentence condamnant le capitaine Dreyfus avec circonstances atténuantes — comme
s'il pouvait y avoir lieu à circonstances atténuantes en
pareille matière — fut intervenue, le ministre de la Guerre
ne fit pas opposition — tout au contraire — à la grâce
proposée en Conseil des ministres pour l'innocent. Celle-ci
cependant ne fut pas immédiatement impartie. Le président de la République pensa qu'il convenait de ne pas briser
sur-le-champ un arrêt qu'on ne pouvait juger trop sévè-
rement mais qui avait été légalement rendu. Il indiqua que,
à son sens, un délai de quelques jours au moins devait
s'écouler entre le prononcé du verdict et la mesure de bienveillance. Chacun de s'incliner à l'exception de M. Millerand. Le ministre du Commerce fit connaître qu'il avait
négocié, prenant une étrange initiative, avec M. Mathieu
Dreyfus le frère du condamné. Il avait promis à celui-ci
que l'officier serait immédiatement libéré. En échange, le
pourvoi en cassation contre le jugement de Rennes qui
avait été formé serait retiré. M. Millerand déclara que, ne
pouvant faire ratifier par le Conseil des ministres les engagements qu'il avait pris, il se retirait du gouvernement.
Protestation générale. L'émoi calmé on fit remarquer à
M. Millerand qu'il n'avait pu s'engager en tant que ministre,
puisque le portefeuille du Commerce qu'il détenait ne lui
conférait aucune qualité à cet effet et qu'il n'avait été
mandaté en rien par ses collègues. Il n'y avait donc nulle
raison, conclut-on, pour que des tractations, conduites par

l'homme privé, obligeassent l'homme public à se démettre. M. Millerand se rendit à ces arguments dont je ne soutiendrai pas qu'ils fussent péremptoires. Il resta ministre. Huit jours plus tard M. Loubet signait le décret de grâce.

Un ordre général à l'armée suivit. « L'incident est clos, » prononça le ministre de la Guerre. Il avait raison de l'écrire. Il avait tort de le penser.

« L'incident » n'était pas clos judiciairement — de cette éventualité Galliffet se fût accommodé ; — il était encore moins clos politiquement — cela, le général ne devait l'admettre. Il jugeait, lui, qu'il suffisait d'avoir rétabli le calme dans l'armée où il sentait que nul ne bougerait plus tant qu'il serait à sa tête. Il estimait qu'il ne convenait pas d'aller au delà de ce qu'il avait fait, de prendre d'autres sanctions que celles qu'il avait ordonnées. Quand il aperçut que les partis de gauche, justement attentifs à la prétention de composer un État dans l'État qui animait l'armée et qui était la cause profonde de l'absurde résistance opposée à reconnaître une erreur judiciaire patente, exigeaient des coupes sombres dans le haut personnel militaire, dans les bureaux de la rue Saint-Dominique, il ne voulut pas être l'homme de cette politique.

Ce n'est pas qu'il fût favorable à la jésuitière, comme son prédécesseur le général Billot, ministre du cabinet Méline, qualifiait l'état-major de l'armée. Galliffet était aussi éloigné du cléricalisme que du nationalisme. Des innombrables coups de boutoir qu'il distribuait à la ronde avec un esprit endiablé il réservait une bonne part aux cagots et aux patriotards. « Il est toujours fourré chez le père Dulac (un jésuite connu), » disait-il de tel général avec une intonation dédaigneuse et un pli méprisant au coin des lèvres. « Nous ne savons ce que nous ferons d'une petite fille que le régiment a recueillie, » minaudait un colonel de cavalerie au cours d'un déjeuner de chasse à Rambouillet. « Moi, je sais bien ce que vous en ferez, annonça le ministre. — Quoi donc? mon général. — Une religieuse parbleu ! » Au retour d'une autre chasse présidentielle, sur le quai d'une gare : « Ah ! ça, Bailloud (le général Bailloud, alors attaché à la personne de M. Loubet, avait été officier d'ordonnance de Galliffet), j'ai accordé à la femme du général X.. une faveur qu'elle m'a demandée par votre intermédiaire... — Elle vous en est profondément reconnaissante, mon général. — Oui, oui, mais elle est nationaliste en diable. Elle m'embête. Vous lui direz de se tenir tranquille et de ne plus agiter des drapeaux comme elle le fait. — Il ne faut, en effet, agiter des drapeaux que pour faire peur aux taureaux, » fut la réplique du général Bailloud essayant de rompre les chiens par une réflexion qu'il jugea plaisante. La riposte ne se fit pas attendre. Elle fut verte « Eh bien ! vous direz encore à la dame qu'elle a passé l'âge d'avoir affaire aux taureaux. »

Mais, si ces propos et bien d'autres montrent le général de Galliffet toisant les rétrogrades, ils ne le situent pas dans l'armée républicaine à laquelle, pour dire les choses comme elles sont, il n'appartenait pas. Sans doute, sa large intelligence, son patriotisme averti l'avaient-ils rallié à Gambetta et à ses disciples dont il avait compris qu'ils étaient seuls à même de refaire la France délabrée par le second Empire. Sans doute, comme me l'a fait remarquer plus tard Jaurès commentant avec moi la curieuse *Correspondance de Ranc* lors de sa publication, Galliffet avait-il joué dans la coulisse un rôle considérable entre 1875 et 1899. Lié avec la plupart des hommes marquants du parti opportuniste (gambettiste serait le terme exact), il s'était entremis en mainte occasion entre les uns et les autres. Mais, n'ayant contracté avec la République qu'un mariage de

raison, il s'était constamment et volontairement confiné ·
dans la pénombre.

Une anecdote authentique en dit long sur la mentalité
du général, sur le fin fond de son âme.

La scène se passe le 25 janvier 1889. Le général Boulanger vient d'être élu député de la Seine a une écrasante
majorité. Le résultat est vivement commenté dans la
salle de rédaction du *Journal des Débats* où Galliffet, qui
inspire le chroniqueur militaire du journal quand il ne
dicte pas les articles, fréquente assidûment. Les hommes
politiques qui se pressent en nombre discutent le résultat,
examinent la situation, s'interrogent les uns les autres...
Boulanger sera-t-il à l'Élysée dans quelques heures, dans
quelques jours, dans quelques mois .. jamais? « Qu'en
pensez-vous, mon général? » demande-t-on. — « Moi,
répond Galliffet, je n'aime pas les gens qui jouent mon
rôle. »

La boutade éclaire le personnage qui ne pouvait se
dégager d'un aristocratisme dont sa personne était impré-
gnée et qui lui interdisait les gestes que son cerveau lui
eût commandés. Il était, il restait : le marquis de Galliffet,
prince des Martigues. Un trait de lui — joli d'ailleurs —
indiquera combien il avait la fierté de ses origines.
Dans les dernières semaines de l'année 1899, le président
de la République convie à la chasse deux grands-ducs
de Russie de passage à Paris. Quelques ministres sont
invités. Le général de Galliffet et moi sommes seuls
à même de faire escorte au chef de l'État. Dans le
wagon-salon qui nous amène à Rambouillet la conversation
languit. Mon collègue me fait signe : « Venez donc fumer
dans le couloir. » Je le suis. Il allume sa pipe, moi une ciga-
rette. Nous bavardons. Après quelque temps, j'observe :
« Mon général, ce n'est pas très poli ce que nous faisons là.

Nous négligeons les grands-ducs. — Peuh ! Caillaux, laissez donc. D'abord, ils sont stupides ces gens-là (il n'avait pas tort) et puis ils sont de bien moins bonne famille que moi. »

Le mot fut jeté négligemment, à mi-voix. Un grand seigneur français du dix-huitième siècle côtoyant des moscovites eût parlé de la sorte. Et, à la vérité, plus je me remémore le général de Galliffet, plus je le rapproche du maréchal de Richelieu. Il avait les susceptibilités, les vanités, les nerfs, aussi le cynisme élégant, aussi la verve, aussi l'esprit à l'emporte-pièce, aussi la grande allure du vainqueur de Mahon. J'imagine que l'arrière-petit-neveu du cardinal tenait pour des espèces tous ceux qui n'étaient pas racés comme lui et qu'il considérait avec une hauteur dédaigneuse les commis du roi de souche bourgeoise avec lesquels il lui fallait frayer.

Galliffet, qui ne s'était décidé à prendre part à la vie publique que pour, en suivant Waldeck-Rousseau, réaliser une tâche ardue que son amour de l'armée, son culte du pays lui ordonnaient d'entreprendre, se trouvait dépaysé dans les Conseils du gouvernement. Éloigné de son monde et de ses amis il s'en voulait presque à lui-même d'être devenu le collègue de petites gens, vulgaires pour la plupart, jugeait-il. Il se dédommageait en les tournant en dérision dans les salons où il fréquentait. Il ne parlait certes pas ni ne pensait de même du président du Conseil qu'il connaissait de vieille date et qui visiblement lui imposait mais il le jalousait, il supportait impatiemment le contrôle qu'avec une fermeté placide le chef du gouvernement exerçait sur ses actes.

Toutes ces raisons, de politique et de sentiment, conduisaient le général à guetter une occasion de s'évader. Elle se présente un jour. Il la saisit. Waldeck-Rousseau s'explique à la tribune sur je ne sais quel incident consécutif à l'affaire Dreyfus Il parle de « la félonie d'un officier » qui avait fourni des renseignements à l'opposition. Sortie bruyante de Galliffet. Il n'admet pas le qualificatif injurieux et injuste, estime-t-il, pour l'officier en cause. Il quitte le Palais-Bourbon, il démissionne. « J'étais trop vieux, » m'a-t-il écrit quelques mois après en une lettre dont je donne le texte intégral en note (1). La formule est sibylline.

Elle laisse cependant percer la vérité en partie. Appartenant à la vieille armée, rivé par les camaraderies anciennes, soudé à un monde périmé, le général de Galliffet répugnait à entreprendre une refonte dont il se rendait compte que les événements l'ordonnaient. Il préférait se retirer.

(1)   Marienbad — Autriche.
                                           Le 30 juillet 1900
        « Monsieur le ministre et ami,
    « Je vous remercie mille fois de vous être intéressé à la veuve du capitaine de Place et je saisis cette occasion de vous dire que je garde le meilleur souvenir de notre collaboration de onze mois J'étais trop vieux, j'en conviens très volontiers, j'étais cependant assez lucide pour comprendre tout ce qu'il y a en vous de capacité, de fermeté et de parfaite courtoisie. Je souhaite à tous les ministères de l'avenir de partager cette opinion.
    « Veuillez me croire, votre très affectueusement attaché.

                          « Signé . général GALLIFFET »

    « J'apprends avec plaisir la réintégration du général Négrier Sans me faire d'illusion sur ses capacités, j'estime que la punition ne pouvait être que temporaire. — J'aurais, présent, agi dans cette circonstance comme le général André. »

    J'ajoute à cette citation un *post-scriptum* que j'extrais d'une lettre à moi adressée par mon collègue de la Guerre le 7 mai 1900. Les élections municipales venaient d'avoir lieu Les nationalistes avaient triomphé à Paris. Galliffet écrit :
    « Étant, par habitude contractée, toujours optimiste, je ne suis pas autrement attristé des élections d'hier La province n'a pas été nationaliste et Paris n'a fait que ce qu'il fait d'habitude des bêtises. — J'ajouterai que quelques « variétés » introduites dans le personnel de la Commune de Paris ne sont pas faites pour m'effrayer.
    « Les hommes politiques me maudiront de porter ce jugement — mon excuse réside dans mon inexpérience politique.
                          « Signé . GALLIFFET. »

Il est grand dommage qu'il n'ait pu s'adapter. Il eût modéré et aussi fait accepter une évolution indispensable en même temps qu'il eût rendu de grands services au pays en réorganisant son armée. J'ai dit qu'il la connaissait merveilleusement. Il ne connaissait pas moins bien les armées étrangères. Une appréciation de lui qu'il formula en Conseil des ministres et que les événements de la guerre mondiale n'ont que trop justifiée, se grava dans mon esprit. Le souvenir que j'en gardai accentua, en 1911, mes dispositions de prudence.

On parlait ce jour-là de la situation extérieure. Le ministre des Affaires étrangères, M. Delcassé, s'était lancé dans un long dithyrambe sur la Russie. Il se complaisait à étaler la prétendue force militaire du grand empire. C'est tout juste s'il n'évoquait pas le « rouleau compresseur » qui figura plus tard, sous la plume des gens de presse, les hordes asiatiques mettant l'Allemagne en charpie. Le général de Galliffet s'était levé. Il arpentait de long en large la salle du Conseil — on tolérait de lui ce qu'on n'eût admis d'aucun autre. — S'arrêtant brusquement devant son collègue qui exaltait, qui exaltait toujours la sainte Russie des tsars : « Écoutez-moi, monsieur le ministre des Affaires étrangères, prononça-t-il. Je connais toutes les armées d'Europe. Je n'ai aucune confiance dans l'armée russe. Vous m'entendez : je n'ai aucune confiance dans l'armée russe. » Il répéta par trois fois la phrase comme s'il eût voulu l'enfoncer dans le cerveau de ses auditeurs.

L'équilibre dans le patriotisme, qui inspirait les actes et qui dictait les propos du général de Galliffet, a toujours été insupportable aux nationalistes. Ils voulaient donc mal de mort au collaborateur de Waldeck. Ils n'osèrent, cependant, le trop attaquer de son vivant. Il avait bec et ongles. Et puis, ils furent occupés à déchirer son successeur. Ce n'est que de longues années plus tard, après la guerre, que les gens de *l'Action française* se sont vivement retournés contre le ministre de 1899-1900 auquel ils ont reproché quoi? Un crime : avoir réglementé ce glorieux service des Renseignements auquel nous devions l'affaire Dreyfus. D'accord avec Waldeck-Rousseau, Galliffet avait en effet disposé que les besognes de contre-espionnage seraient dorénavant confiées pour la majeure part à la Sûreté générale.

A quiconque n'est pas affligé de l'endosmose militariste, la décision apparaît comme de sagesse. Les tâches de police incombent à des policiers, elles ne reviennent pas à des officiers que rien n'a préparés à ce métier *spécial*. Non seulement ceux-ci risquent d'y salir leur uniforme, mais — ce qui est beaucoup grave — ils peuvent, par des agissements irréfléchis, exposer l'État à de graves embarras. Les policiers commettent — il va de soi — des fautes, souvent de très grosses fautes, mais leur excès de zèle, leurs intrigues, voire leurs tripotages n'engagent pas le gouvernement comme le font de simples erreurs émanant d'un bureau d'état-major.

Ce n'est pas uniquement le désir de déconsidérer un rude adversaire du passé qui a engagé les nationalistes à intenter au général de Galliffet ce procès posthume. Ils ont voulu expliquer la défaillance du ministère de la Guerre réinvesti en août 1914 de la pleine direction de tous les services de contre-espionnage et qui se montra à ce point inférieur à sa tâche qu'il ignora l'état lamentable où se trouvèrent nos ennemis et leurs armées en 1917 et en 1918. Pour échapper aux conclusions que chacun devait tirer de cette incroyable faiblesse si pernicieuse pour la patrie, les chauvins prétendirent la mettre au compte de la réforme qu'ils qualifièrent : désorganisation, opérée en 1899 par Waldeck et son ministre de la Guerre.

Pauvre défaite ! En trois ou quatre ans, ayant à sa disposition tous les personnels de police, tous les crédits imaginables, l'état-major de l'armée n'a pas été capable de mettre sur pied une organisation de contre-espionnage qui valût, tel est le fait ! Qui donc, sachant l'administration, contestera que, quand même il eût fallu créer de toutes pièces, l'œuvre à accomplir était d'une simplicité élémentaire du moment où ne manquaient ni les hommes, ni l'argent ? La vérité est que, en 1914, comme en 1896, les officiers n'ont su ni régler, ni coordonner, ni ajuster. Ils ont dispersé leurs efforts. Ils se sont fourvoyés dans les broutilles, complu dans les racontars, quand ils n'ont pas versé — ce qui est advenu — dans la basse intrigue politique.

Il me serait aisé de développer. Je m'en abstiens. Je clos l'incidente que j'ai ouverte par une réflexion simple : à chacun son métier.

Donc, le 8 mai 1900, le général de Galliffet sort en coup de vent du Palais-Bourbon, touche barre rue Saint-Dominique, s'enfuit à la campagne chez Mme X..., sa maîtresse s'il vous plaît, — il avait soixante et onze ans, — plantant là son portefeuille et ses collègues. Nous étions au beau milieu des fêtes de l'Exposition, j'offrais ce soir même un grand dîner au corps diplomatique et aux ministres. J'arrive de la Chambre, où j'ai été naturellement retenu, tout époumoné. Une partie de mes invités sont déjà dans les salons du Louvre. Les ministres se font excuser. Dîner, réception en pagaye ! Aussitôt qu'il m'est possible, je saute dans ma voiture. Me voici dans le cabinet du président du Conseil où mes collègues sont réunis. Waldeck-Rousseau est découragé. Il veut donner sa démission, passer la main à M. Léon Bourgeois, qu'il n'aime pas, mais dont l'intervention après

l'esclandre du ministre de la Guerre a sauvé le cabinet.
Ses collaborateurs insistent pour qu'il garde le pouvoir. Ils
lui font remarquer que son œuvre n'est que commencée.
Il a sans doute réduit les factions, il ne les a pas abattues.
Qu'il disparaisse, quel que soit son successeur, le natina-
lisme relèvera aussitôt la tête. Waldeck-Rousseau entend
ce langage. « Mais qui prendre au ministère de la Guerre?
objecte-t-il. — Le général André, indique M. de Lanessan,
ministre de la Marine. M. Brisson en répond. Il vous l'amènera demain. » Le président hésite encore. Il a composé — je
l'ai dit — son cabinet avec un soin très attentif. Le général
de Gallifet y faisait contrepoids à M. Millerand. Il sent que
la désignation du général André, introduit et patronné par
M. Brisson, rompt l'équilibre gouvernemental qu'il a médité,
exprime un coup de barre à gauche que, homme de mesure
avant tout, il appréhende. Il se décide cependant. Le lendemain le général André est ministre de la Guerre.

Il devait être un des hommes les plus passionnément
attaqués, les plus violemment outragés par la réaction qui
l'accusa — calomnie habituelle renforcée en l'espèce par
un débordement exceptionnel d'injures — de mettre en
péril la défense nationale.

Je tiens, moi, que le général André, dont je ne m'abais-
serai pas à proclamer le patriotisme, fut un des meilleurs
ministres de la Guerre que nous ayons eus. Entendant le
sens et la portée de la désignation dont il fut l'objet, comprenant que ce que l'opinion républicaine attendait de lui
ce n'était pas un badigeonnage, un récrépissage du vieil
édifice militaire, c'était une reconstruction, il se résolut
à la tâche.

Acquis à la notion de la nation armée, envisageant sans
défaveur le système des milices qui pointait à l'horizon,
il s'appliqua à orienter l'institution militaire vers des

formes nouvelles en réduisant la durée du service de caserne, en améliorant le matériel d'armement. Il avait aperçu l'importance d'une artillerie lourde moderne. Il fit mettre en chantier la pièce de 155 du colonel Rimailho qui valait, à l'époque où la fabrication en fut ordonnée, autant et mieux que les engins de même ordre dans quelque pays d'Europe que ce fût Son successeur M. Berteaux suivit. Ensuite, on discuta dans les bureaux, dans les comités, on traînassa, on n'aboutit pas, on ne voulait pas aboutir... Tant et si bien que, c'est au ministre vilipendé par les nationalistes que nous devons d'avoir eu, au commencement de la guerre mondiale, un embryon d'artillerie lourde, insuffisant, certes, à raison des progrès de la technique réalisée entre 1905 et 1914, qui figura cependant sur les champs de bataille. Que de choses changées si les bureaux qui survivent aux ministres avaient compris, comme le général André et son entourage, que la victoire fut toujours conditionnée par la supériorité de l'outillage !

Mais, c'est là thèse odieuse aux retardataires, qui se sont toujours obstinés, qui s'obstineront sans doute toujours dans le dédain du matériel d'armement. Ils n'attachent d'importance qu'au nombre des soldats en ligne, des soldats disciplinés et entraînés par un long séjour à la caserne. En abaissant de trois à deux ans la durée du service actif, le général André érigea contre lui non seulement les nationalistes, non seulement les rétrogrades, mais les irréfléchis, mais les timorés. Les uns et les autres s'insurgèrent ou tout haut ou au fond d'eux-mêmes contre la loi nouvelle. Supprimant toutes les exemptions, tous les privilèges, elle augmentait cependant le nombre des hommes immédiatement disponibles en cas de guerre. Allégeant l'impôt du sang au bénéfice des masses populaires, elle infligeait une surcharge tolérable à la jeunesse bourgeoise qui, utilement instruite pendant les quelques mois supplémentaires passés au régiment, était dès lors en état de fournir une pépinière d'officiers de réserve. N'importe ! c'étaient là des réformes qui heurtaient les préjugés, les partis pris, contre lesquels s'élevait une opposition dont le général André sentit la force.

Il crut qu'il en aurait raison en rudoyant un corps d'officiers enclin à mépriser le soldat — et l'officier de réserve, — à ne faire fond que sur l'armée de caserne, lié, quoi qu'on pût dire, à l'idée de l'armée de métier. Il décida de réserver commandements et avancements à ceux de ses subordonnés dont la mentalité réfléchirait les conceptions que sa réforme mettait en œuvre.

Entreprise des plus hasardeuses ! Le ministre s'y attela. Il échoua. Peut-être parce qu'il ne jugea pas à propos de proclamer ouvertement sa détermination, parce qu'il ne prit pas la peine d'exposer par avance ses desseins. Montrer que, pour sortir de l'ornière, pour réaliser progressivement la nation armée, un renouvellement de personnel était indispensable, c'était forte thèse qui pouvait être soutenue devant le Parlement, qui aurait sans doute prévalu. Si le ministre investi de la confiance des Chambres n'avait pas réussi, la chute dont il aurait pâti eût ménagé l'avenir. Le général André crut préférable de travailler dans l'ombre. Il s'efforça de malaxer l'armée dans le silence de son cabinet en s'aidant, pour distribuer avantages ou disgrâces, de renseignements fournis, de fiches rédigées par des partisans politiques. Système pitoyable qui ouvrait le champ à toutes les bassesses, à toutes les délations ! Quand on apprit au Parlement que le maître bottier d'un régiment, pour prendre un des exemples les plus frappants, informait le cabinet du ministre des opinions politiques et religieuses des officiers qui s'approvisionnaient ou ne s'approvisionnaient pas chez lui, ce fut une explosion justifiée d'indignation. Interpellé, mis au pied du mur, le général André ne fit pas face. Il équivoqua. S'il eût pris hardiment ses responsabilités, si jetant par-dessus bord des procédés indéfendables, déclarant que ses instructions avaient été dépassées, comme il était probable, que, en tout cas, il ne serait plus question de *fiches* à l'avenir, il avait posé devant les Chambres et l'opinion la grande question : le choix à faire entre une armée marchant hardiment vers l'avenir et une armée s'attachant à regarder en arrière au détriment de la défense nationale, il eût obtenu le bill d'indemnité.

Mais il eût fallu tenir la tribune ou qu'un chef de gouvernement la tînt au lieu et place du soldat. Abandonné petitement par son président du Conseil, M. Combes, le général André se courba sous l'orage. Il disparut. L'histoire sera-t-elle juste à son endroit ? Je la sais si souvent façonnée par les réacteurs que je suis en méfiance. Ce m'est une raison de plus de rendre hommage au général républicain qui fut un bon serviteur du pays. Je regretterai simplement qu'il s'en soit remis à la brutalité toujours inféconde pour réaliser une transformation des esprits nécessaire mais que des réformes dans l'enseignement des écoles militaires, de la bienveillance et des avertissements discrètement dosés pouvaient seuls déterminer... avec le temps. En brûlant les étapes, surtout en cheminant obliquement il fit tort à son œuvre que l'on chercha par la suite à ruiner. On n'y put entièrement parvenir. Nous devons au général André les canons de 155 dont nous disposâmes au mois d'août 1914, un corps d'officiers de réserve aptes à leur tâche. Ce sont là services éminents rendus à la patrie !

CHAPITRE VI

POLITIQUE EXTÉRIEURE — M. DELCASSÉ — WALDECK-ROUSSEAU
ET GUILLAUME II. — LES HOMMES D'ÉTAT DE L'ÉTRANGER. —
DES SOUVENIRS PASSENT.

Dans les *Mémoires* qu'il a écrits, le général André s'est plaint, non sans raison je crois, de la guerre sourde que lui fit parfois son collègue des Affaires étrangères.

La personnalité de M. Delcassé jaillit ainsi de nouveau dans mes *Mémoires*. Elle se campe d'ailleurs d'elle-même au frontispice de mes premiers récits sur la politique extérieure de la France qu'il dirigea pendant tout près de sept années. Au moment de tracer la *silhouette* — j'ai pesé le mot — de mon collègue dans deux cabinets, de mon collaborateur de 1911, je veux lui rendre un hommage auquel il a pleinement droit. Il fut, comme Paul Deschanel, un parfait galant homme, d'une correction irréprochable vis-à-vis de tous, adversaires comme amis.

Sans doute la prodigieuse habileté qui le caractérisait ne lui permettait pas d'apporter, dans les relations de la politique et de la vie, cette belle netteté, cette claire franchise, cette expansion simple que l'on rencontrait chez le président de la Chambre et qui rendaient son commerce si attachant. Delcassé ne mentait pas, mais il lui arrivait de tromper sur ses intentions, sur ses projets. Il trompait par ses silences, il trompait par des flux de paroles derrière lesquels il abritait des desseins patiemment médités.

153

Mais on ne peut faire reproche aux êtres humains de défauts, minces en somme, qui ne sont que la contre-partie de grandes qualités. Une astuce singulière, une souplesse étonnante, une extraordinaire faculté de retournement, une puissance de secret qui eût été incomparable si la forfanterie n'y avait fait brèche, voilà l'apanage de Delcassé. Apanage enviable ! insuffisant pour munir un homme d'État ! On n'est un homme d'État, on ne fait figure sur le devant de la scène qu'autant qu'on a l'intelligence, j'entends la haute intelligence : l'ampleur et la pénétration dans les vues, la sûreté de jugement, l'aptitude aux vastes et saines conceptions d'ensemble.

La nature avait marchandé ces dons à M. Delcassé. *L'homme était étriqué.*

Travailleur acharné, il lisait depuis le matin jusqu'au soir les dépêches ou les rapports qui lui parvenaient. Il y répondait avec dextérité. Il recevait en même temps les diplomates accrédités à Paris avec lesquels il savait s'entretenir. Il vivait en deux mots, dans son département ministériel où, combinant, échafaudant de petits et de grands projets, fermé aux bruits du dehors, il se murait.

La pensée ne lui venait pas que son action ne pouvait être détachée de celle du gouvernement dont il faisait partie, que sa politique devait s'accorder avec le mouvement parlementaire, avec l'état de l'opinion publique. Du Parlement, de l'opinion il n'avait cure. Il était indifférent aux réalités extérieures, à la diplomatie dont il lui suffisait de manier les fils. Il ne se demandait même pas s'il serait suivi au cas où quelques-uns d'entre eux casseraient entre ses doigts.

La vanité dont il était affligé aggravait ce vice rédhibitoire de sa nature. « Vanité débordante, grotesque, de petit homme ayant de petites origines, » ont dit les malveillants !

Vanité qui, en tout cas, pénétrait Delcassé d'une telle conviction de sa supériorité que sa vision des choses s'en trouvait altérée ! Vanité dont on jouait ! On découvrit rapidement au delà de nos frontières que les amabilités d'un souverain, la remise d'un grand cordon, le don d'un portrait impérial enfermé dans un cadre rehaussé de simili-diamants éberluaient le ministre de la République à tel point qu'il communiquait un enthousiasme puéril à tous ceux qui l'approchaient même accidentellement et dont bon nombre s'ébaudissaient à ses dépens. Il fut, bien entendu, tiré parti de cette infirmité.

Tout compte fait, Delcassé, tenu par un grand chef de gouvernement eût été — il fut pour un temps — un admirable commis. La bride sur le cou, n'ayant pas l'étoffe du *ministre* dans le sens élevé du mot, il devait commettre des fautes, engager malencontreusement son pays, même l'exposer gravement. Histoire qui sera contée plus loin ! Je ne retiendrai en ce paragraphe que les événements de 1898 à 1902.

En juin 1898, Delcassé entre au Quai d'Orsay Dans de précédents cabinets il a détenu le portefeuille, le demi-portefeuille (sous-secrétariat d'État), des Colonies. Il y a contracté une maladie qui sévit dans la maison : l'anglophobie. Il n'en est pas guéri quand il prend la direction des Affaires extérieures. Il y trouve une situation fort difficile — ce n'est que justice de le reconnaître. — Son prédécesseur M. Hanotaux a engagé une expédition téméraire : l'expédition du colonel Marchand, qui, parti du Congo a reçu mission d'occuper le Soudan, de couper aux Anglais la route du Cap au Caire, de prendre l'Égypte à revers. Marchand arrive trop tard. Le gouvernement britannique, prompt à la parade, a chargé le général Kitchener de conquérir le Soudan, de le reconquérir pour mieux dire.

Kitchener a réussi. Il a écrasé à Omdurman les troupes du Mahdi. La poignée de soldats français parvenue sur le Nil, à Fachoda, se heurte à l'armée anglaise. Le coup est manqué. Coup bien dangereux! L'Angleterre eût-elle jamais toléré que les Français restassent maîtres du Haut-Nil? En tout cas il faut être beau joueur, liquider rapidement une partie perdue, déclarer que la mission Marchand n'a jamais eu d'autre objet qu'une exploration géographique. Delcassé ne se résigne pas. Il essaie de ruser. Il biaise petitement. Il lasse la patience du grand seigneur hautain qui gouverne au delà du détroit et qui, au cours de sa longue carrière, a fait preuve vis-à-vis de la France, à maintes reprises, d'une malveillance sarcastique. Lord Salisbury, après quelques semaines d'attente, nous met en demeure d'abandonner le Soudan, de rapatrier nos soldats. C'est l'ultimatum dans toute sa brutalité. Quelle réponse? La soumission? La guerre? Au carrefour des deux routes où une diplomatie à courte vue nous a menés, le Conseil des ministres hésite... il considère la solution grave de si près qu'ordre est donné à l'escadre de l'Atlantique de traverser le détroit de Gibraltar la nuit, tous feux éteints, pour se joindre à l'escadre de la Méditerranée. Nos forces navales réunies pourront, espère-t-on, remporter sur la flotte anglaise rassemblée à Malte une victoire dont on escompte le retentissement. Cependant les amiraux convoqués ne dissimulent pas leurs inquiétudes. Nos alliés les Russes nous prêchent le calme (1)... Force est de nous incliner, de dévorer l'humiliation.

Quand le ministère Waldeck-Rousseau se forme quelques mois plus tard, Delcassé mâche encore l'affront — cela se conçoit. — Son intuition l'engage cependant à se tenir coi.

(1) Renseignements à moi fournis par M Georges Leygues qui était membre du gouvernement de l'époque (ministère Charles Dupuy).

Il n'y manque pas. Il ne commence à se découvrir qu'à la fin de l'année 1899 quand la guerre entre l'Angleterre et les Républiques sud-africaines est imminente. Il exprime en Conseil des ministres la vive satisfaction que lui cause la perspective du conflit. Il soulève des murmures. En quelques paroles sèches et nettes Waldeck-Rousseau traduit la volonté de paix « générale » du gouvernement. Le ministre des Affaires étrangères baisse le ton. Il sent qu'il a un chef, qu'il y a un commandant à bord du navire dont il est le pilote. Il s'inclinera désormais devant cette autorité et, pendant trois années, il travaillera utilement, guidé, contenu par le président du Conseil.

Interprétant exactement la leçon qui lui a été donnée, il se départ peu à peu de l'attitude de raideur guindée qu'il a adoptée vis-à-vis de l'Angleterre. Il se rapproche de nos voisins. Il a grandement raison. Peut-être cependant vire-t-il bien rapidement de bord. Il ne met pas à profit les embarras que la guerre du Transvaal cause à la Grande-Bretagne pour obtenir du gouvernement britannique, qui s'attendait à la demande (certains de ses membres, Joseph Chamberlain notamment, l'ont dit), les mains libres pour la France au Maroc. Tout novice que j'étais au gouvernement, je me permis de questionner, de marquer mon étonnement de notre réserve. Placement à long terme, me fut-il répondu en substance. Soit ! Je pensai cependant — les événements ont peut-être confirmé mes prévisions — que nous laissions passer une occasion unique de régler à notre avantage, par un concert avec l'Angleterre à laquelle l'Allemagne eût alors souscrit sans difficulté, l'épineuse question qui devait entraîner de si grosses complications.

Mais, j'entends que la prudence de Waldeck-Rousseau eût sans doute objecté à une tractation qui, prenant les apparences d'une revanche, laissant derrière elle des germes d'irritation, aurait contrarié la politique de rapprochement entre la France et ses voisins d'outre-Manche qu'il voulait poursuivre.

Le président du Conseil témoignait à la même époque de sa fermeté pacifique en ramenant dédaigneusement dans les lignes le kaiser en quête, ou plutôt en velléité d'aventures. Je rapporterai minutieusement l'incident parfois défiguré.

Dans les premiers mois de l'année 1900, au moment où les Anglais paraissaient battus par les Boers, l'empereur Guillaume II, abordant notre ambassadeur, le marquis de Noailles, au Thiergarten, parle de la nécessité d'une liaison entre la France et l'Allemagne, demande si « *le moment n'est pas venu d'abattre l'orgueil insupportable de l'Angleterre* » *(sic)*. La réponse du marquis de Noailles est d'un diplomate : « Il en référera à son gouvernement. » Le Conseil des ministres est donc saisi. Vacillant entre son anglophobie de la veille et sa germanophobie du lendemain, Delcassé « hannetonne ». Deux mots de Waldeck-Rousseau ! La réponse à faire est dictée. L'ambassadeur de France aura mission de répliquer au kaiser que s'il a des propositions concrètes à formuler, nos alliés de Russie qui sont en même temps ses amis pourront les recueillir et nous les transmettre. Ainsi est éventé le piège, si tant est qu'il y eût piège ?

J'écris un point d'interrogation. A vrai dire, je crois que, dans ce cas comme dans beaucoup d'autres, Guillaume II a tout simplement cédé à son habituelle manie de parler à tort et à travers, d'échafauder dans les nuages des plans oubliés par lui quelques heures plus tard. Sinon, comment expliquer qu'il se soit vanté auprès des Anglais d'avoir rejeté des propositions que *nous lui aurions adressées* pour attaquer de concert la Grande-Bretagne? Son étourderie fut toujours immense, nul ne l'ignore. Je ne puis cependant me persuader qu'elle confinât à la stupidité. Or, c'était une stupidité que de dévoiler, en la retournant, une conversation agressive. Ceux qu'on informait de la sorte ne devaient manquer de s'enquérir et l'irréfléchi devait forcément être démasqué, comme il advint.

Waldeck-Rousseau se garda, lui, de souffler sur le feu. Il voulait d'aussi bons rapports entre la France et l'Allemagne qu'entre la France et l'Angleterre. Je suis sûr par exemple qu'il toisa dès ce moment le haut personnage qu'il devait rencontrer et définitivement juger deux années plus tard En 1902 après avoir abandonné le pouvoir, l'homme d'État explore les fjords norvégiens sur le yacht de M. Menier. Le yacht du kaiser se rapproche « par hasard » du bateau français. L'ancien président du Conseil est invité par le maître de l'Allemagne à un entretien... qui se prolonge. Quelques semaines après, au commencement d'octobre 1902, je déjeune chez mon chef dans sa villa de Corbeil. Je hasarde une question : quelle impression a faite l'empereur? « Guillaume II, c'est un commis voyageur, » m'est-il répondu. Et, après une pause : « Mon cher, au cours d'une conversation de deux heures, il m'a dit, à moi qu'il ne connaissait pas, des choses telles que, si je les répétais, je brouillerais entre eux tous les souverains de l'Europe » (textuel).

Waldeck-Rousseau était trop supérieur pour jouer au jeu misérable des colportages de propos. Et puis, loin de songer à brouiller les chefs d'État, il ne cherchait qu'à les rapprocher. Il s'appliquait en même temps à apaiser les pactes d'alliance. Dès 1900, entendant le danger que faisait courir à la paix du monde un groupement de puissances contrôlé par le « commis voyageur » qu'il avait pressenti, il avait réduit a Triplice. L'accord de 1902 avec l'Italie dont nous retirâmes grand profit, dont la France et l'Europe auraient pu recueillir un immense bénéfice (1), fut conçu sous son égide. On en a fait honneur à Delcassé, rien qu'à lui. Il est très loin de ma pensée de méconnaître le service rendu par le ministre des Affaires étrangères en la circonstance. Il entama la négociation. Il la conduisit avec l'attache du président du Conseil. Mais, ce dont je suis certain, autant qu'on peut être sûr d'un fait qui n'est attesté que par un témoignage, c'est qu'il fallut l'intervention personnelle de Waldeck-Rousseau pour que les pourparlers aboutissent. « Je n'ai aucune confiance dans votre ministre des Affaires étrangères, » fit dire M. Zanardelli, alors président du Conseil d'Italie, à son collègue de France. — « Comme cela se trouve, riposta le chef du gouvernement de la République. Je n'ai, de mon côté, aucune confiance dans votre ministre des Affaires étrangères (M. Prinetti). — Alors, nous résoudrons à nous deux les questions délicates ? — Entendu ! » Et ce furent les deux présidents du Conseil, causant par un intermédiaire officieux (2) de qui je tiens ce récit, qui réglèrent les dispositions essentielles de l'accord.

En même temps qu'il essayait d'affaiblir a nocivité de la Triple-Alliance, Waldeck s'efforçait de .. calmer Delcassé et... a Russie. Coupant par des paroles de froideur calculée les accès de lyrisme auxquels s'abandonnait périodiquement son collaborateur quand des questions concernant l'empire des tsars venaient sur le tapis, il marquait le double souci qui l'animait : il voulait maintenir et fortifier l'union des deux pays — il n'admettait pas que notre allié prétendît

---

(1) L'accord de 1902, en garantissant la neutralité de l'Italie au cas où la France serait attaquée, portait à la Triplice une profonde atteinte Dans le chapitre consacré aux événements de 1911 je montrerai comment, si la politique de Waldeck-Rousseau avait été suivie en 1912 comme elle le fut en 1911, nous aurions pu achever le démembrement de la Triple-Alliance.

(2) M. Brunicardi, alors député à la Chambre italienne.

à une sorte d'hégémonie dont il redoutait d'autant plus les conséquences qu'il voyait la Russie à la veille de s'engager — je devrais dire d'être engagée — dans de dangereuses aventures. Pénétré au surplus du péril que pouvaient faire courir à nos alliés et indirectement à nous-mêmes une équipée en Extrême-Orient, le président du Conseil saisit l'occasion que lui fournit la visite de Nicolas II en France en fin 1901 pour, de concert avec le président de a République M. Loubet, mettre le souverain en garde contre l'insanité d'une guerre avec le Japon. Le monarque écouta, promit, parut persuadé. Il le fut peut-être. La camarilla qui poussait au conflit se tint en tout cas tranquille pendant quelque temps. Pas longtemps. Elle reprit bientôt le dessus. Le malheureux empereur retomba sous sa coupe.

Waldeck avait disparu du pouvoir et de l'existence quand s'alluma ce premier incendie. Vivant et au gouvernement, il aurait, certainement, arrêté le conflit entre le Japon et la Russie. *Mon culte pour le grand homme d'État m'entraîne trop loin?* penseront certains. Je ne le crois pas... « Vous retirer? monsieur le président du Conseil. Vous parlez de vous retirer? disait devant moi, certain jour de 1901, dans les salons du ministère de l'Intérieur, un journaliste autrichien réputé. Vous ne vous rendez donc pas compte que *vous gouvernez le monde?* » Hyperbole dans la forme plus que dans le fond ! Waldeck-Rousseau avait si superbement maîtrisé une situation intérieure difficile, dont on s'exagérait encore la gravité à l'étranger, il avait fait preuve de tant de modération lucide dans les directions données à la politique extérieure de la France qu'il avait conquis une autorité exceptionnelle en Europe. S'il eût vécu, il aurait exercé un magistère incontesté sur l'ancien continent dont les destinées eussent changé. Il était, lui, partisan acharné de la conciliation entre les peuples.

Il s'éteignit et nul à l'époque ne fut à même de recueillir le sceptre qui tomba de ses mains. Hors de France, pas d'homme d'État de race, sauf peut-être en Angleterre et encore ! Ailleurs, des gouvernants, bien intentionnés pour la plupart, mais limités, ayant à leur actif — parfois — la prestesse d'entournures que donne l'usage du monde, tel M. de Bulow en Allemagne. Insuffisant ! Dans la revue que je passe du personnel dirigeant les grands pays du continent au commencement du siècle je ne vois qu'un homme qui fasse saillie : Witte.

Pas l'ombre d'éducation, peu ou pas de culture, un primaire comme nous disons aujourd'hui. Mais un primaire ayant un plan, une volonté. Voilà le ministre des Finances de Russie.

A la base de son plan, l'équipement de son pays pour développer la richesse agricole, pour bâtir une grande industrie. Par quels moyens? Par l'emprunt contracté sur les marchés extérieurs, presque exclusivement sur le marché français. Witte comptait que, dans un espace de vingt ou trente ans, la Russie d'Europe serait pourvue d'un outillage complet : voies de communication, ports, etc... que, dès lors, les exportations se développant dans d'énormes proportions, rien ne serait plus aisé que de payer les arrérages, même de rembourser progressivement le capital, des emprunts émis à l'extérieur. D'ici là, les charges qu'entraînaient les multiples appels au crédit seraient couvertes par des émissions répétées Emprunter à jet continu pour des travaux de premier établissement, également pour solder les intérêts desdits emprunts, telle était la substance du programme financier de Witte.

Il eût réussi (1), et, le cas échéant, la Russie eût été définitivement incorporée dans l'Europe par les liens de l'intérêt qui sont les plus forts, s'il n'y avait eu ni révolution dans l'empire des tsars, ni grande guerre dans le monde. Witte le comprenait. Il était, à la vérité, médiocrement attentif au péril révolutionnaire dont il jugeait — il avait peut-être raison — qu'il ne deviendrait pressant qu'au cas où son pays subirait une guerre malheureuse. Cette guerre il entendait l'éviter coûte que coûte. Il était profondément pacifique, entièrement acquis, lui aussi, à la politique de rapprochement des nations.

Il m'expliqua sa mentalité au cours d'entretiens que nous eûmes en 1900 quand il passa à Paris. Comme ma prudence s'effrayait d'un programme financier si lourd et à si longue échéance, comme je remarquais que le plan qu'il caressait était à la merci d'événements politiques, il entreprit de me rassurer. Pas le moindre danger de perturbation dans l'Empire, me dit-il, s'il n'y a pas secousse venant de l'extérieur. La paix ! oui, sans doute, la paix est indispensable Mais, y a-t-il la moindre menace de guerre à l'horizon ? Et, si des nuages montent au ciel, n'est-il pas là, lui, Witte ? J'entendis cette dernière phrase sans qu'il la prononçât.

Il ne me convainquit pas. Il m'inquiéta plutôt (2). Je

(1) En 1913 la politique de Witte, continuée bon gré mal gré par ses successeurs, donnait déjà des résultats. L'industrie russe grandissait dans des proportions inattendues. Il n'était bruit à la Bourse de Paris que de l'avenir de l'Empire de l'Est où le capitalisme qui s'y constituait s'employait déjà, suivant un rythme que savent tous les économistes, à rapatrier les titres nationaux La vague révolutionnaire a tout submergé, momentanément

(2) Witte m'inquiéta non seulement parce que j'étais attentif à la nation alliée mais parce que j'avais le souci de l'épargne française, dont je voyais bien que le vaste plan financier impliquait l'incessante mise à contribution Je manifestai doucement quelque appréhension sur cet objet à mon collègue de Russie de qui j'obtins une double assurance. il modérerait les émissions, il chercherait à placer ses emprunts sur d'autres marchés que le marché fran-

jugeai bien que, s'il avait été assis sur le trône impérial ou encore il avait eu la pleine confiance d'un nouveau Louis XIII, il aurait pu réaliser ce qu'il projetait. Mais, il ne me fallut pas beaucoup de prescience pour deviner qu'il échouerait. L'homme était trop sûr de lui-même, trop tranchant, trop inattentif aux objections, trop dédaigneux des obstacles, trop dépourvu du sens des impondérables. Je me prédis à moi-même qu'il ne tiendrait pas. Les faits me donnèrent raison. Il tomba rapidement en disgrâce. Rudoyant les véreux qui pullulaient à Pétersbourg, ne voulant bien entendu savoir d'une guerre en Extrême-Orient dont tout ce joli monde était friand, il fut sacrifié par Nicolas II qui n'était pas Louis XIII, qui était même inférieur à Louis XVI, dont il répéta, en les aggravant, les plus grosses bévues. Il remercia Witte comme l'infortuné roi de France congédia Necker après Turgot.

Il ne me vient certes pas à l'esprit un parallèle entre le grand réformateur, le grand voyant, que fut Turgot et

cais. De ces deux promesses, je n'attachai aucune importance à la première dont je savais qu'elle ne serait pas tenue J'eus une demi-confiance dans la seconde et, de fait, Witte, tenta de solliciter la finance américaine Mais, les travaux d'approche auxquels il procéda le découragèrent Il nous revint .

Voyant grossir chaque an, pour ne pas dire chaque semestre, le montant des fonds russes détenus par mes compatriotes, je me décidai à écrire officiellement au ministre des Affaires étrangères pour, en lui communiquant mes préoccupations, le prier de faire part au gouvernement russe des observations que j'avais formulées de vive voix à Witte Ému de ma lettre qu'on a citée depuis dans des rapports parlementaires où ma prévoyance a été louée, Delcassé saisit le Conseil des ministres Mes collègues opinèrent, non sans avoir hésité, que les nécessités politiques devaient avoir le pas sur la prudence financière. Je ne dis pas qu'ils eurent tort. Je crois cependant qu'il n'aurait pas été inutile de mettre nos alliés en garde contre l'excès des appels au crédit

Rien ne fut fait et, dès lors, les ministres des Finances successifs eurent bouche close Il leur fallut, jusqu'au jour où le tsarisme s'effondra, renoncer à abriter les épargnants français contre les averses périodiques de papier peint, venant de Pétersbourg, échangé sur notre sol contre de beaux deniers sonnants et trébuchants Prix de l'alliance Je l'accorde Je persiste à penser qu'on eût pu payer moins cher

Witte. A peine peut-on entrevoir un rapprochement entre le ministre des Finances de Russie et Necker. Comme le banquier genevois, le serviteur de Nicolas II avait le sens du crédit. Il excellait à persuader aux capitalistes qu'il les accablait de ses bienfaits en leur prenant leur argent. Au vrai, la tâche lui était facilitée par les financiers auxquels il réservait d'opulents bénéfices et par la grande presse qu'il traitait magnifiquement. Il n'avait par contre ni l'habileté, ni l'instruction, ni l'art de présentation du directeur général des Finances de l'ancien régime. Il eût été hors d'état de rédiger le *Compte rendu au roi*, de même qu'il fut incapable d'évoluer, ainsi que Necker le fit entre 1776 et 1781, au milieu d'une cour difficile. Son nom n'émergerait pas dans l'histoire s'il n'avait eu à un degré supérieur cette rare qualité : le caractère.

Lorsqu'il vint en France au moment de l'Exposition, je le reçus à diverses reprises à ma table. Je le réunis un jour à de grands hommes d'affaires et à quelques-uns de mes prédécesseurs aux Finances. Comme mes convives me quittaient après de longues conversations au cours desquelles Witte n'avait pas brillé d'un éclat particulier — je ne dis pas toute ma pensée, — Rouvier, me frappant sur l'épaule : « Dites donc, Caillaux, vous ne trouvez pas que ça console de voir les hommes politiques de l'étranger? »

Rouvier avait raison en apparence. . A première vue Witte donnait l'impression d'un porc-épic velu, d'un ours de Russie mal équarri, doué d'une intelligence courte et rude comme son poil. Dans un milieu imbu de finesse latine et de malice gauloise il faisait tache. Il ne supportait pas la comparaison avec les Occidentaux déliés parmi lesquels il était accidentellement jeté. Il suffisait cependant de regarder ses poings et les muscles de son visage pour apercevoir qu'il était un tempérament. Il le prouva, d'abord en se cramponnant à sa politique financière, surtout en négociant et en signant en 1905, quand il fut revenu momentanément en faveur, le traité de Portsmouth qui réglait, à des conditions inespérées pour la Russie vaincue, le duel entre le grand empire et le Japon.

Il rendit ce dernier et *immense* service à son pays et au monde civilisé malgré et contre l'entourage de Nicolas II, c'est-à-dire malgré et contre l'empereur qui, obligé de subir, voire de remercier officiellement, son ministre que toute l'Europe félicitait, prit sa revanche aussitôt qu'il le put. Witte, devenu le comte Witte, fut renvoyé à titre définitif cette fois. Le tsar avait hâte de se livrer à Isvolsky. .

Je ne voudrais pas paraître m'acharner sur le malheureux souverain qui a fini dans des conditions tellement horribles que la commisération de tous lui est due. Je ne puis cependant me défendre d'ajouter quelques traits à l'esquisse de sa pauvre physionomie en retenant un incident dont je dédie le récit aux protagonistes de la monarchie absolue.

L'empereur de toutes les Russies et l'impératrice vinrent — on le sait — rendre visite au président de la République en novembre 1901. Ils furent reçus au château de Compiègne. Des fêtes furent données en leur honneur. Une revue fut passée à Bétheny auprès de Reims. Ministre, je me trouvai naturellement aux premières loges, à même de voir et d'observer ces deux êtres falots sur le visage desquels se lisaient la timidité et la crainte. La timidité passe encore ! La crainte ? Pourquoi ? Sans doute, mon cousin et ma cousine le marquis de Montebello ambassadeur de France en Russie et le marquise n'avaient pas précisément vanté les mérites du ministère Waldeck-Rousseau dont, républicains modérés mais agglutinés au faubourg Saint-Germain, ils n'appréciaient pas les gestes. De la réserve de la part des souverains se concevait donc mais, ces regards apeurés que je vois encore de la pauvre impératrice qui semblait un oiseau pris au filet, cette nervosité saccadée de l'empereur, tournant à tout instant la tête de droite et de gauche, comment expliquer? On eût dit que tous deux appréhendaient que les républicains qui les entouraient ne composassent d'un moment à l'autre un tribunal révolutionnaire...

Tout se serait cependant assez bien passé s'il n'y avait eu une ombre au tableau.

Nicolas II était alors engoué d'un charlatan lyonnais qui avait acquis une prodigieuse influence sur son esprit en lui ménageant de palpitants entretiens avec l'âme de son père Alexandre III. Alexandre III conseillait son fils par la bouche du docteur Philippe. Docteur sans diplôme, bien entendu! L'aventurier aspirait à en avoir un et le tsar demanda, comme une chose toute simple, qu'on délivrât *hic et nunc* à son favori le parchemin ardemment convoité. On eut toutes les peines du monde à faire comprendre à l'autocrate que le triste régime dont nous étions dotés interdisait à un ministre, voire à un président de la République, d'octroyer le doctorat en médecine à un quidam incapable de passer le moindre examen. Il fallut multiplier les précautions, dispenser les assurances de bonne volonté impuissante, parler avec d'autant plus de circonspection que le gaillard était redoutable. Quand il disparut quelque temps plus tard, on poussa en France un soupir de soulagement. A tort peut-être! Philippe eut des successeurs .. Raspoutine...

Philippe, Raspoutine, quelques drôles de moindre envergure manœuvrèrent, à côté, même au-dessus du personnel tsariste qu'échantillonnait Isvolsky, le pauvre sire que sa couronne écrasait. Les directions d'un grand empire liées à celles de l'Europe furent contrôlées par des êtres d'abjection. Toutes les enquêtes sur la monarchie de droit divin toutes les prosopopées de la royauté ne pourront prévaloir contre les conclusions qu'emportent ces bouts de faits.

D'autres souverains, régissant des puissances de second ordre, séjournèrent à Paris avant, pendant et après les fêtes de l'Exposition qui leur furent, j'imagine, prétexte à rechercher dans la grande ville de menus délassements. Monarques constitutionnels, s'efforçant de préserver des accrocs leurs petites barques naviguant vaille que vaille au milieu des grands vaisseaux qui sillonnaient la mer européenne, soucieux, comme le remarquait finement mon aimable collègue et ami M. Decrais, ministre des Colonies qui avait passé dans les ambassades, de prodiguer des amabilités à des gouvernants républicains qui, à eux comme au tsar, moins qu'au tsar, inspiraient une vague crainte superstitieuse, ils étaient gens de tout repos. Ils procuraient parfois quelques distractions. Un exemple !

A la fin de l'année 1899, le roi Georges de Grèce est reçu officiellement à l'Élysée. Comme d'usage, on lui présente les ministres. Quand on nomme le général de Galliffet. « Oh ! mais je connais beaucoup la marquise, » dit l'excellent monarque qui aurait dû se rappeler que la marquise vivait séparée du marquis et à couteaux tirés avec lui depuis vingt-cinq ou trente ans. Il insista : « Je l'ai rencontrée à Marienbad... » Il allait continuer quand on le tira par le pan de sa redingote. Il était temps. Le général frémissait. « J'ai tremblé, » me dit Waldeck.

A table, un quart d'heure plus tard, ayant le président du Conseil à ses côtés, le roi des Hellènes se souvient que Mme Waldeck-Rousseau vient de perdre sa mère, veuve du professeur Charcot d'illustre mémoire. Il ne manque de faire ses condoléances. « J'ai bien pris part à votre deuil.

C'était un si grand savant que Pasteur. » Charcot, Pasteur, les noms s'étaient emberlificotés dans la tête du brave souverain. Défaut de mémoire qui fournit à ma jeunesse une occasion de s'égayer quand, au sortir de table, Waldeck-Rousseau me conta la royale inadvertance.

Lui, mon maître, restait imperturbable dans sa hautaine et suprême distinction. Tout juste un pâle sourire au coin des lèvres. Il regardait par-dessus toutes les têtes. Il suivait ses desseins de paix générale à l'extérieur, d'ordre et de progrès républicain à l'intérieur.

CHAPITRE VII

Politique intérieure — Les membres du cabinet Waldeck-Rousseau. — Alexandre Millerand. — « Mon admirable concours ». — Les élections de 1902. — La démission du ministère. — Un nouveau gouvernement.

N'ai-je pas péché par omission? n'ai-je pas négligé d'exposer ou n'ai-je pas insuffisamment exposé les méthodes dont j'ai fait choix pour conter mes souvenirs et situer mes réflexions? Les deux derniers chapitres que je viens d'écrire et qui se détachent de ma vie, ne font-ils pas contraste avec ceux qui précèdent? Les enjambées dans le temps qui y ont pris place n'ont-elles pas dérouté mes lecteurs? J'espère que non. Je me convaincs que je serai aisément suivi mais, au moment d'aborder des sujets plus touffus, je crois nécessaire de décanter mes procédés.

Je ne songerai en aucun cas à faire vivre sur le papier un gouvernement ou des gouvernements ballottés par la politique intérieure, à décrire leurs tracas journaliers. Le récit en serait fastidieux. Feuilles mortes, emportées par le vent, que les tribulations quotidiennes que subissent les cabinets. Je ne ferai même pas exception pour le ministère que j'ai présidé.

Donc, j'extrairai. Je retiendrai simplement les grands faits, les grands mouvements politiques que mon but est de dessiner et de philosopher. Cette discrimination, je l'ai opérée ou j'ai tenté de l'opérer dans les pages déja écrites.

Mais, j'ai pu la lier presque constamment au mouvement de mon existence et animer ainsi mon livre tandis que je serai contraint de m'effacer à demi dans certains des chapitres qui suivront. Les développements où j'entrerai dont beaucoup seront ardus, les discussions de doctrine auxquelles je serai conduit pourront dès lors prendre un caractere didactique que j'essaierai bien de réduire en encadrant ces paragraphes de souvenirs personnels, en y ajustant les phases de mon action, les évolutions de ma pensée. Je ne me dissimule cependant pas qu'à première lecture tous ces passages pourront paraître secs et mornes. Je veux en avertir mes lecteurs, les rassurer en même temps : je limiterai dans la mesure du possible les exposés sévères. Je ne leur ferai large place qu'autant que je les jugerai prolégomènes utiles à l'ample narration des événements de 1911-1914, à l'étude, que j'entends faire minutieuse, des actes et des acteurs figurant dans le prologue du grand drame qui a bouleversé le monde. La représentation de ce prologue sera le point culminant de mon œuvre. Elle remplira la plus grande partie de mon second volume où je réapparaîtrai porté par les circonstances, au centre de l'action.

« Vive la République, » crièrent les députés de la gauche en juillet 1899, tandis que Waldeck-Rousseau qui venait de lire le décret de clôture de la session ordinaire du Parlement s'acheminait vers la sortie de la salle des séances. « Soyez tranquilles. Elle vivra, » répondit avec une gravité sereine, le président du Conseil.

Un mois plus tard, Paul Déroulède était arrêté, traduit avec quelques autres devant la Haute-Cour pour complot contre la sûreté de l'État. Enlever au parti nationaliste

ses chefs était le seul moyen de prévenir le retour d'agitations qui se fussent répétées. La leçon fut administrée avec
modération. Quelques années de bannissement, dont une
loi d'amnistie effaça ultérieurement les traces, furent
l'unique peine infligée à *quelques-uns* de ceux qui avaient
gravement offensé la patrie en tentant d'organiser, contre
la République parlementaire, un pronunciamiento militaire.

Soucieux, comme il le fut toujours, de doser sa fermeté,
Waldeck-Rousseau écarta du prétoire politique des parlementaires, des généraux dont il savait cependant la complicité avec Déroulède. Mon maître m'a conté une réunion
chez un ancien magistrat, M. Grosjean, la veille de l'at-
tentat de Reuilly, à laquelle participèrent des députés, des
officiers dont je tairai les noms. Des dispositions y furent
prises. Les places dans le gouvernement provisoire qu'on
rêvait d'instituer y furent distribuées, la présidence de la
République dévolue à un personnage notable — Cavaignac
pour ne pas le nommer. — Le président du Conseil jeta,
très sagement à mon sens, une pelletée de terre sur cet
embryon de conspiration. Après tout, les conjurés n'étaient
pas passés aux actes. Ils pouvaient, à la rigueur, soutenir
qu'ils n'avaient fait qu'envisager des éventualités. Et le
juriste qui gouvernait n'était pas homme à incriminer des
propos, encore moins à faire le procès de la pensée.

La répression mesurée, probablement parce que mesurée,
porta ses fruits. Le calme dans la rue se rétablit comme
par enchantement. L'opposition dut s'exprimer par les
voies légales. Le parti nationaliste multiplia, ainsi que
c'était son droit, les agressions au Parlement. Tout lui fut
prétexte à attaques contre le chef du gouvernement Quand
force fut de reconnaître que le président du Conseil était
un trop rude jouteur pour qu'on pût espérer le vaincre en
bataille rangée, on s'en prit à ses collaborateurs. On tenta

de manger l'artichaut feuille par feuille. Mais Waldeck n'était pas un de ces chefs qui débarquent ou laissent descendre du pouvoir ceux qu'ils ont appelés à en gravir les degrés. « On renversera tout le gouvernement ou personne, » disait-il. Et il venait au secours, quand besoin était, de ses ministres assaillis — je ne fus jamais du nombre. — A des partisans qui ébauchaient doucereusement le procès de deux de ses collaborateurs MM. X... et Y.. , qui les prétendaient vulnérables, il répondait : « Vous me dites que j'ai deux dents gâtées. Soit ! il faut me prendre comme je suis. »

Les mois passaient cependant Le ministère « faisait » (langage de couloirs) l'Exposition de-1900. Quand la semi-trêve des partis que la grande foire avait commandée eut pris fin en même temps que celle-ci, quand chacun put constater que la République était affermie, l'homme de haute conscience et de profond sens politique qu'était Waldeck-Rousseau se posa une question : Ne devait-il pas passer la main? La besogne de défense républicaine était terminée. L'œuvre de réformes qui maintenant s'imposait n'incombait-elle pas à un autre cabinet? Il jugea de son devoir d'exposer ses incertitudes au chef de l'État.

M. Loubet s'éleva violemment contre toute idée de changement de gouvernement. Il observa que le ministère avait la confiance des Chambres. Il ajouta que nul n'était plus qualifié que le président du Conseil en exercice pour mener à bonne fin la loi sur les associations qui devait être la pierre angulaire de l'action républicaine.

Waldeck s'inclina. A regret ! Me parlant de notre départ éventuel : « C'eût été la vérité politique, » soupira-t-il.

J'imagine cependant qu'il lui plut de compléter la grande loi de 1884 portant reconnaissance des syndicats professionnels, dont il était l'auteur, par la non moins grande loi accordant aux citoyens le droit de s'associer librement. De larges débats parlementaires à cette occasion, d'une haute tenue ! Un duel d'éloquence entre Waldeck-Rousseau et le comte de Mun ! Le grand orateur catholique ne combat pas — il va de soi — le principe de liberté inscrit dans le projet. Il s'élève contre les dispositions relatives aux congrégations religieuses. Elles sont cependant dans la ligne de nos traditions françaises. Elles s'inspirent des ordonnances de nos rois dont les grands ministres, Choiseul et autres, ont dû tout comme les serviteurs de la République, lutter contre le pullulement et les envahissements du clergé régulier. Je ne poursuis pas. Des idées maîtresses de Waldeck-Rousseau en la matière, des raisons qui les firent négliger par ses successeurs quand il s'agit d'appliquer, il sera question au chapitre suivant.

Tandis que le président du Conseil construisait ce monument législatif, ses collaborateurs travaillaient. Depuis M. Jean Dupuy administrant avec un vigoureux bon sens le département de l'Agriculture, depuis M. Decrais gouvernant avec sagesse nos colonies, depuis M de Lanessan mettant sur pied un solide programme de rénovation de notre marine, depuis M. Georges Leygues s'essayant tant bien que mal — plutôt mal que bien, je le crains — à la réforme de l'enseignement secondaire, tous faisaient effort pour le bien commun.

Hommes de grand mérite pour la plupart, beaucoup d'entre eux revinrent au gouvernement. M. Jean Dupuy, qui fut toujours pour moi un ami parfait comme, au surplus, presque tous mes collègues de 1899 à 1902, occupa des postes secondaires (Travaux publics ou Agriculture) dans divers ministères. Maître du plus grand organe de presse, le Petit Parisien, il joua un rôle important dans la coulisse. M. G. Leygues, longtemps écarté du gouvernement en suite d'un héritage qu'il réalisa et qui lui coûta trop cher, fut cependant par deux fois ministre de la Marine. Il l'est à l'heure où j'écris (1) Il détint même la présidence du Conseil pendant quelques mois en 1920. M. Monis, forma, lui aussi un ministère, un ministère confus — c'est le moins qu'on puisse dire. — Mais, à aucun de ces politiques — j'allais oublier M. Baudin qui figura tristement (il était triste et vague) dans un cabinet en 1912 — la fortune ne permit de marquer fortement au pouvoir.

Il n'est donc pas de raison pour que, désireux de serrer mes récits, je m'arrête devant chacun des membres du cabinet Waldeck-Rousseau. J'ai parlé des ministres de la Guerre parce qu'ils ont agi sur notre institution militaire, de Delcassé parce que son rôle dans la politique extérieure fut considérable. Je retrouverai Monis quand je décrirai son gouvernement, Jean Dupuy, ici ou là. Un seul de mes anciens collègues de 1899-1902 me retiendra. Je ne puis éviter de présenter Alexandre Millerand.

Il a occupé de si hautes situations . il fut président de la République..., ses évolutions politiques ont été si inattendues, si déconcertantes qu'on s'étonnerait de ne pas trouver son effigie dans ma galerie de portraits.

Il m'en coûte de la brosser. L'honnêteté m'interdit de la faire avantageuse et je ne puis cependant pas oublier que je lui ai dû de la reconnaissance. Je n'oublie pas surtout que j'eus pour lui une affection véritable. J'en fus, il est vrai, médiocrement récompensé. Il me la rendit, je crois, en des temps lointains. Mais, en 1917, il se joignit à mes persécuteurs. Il les dépassa même en descendant à un acte de délation, imbécile et bas. J'ai quelque peine, je l'avoue, à lui pardonner cette vilenie.

(1) En 1929.

Mais, je ne veux pas que mes prémisses anticipent sur mes conclusions. Je ne veux surtout pas laisser croire que je nourris le moindre ressentiment contre l'homme que je vais regarder en pleine objectivité.

Ses débuts d'abord ! Député en 1885, radical à l'époque, lieutenant de Clemenceau, Millerand se déclare socialiste en 1892. A Saint-Mandé en 1896 il affirme bruyamment sa foi dans le collectivisme. Le voilà fixé à l'extrême gauche Définitivement, croit-on. Quand, trois ans plus tard, il entre au gouvernement, il paraît à beaucoup que le socialisme en force les portes avec lui. Les uns se prennent à espérer, d'autres à redouter que le nouveau ministre du Commerce ne réalise quelqu'une de ces réformes sociales dont la seule perspective fait trembler les satisfaits se mirant dans leurs coffres-forts.

Ceux-là le connaissaient mal.

Il n'était pas à la vérité facile à connaître. Il avait la « façade ».

La façade physique qui agit toujours sur l'esprit des hommes ! Il imposait par sa masse, par le renfrognement de son visage. Un corps taillé à la serpe supportait une lourde tête enfoncée entre des épaules carrées, une tête à la tignasse hirsute, aux mâchoires de carnassier, où des sourcils broussailleux abritaient des yeux de myope, des yeux sans flamme, presque sans couleur. La charpente de débardeur, la vulgarité, tout, jusqu'au regard éteint derrière le lorgnon, donnait une impression de fermeté réfléchie, de vigueur ramassée.

La façade intellectuelle : facilité de compréhension, mémoire de tout premier ordre, puissance d'exposition. Millerand présentait admirablement une question. Méthodique, il excellait à disposer les arguments, à les mettre en relief, en pleine clarté. Une langue sobre, un organe au timbre volontairement voilé, dont le diapason ne s'élevait que pour porter des coups brefs en des phrases incisives, étayaient sa dialectique. Il fallait se défendre pour ne pas fléchir sous le poids de l'épaisse argumentation que, maître de sa parole, il abattait.

Façade, ai-je dit ! Qualités remarquera-t-on ! Oui ! qualités réelles, fort appréciables mais secondaires, telles cependant qu'elles distribuent des illusions, qu'elles font présumer l'existence « des grandes facultés ».

Celles-là, les « grandes facultés », faisaient, font totalement défaut. Seulement, il fallait du temps pour s'en apercevoir. Il fallait avoir longtemps exploré l'homme pour découvrir que son intelligence ne dépassait guère le niveau de sa profession, qu'il était avocat de la tête aux pieds, qu'il n'était que cela. Bourreau de travail, lisant depuis la première jusqu'à la dernière ligne les dossiers qui lui passaient par les mains — dossiers administratifs, politiques, aussi bien que dossiers du Palais, — s'assimilant à la perfection l'effort d'autrui, il plaidait à la tribune, dans les Commissions, dans les Conseils du gouvernement tout comme à la barre. Il plaidait admirablement Mais, on se méprenait si l'on attendait de lui qu'il dominât les questions qu'il exposait. Cela n'était pas, cela n'est pas dans ses possibilités Hors d'état de s'élever au-dessus des « notes » que lui remettent ses clients quand il exerce son métier, des rapports que lui fournissent ses subordonnés quand il est au gouvernement, il s applique uniquement à mettre en valeur ce qu'on lui a soufflé. Ministre, il n'a jamais été, il ne sera jamais, il ne peut être que le porte-parole de ses bureaux.

Pour tout dire en quelques mots, il manque de sens critique, d'intuition, encore plus si c'est possible de jugement.

Sa vie atteste !

Proclamer un beau jour, tout de go, après des années de

séjour sur les bancs radicaux, qu'il n'est qu'une doctrine forte et saine : le collectivisme, pour, plus tard, se faire le défenseur du conservatisme le plus racorni — soutenir sous le ministère Waldeck, que dis-je, admirer, la politique du général André, déclarer, parlant à ma personne, que le maintien de notre collègue à la Guerre est indispensable dans le gouvernement qui suit le nôtre et annoncer, dix ans après, quand on accède soi-même rue Saint-Dominique, que, pour le bien de la patrie, il faut passer l'éponge sur l'œuvre des André et des Galliffet, que l'armée française doit être remise dans l'état où elle se trouvait avant l'affaire Dreyfus — faire profession presque ouvertement de germanophilie jusqu'en 1912, et puis tolérer, encourager cette année-là les manifestations chauvines, les excitations belliqueuses qui préparent à la guerre contre l'Allemagne, qui l'avancent, tels sont quelques-uns des avatars de M Millerand. Ils ne portent guère témoignage — en sa faveur.

Mais les années seules ont soulevé le voile tissu d'apparence qui enveloppait le personnage.

Au cours de notre collaboration, entre 1899 et 1902 je ne fus à même de recueillir qu'un indice sérieux, un indice que je vais conter, de ses erreurs d'optique.

Nous sommes en novembre 1901. Le ministère Waldeck-Rousseau paraît sûr du lendemain. Son chef vient de faire voter la loi sur les associations. L'autorité du président du Conseil et de ses collègues est énorme au Parlement. Il ne semble pas douteux que le gouvernement, auquel on n'accordait, en 1899, que quelques mois d'existence, va présider aux élections de 1902. Une formidable imprudence, commise par un de ses membres, peut seule amener sa chute.

Or, voici que M. Millerand apporte au Conseil des ministres un projet de loi sur la grève obligatoire Qu'est-ce à dire? C'est-à-dire que, dorénavant, lorsque les ouvriers

d'une usine voudront se mettre en grève, il devra être pro-
cédé à une consultation préalable. Tous les travailleurs
intéressés voteront pour ou contre la cessation du travail.
Si la moitié plus un des ouvriers opine pour la grève, la
minorité — dans l'espèce la moitié moins un — devra s'incliner. *La grève sera obligatoire.* Que si, après quelque
temps, la situation se modifie, si par exemple des propositions patronales surviennent ou si des flottements se manifestent parmi les salariés, les urnes seront de nouveau
ouvertes. Un seul ouvrier a-t-il changé d'avis? La moitié
plus un des travailleurs réclame-t-elle la rentrée à l'usine?
Les récalcitrants — la moitié moins un — devront emboîter
le pas   ·

Nous nous regardons stupéfaits. La lecture de l'effarante
proposition finie les objections fusent. Inadmissible viola-
tion de la liberté du travail, déclarent les uns, tandis que
les autres, parlant pratique, demandent comment on obli-
gera à travailler des ouvriers qui ne le voudraient pas ou à
déserter les chantiers des salariés qui entendraient y rester
MM. Jean Dupuy, Leygues et moi prenons la tête de la résistance. Tout de suite nous exigeons et nous obtenons que le
projet soit soumis pour étude à tous les ministres, qui for-
muleront leurs observations, en feront part à leur collègue
du Commerce. Ce ne sera que lorsque ce travail préliminaire
aura été accompli que la question reviendra devant le
Conseil.

La séance levée, nous allons tous trois communiquer
notre émotion au président du Conseil qui s'est laissé à demi
envelopper. Puis, nous conférons Impossible, nous en tom-
bons tout de suite d'accord, de souscrire à l'extravagance
dont on veut nous faire prendre la responsabilité. Nous
quitterons plutôt le gouvernement. Mais, c'est là un parti
grave auquel il ne faudra venir qu'après avoir épuisé tous

les moyens de conciliation. Nous essaierons donc d'obtenir
de M. Millerand qu'il retire son projet et, s'il n'y consent
pas, nous nous efforcerons de désosser le texte à coup
d amendements. Il nous faut renoncer très vite à la première
solution — nous nous heurtons à l'obstination habituelle
de l'homme — Nous nous appliquons alors à rédiger amendements sur amendements. Millerand les subit en mau-
gréant. Nous parvenons tout de même à nos fins. Il est
déposé sur le bureau de la Chambre un papier où contradictions et incohérences fourmillent. Cette cocasserie est
ensevelie dans les cartons d'une Commission. Il n'en sera
jamais parlé.

« Comment, diable, me demandais-je au cours des pourparlers, notre collègue a-t-il eu l'idée d'un projet sur la
grève obligatoire? Personne ne le réclamait Pas le moindre
mouvement d'opinion ou de presse. Qu'est-ce que cela
signifie? »

J'eus la clé du mystère un jour où je vins au ministère
du Commerce proposer quelques « légères » modifications
au grand projet. J'arguais de raisons financières... M. Jean
Dupuy m'a précédé dans le cabinet ministériel. Il me faut
attendre quelques instants. Survient, dans le salon où je
fais les cent pas, M. X .. un des directeurs du ministère. Je
le connais Je le sais homme de valeur. Il sort de l'École
polytechnique Je me suis bien laissé dire que le coup de
marteau, dont on avance que de nombreux polytechniciens
sont affligés, a laissé des traces particulières sur son cerveau. Mais, je n'ignore pas qu'on dénigre volontiers les
hauts fonctionnaires qui ont des idées personnelles. On m'a
dit encore que M. X... était socialiste. Est-ce exact? Et
puis, qu'importe !

Cependant le directeur s'approche de moi Il paraît cons-
terné. « Ah! monsieur le ministre, fait-il, je suis sûr que

vous venez encore demander des modifications à *mon pauvre projet.* — Comment? c'est vous qui êtes l'auteur du projet sur la grève obligatoire? — Mais, certainement. Je n'ai fait d'ailleurs que m'inspirer de la législation de la Nouvelle-Zélande . » Et voilà mon interlocuteur qui se lance dans une apologie des lois sociales édictées par les colons océaniens, sans expliquer comment des réglementations qui conviennent à des civilisations de première pousse peuvent être transplantées sans dommage dans de vieux pays comme le nôtre. « J'espère bien, achève-t-il, que le ministre, que j'ai persuadé de l'utilité de cette réforme, ne va pas l'abandonner. Il vous a déjà beaucoup trop cédé. »

J'eus peine à réprimer une violente envie de rire. Ainsi, c'était parce qu'un brave idéologue, placé à la tête d'une direction du ministère du Commerce, avait découvert la Nouvelle-Zélande et ses lois que M Millerand risquait de chambarder le cabinet, de troubler profondément la politique du pays. Je croyais que mon collègue obéissait à des préoccupations de parti. Blâmable mais explicable! Pas du tout. Il subissait l'ascendant d'un de ses chefs de service.

Ce jour-là j'entrevis Millerand ; je devinai un *lourdaud*, dépourvu d'idées personnelles, enfourchant, faute de mieux, les dadas de ses chefs de bureau.

Je voulus cependant en appeler de cette opinion soudaine. L'homme m'avait séduit — je l'ai dit — comme il avait séduit Waldeck-Rousseau Mon maître s'était trompé. Il aurait reconnu son erreur s'il avait ainsi que moi suivi dans la vie son ancien collaborateur. Il l'aurait vu, dans les ministères où il passa, docile devant ses directeurs, s'inclinant dévotement quand il fut placé à la tête de l'armée, devant les services de la rue Saint-Dominique, défendant en pleine guerre, que dis-je? couvrant d'honneurs envers et contre tous, un général incapable et néfaste, sacré à ses yeux parce qu'investi de la direction de l'artillerie. L'homme d'État se fût accordé avec moi pour prononcer le mot *débilité*.

S'il ne m'éclaira pas complètement, l'incident de novembre 1901 confirma du moins une idée latente dans mon esprit. Un politique, qui se laisse mettre le grappin dessus par ses subordonnés, est proie facile pour les forces conservatrices. Je pronostiquai que Millerand ne s'attarderait pas parmi les socialistes. J'augurais qu'il traverserait le parti radical pour siéger au centre. Je me trompais encore.

La fausseté de jugement, la pression de son entourage, devaient agréger aux réacteurs le collectiviste de Saint-Mandé. Il se mit bientôt en route, marchant doucement pour commencer. Il me croisa, se tint quelque temps proche de moi. Pas longtemps ! Il allait vers la droite. Je restais à gauche.

En me dédicaçant un de ses ouvrages, précieusement conservé dans ma bibliothèque, Waldeck-Rousseau a bien voulu louer ce qu'il a appelé « mon admirable concours ». Il a jugé avec trop d'indulgence une collaboration juvénile dont le principal mérite fut l'entier dévouement.

Elle fut peut-être trop ardente ma collaboration — j'avais trente-six ans en 1899. Elle fut peut-être marquée de l'esprit de système — je sortais de l'Inspection des Finances. — Et puis — pourquoi le nier? — j'ai toujours eu, j'aurai toujours une doctrine arrêtée dont je ne me départirai pas. Est-ce qualité? Est-ce travers? A d'autres que moi de répondre. Quoi qu'il en soit, je n'hésiterai pas à faire au besoin fi des courants d'opinion qui seront contraires. Lorsque je les jugerai trop violents, je m'effacerai. Mais, il faudra que leur force soit singulière pour que je batte en retraite Amoureux du combat, j'aimerai à lutter contre le flot qui monte. Tant pis s'il m'emporte. Il me suffira d'avoir raison ou de croire que j'ai raison. Et puis, je sais qu'en politique on ne meurt que pour ressusciter. J'attendrai dans l'ombre. Il m'arrivera d'attendre en prison, en exil.

Quand, en 1899, je prends la direction du ministère des Finances, j'ai sur le budget, sur la fiscalité, des idées nettes qui, aujourd'hui encore, compte tenu des mises au point que les événements commandent, sont miennes.

L'esprit d'économie et d'ordre, que je tiens de mes ascendances, me fait avare des deniers de l'État en même temps qu'avide de clarté et d'honnêteté dans les écritures budgétaires. Je ferai donc la chasse aux trompe-l'œil, à ces soi-disant comptes extraordinaires qui composent de petits budgets alimentés par l'emprunt, qui n'ont d'autre objet que de masquer des déficits. Je m'appliquerai à les éliminer pour obtenir ce qu'on appelle l'unité budgétaire. J'éprouverai des difficultés. Je les surmonterai car, quand je quitterai le pouvoir en 1902, j'aurai incorporé dans le budget le seul compte à côté, ayant de l'importance, qui existe à l'époque : le compte de perfectionnement de notre matériel d'armement. Mais cela n'aura pas été sans peine. Pour permettre au budget de supporter ce surcroît de charges, il m'aura fallu comprimer les dépenses, majorer les recettes.

Je me serai surtout attaché à réduire les dépenses ou, plus exactement. à en limiter l'accroissement. Je n'aurai guère sollicité d'augmentation de ressources. Voici, en effet, un autre aspect de ma doctrine : je tiens que l'impôt entrave toujours l'essor du pays, qu'il ne faut l'aggraver qu'à la dernière extrémité Serrer les budgets pour limiter la taxation est une de mes formules.

Elle présente un danger : les budgets ainsi bâtis côtoient

fatalement le déficit. Pour y parer, je prends une précaution : je fortifie l'amortissement Ainsi, je dispose d'un matelas. Si, par exemple, cent millions sont inscrits parmi les dépenses publiques au titre de l'amortissement, il y aura excédent tant que l'exercice n'aboutira pas à un manquant supérieur à cette somme. Cet excédent le public ne le verra pas, objectera-t-on, tandis qu'il sera sensible au prétendu déficit, au déficit apparent. Tant pis ! Le resultat n'en sera pas moins là. Et, au fait, je serais presque tenté de dire : tant mieux.

Je connais mon pays. J'ai écrit dans la préface de mon livre sur les *Impôts en France* que mes concitoyens, ménagers de leurs ressources personnelles, sont prodigues des deniers de la collectivité. Ils ne modèrent leur appétit de dépenses publiques que quand on les met en présence de budgets difficiles. Alors, leur prudence fait frein Si on fait étalage de bonis, même d'un équilibre facile, ils se laissent aller.

Ma politique sera donc toujours de présenter des budgets s'équilibrant « ric et rac ». Politique dangereuse pour celui qui la pratique ! Qu'un accident survienne en cours d'exercice, qu'une crise économique ou bien qu'une réforme de fiscalité amène des moins-values, tous ceux que les rudes restrictions de dépenses auront mécontentés — ils seront légion — rempliront l'air de leurs bourdonnements. Ils dénonceront âprement un déficit qui sera le plus souvent minime. Ils omettront de dire qu'il est compensé la plupart du temps par l'amortissement. Ils crieront haro sur un ministre qu'ils accuseront de ruiner la France alors qu'en réalite ils lui en voudront de sa parcimonie.

Je subis cette mésaventure pendant mon premier passage au ministère des Finances. Le budget de 1899 que j'avais exécuté, le budget de 1900 que j'avais bâti présentèrent de copieux excédents (1). Un fléchissement de recettes, qui suivit très naturellement l'Exposition de 1900, fit tort aux budgets de 1901 et de 1902 qui souffrirent encore de la réforme des impôts sur les boissons opérée par la loi du 29 décembre 1900. Les déficits de ces deux budgets furent inférieurs aux excédents des deux premiers. On ne prit pas moins prétexte des déboires des derniers exercices (moins de trois cents millions en tout, balancés jusqu'à concurrence de plus de deux cents millions par l'amortissement) pour mener contre mon administration une vive campagne.

Elle m'impressionna si peu que, quand, en 1906, je repris la direction des services financiers, je ne modifiai pas d'un iota mes méthodes. Seulement plus prudent et plus heureux à la fois, je n'eus que des budgets indiscutables. Tout compte fait, sur sept budgets dont je porte la responsabilité devant mon pays, deux seulement connurent la mauvaise fortune. Les cinq autres donnèrent des surplus de recettes parfois opulents.

Je viens de laisser entendre que, entre 1899 et 1902, ma jeunesse fut imprudente. A la vérité, si je ne fus pas toujours assez précautionneux en paroles — ce sera faute que je répéterai au cours de mon existence, — je ne commis, dans l'action, qu'une seule erreur, alors que je réalisais réforme sur réforme.

Connaissant, comme tout Inspecteur des Finances rompu à son métier, notre régime d'impôts, j'arrivais au ministère

(1) Les bureaux du ministère des Finances comptent de façon un peu différente. Ils comprennent parmi les dépenses budgétaires les fonds empruntés pour le règlement de l'expédition de Chine. A tort, a mon sens, car les sommes en question devaient être remboursées par des annuités, que le Céleste Empire s'était engagé à nous verser et qu'il nous a effectivement payées. Peu importe que, quelques vingt ans plus tard, un gouvernement, pour satisfaire des ntérêts particuliers, ait abandonné les dernières annuités restant à courir.

pénétré de la nécessité de le simplifier, surtout de le proportionnaliser.

J'observais que la fiscalité française avait toujours été dans le passé, qu'elle restait dans le présent défavorable aux classes que la fortune n'a pas avantagées. Les impôts directs, vieilles contributions atteignant les revenus des terres, des maisons, des commerces, d'une partie seulement des valeurs mobilières — taxe sur les successions frappant les capitaux, étaient, à l'époque, fixés à des taux infiniment modérés, presque dérisoires, alors que les impôts sur les consommations, pesant plus rudement, — j'énonce un truisme — sur les pauvres que sur les riches, étaient lourds.

Je résolus de m'employer à rétablir, dans la mesure des possibilités, l'égalité des charges entre les citoyens. Non seulement parce que j'avais de l'équité dans l'esprit, non seulement parce que j'étais, parce que je suis un démocrate, mais encore parce qu'un financier d'État doit constamment chercher à alléger la production qu'entrave l'impôt indirect et à rendre du même coup de l'élasticité à la matière imposable. Je poursuivis obstinément mon dessein à travers les années. Et comme, soit au pouvoir, soit en dehors du pouvoir, je dominai la politique financière entre 1899 et 1914, j'imposai mes conceptions. A la veille de la guerre je touchai au but. Depuis, on n'a pas pu effacer mon œuvre, bien qu'on s'y soit essayé. On a reculé, quelque peu... mais, cela est une autre histoire.

Donc, à mon premier ministère, je m'attelle à la tâche. En trois années je remanie de fond en comble les impôts sur les boissons, je transforme les droits sur les successions, j'assure une refonte complète de la taxation des sucres.

J'écarterai, bien entendu, tous détails qui seraient oiseux. Je me bornerai à schématiser, le plus brièvement que je le pourrai.

En jetant bas le fatras des taxes sur les boissons, je réduisis considérablement les droits sur le vin, le cidre et la bière, au bénéfice des classes laborieuses, au bénéfice de notre agriculture. Je demandai à une augmentation des droits sur l'alcool la rançon de ces dégrèvements. C'est en ce point que je commis la seule erreur qui puisse m'être reprochée Je n'aperçus pas assez que, du moment où l'on ne pouvait toucher que discrètement à ce qu'on appelle le privilège des bouilleurs de cru indéfendable en théorie mais auquel la faiblesse des législateurs successifs avait donné droit de cite, la majoration d'impôt sur l'alcool intensifiait la fraude. Je ne pris pas garde surtout que les boissons hygiéniques se substitueraient pour partie à l'eau-de-vie dans la consommation. D'où des mécomptes budgétaires, momentanés, inévitables ! Mais, les choses vues de haut, une belle réforme dont un chiffre indique la portée à la suite de la loi du 29 décembre 1900 le litre de vin se vendit 20 centimes à Paris !

Trois mois plus tard, le 26 juin 1901, le régime des droits successoraux était entièrement remanié ! Les dispositions législatives qui interdisaient que les dettes fussent déduites des actifs délaissés étaient abrogées. Pour compenser, également pour procurer un supplément de ressources, les tarifs étaient relevés et — innovation considérable — rendus progressifs. Je manquerais à l'esprit de justice si je ne spécifiais que l'initiative de cette réforme appartient à l'un de mes prédécesseurs, à M. Raymond Poincaré. Le futur président de la République avait fait voter en 1895 le projet par la Chambre des députés Seulement, cinq ans plus tard, ce même projet était en souffrance au Sénat où une Commission, mettant en œuvre les procédés dilatoires trop souvent en honneur au Luxembourg, étudiait, réétudiait, approuvait, désapprouvait... atermoyait. Il y avait menace

que la loi fût enterrée. Je voulais qu'elle aboutît. Je la fis
aboutir. J'usai du seul moyen pratique — un peu énergique — dont dispose un ministre des Finances pour
imposer à une assemblée récalcitrante l'adoption d'une
réforme devant laquelle elle hésite. Je retirai par décret
le projet de loi du Sénat. Le texte notablement modifié
fut introduit par moi dans la loi de finances de l'exercice
de 1901, voté à nouveau par la Chambre, porté devant la
haute Assemblée qui se vit dans l'impossibilité de le re-
pousser. Si elle l'avait écarté, la Chambre eût répété son
vote sans se lasser et il fallait que le budget de 1901 fût
promulgué. Le Sénat se résigna mais, Waldeck-Rousseau,
dont l'autorité sur ses collègues était grande, dut payer
de sa personne, m'appuyer à la tribune et mon acte d'audace
ne fut pas sans déterminer quelque animosité contre moi
au Luxembourg. La même animosité parmi les conservateurs sociaux — je ne parle pas des réacteurs politiques —
qui, jusque-là m'avaient été bienveillants ! l'augmentation
des droits sur les successions froissait leurs intérêts. Ils
s'épouvantaient surtout de l'introduction de la progressivité
dans notre système d'impôts. Nombre d'entre eux — pas
tous, il est juste de le dire — s'alarmèrent davantage encore
quand ils me virent entreprendre la refonte des taxes sur
les sucres.

Pourquoi cet émoi ? Qu'était donc notre législation en
la matière ?

Fixé à un taux fort élevé, l'impôt sur les sucres était
agencé de telle sorte qu'une partie seulement des sommes
recouvrées par le fisc advenaient au Trésor. Le surplus
était, sous des formes diverses, réparti entre les producteurs
au prorata des marchandises qu'ils livraient à l'étranger.
Résultat au point de vue consommateur : le consommateur
français payait très cher une denrée de première néces-

sité — le consommateur étranger (britannique) bénéficiait, aux frais de ses voisins, d'une intéressante réduction des prix de vente. Nous avions inauguré ce joli système. Notre exemple avait été suivi. Les autres nations du continent européen, désireuses de ne pas se laisser évincer du marché anglais qui, l'Angleterre n'ayant alors aucune fabrique de sucre, composait le grand débouché de l'industrie sucrière, avaient organisé des régimes analogues au nôtre mais dotés d'une souplesse que permettait leur législation intérieure, que la nôtre proscrivait.

Il fallait mettre un terme à cette concurrence à coups de primes non seulement parce que la conception était de folie mais parce que la France était à la veille de succomber dans la bataille étourdiment engagée par elle pour la possession du grand marché libre.

Comment faire? Une seule méthode : renverser le système, supprimer les primes, abaisser ainsi l'impôt au plus grand bénéfice des citoyens, provoquer par suite un accroissement de la consommation intérieure dédommageant les producteurs de la perte partielle de leurs débouchés à l'extérieur forcément rétrécis par l'élévation des prix de vente au dehors Seulement, quand on exposait cette solution de bon sens, chacun de présenter des observations, justes dans l'ensemble. « Parfait, à la condition que les pays rivaux de l'Europe continentale fassent comme nous. Sinon, s'ils maintiennent leurs primes, leurs produits chasseront les nôtres. » Et les porte-parole de l'industrie sucrière s'empressaient d'ajouter qu'on ne pouvait rien envisager de tel, que c'était chimère d'espérer un accord international impliquant la suppression complète de toutes les primes, directes ou indirectes, à l'exportation des sucres.

Je ne me laissai pas persuader. Je résolus de tenter. Je profitai de ce que, en 1901, se réunissait à Bruxelles une conférence internationale, ayant mission de régler des questions de détail afférentes aux sucres, pour soulever *ex abrupto* tout le problème. Effarement ! résistance ! Cependant, la thèse que je soutenais et que je faisais soutenir par mes délégués était si forte, elle impliquait de tels avantages pour les consommateurs de tous les pays las de se cotiser aux fins de permettre à nos amis anglais de sucrer leur thé à bon marché, que je finis par l'emporter. L'accord international de Bruxelles, que je fis approuver en mars 1902 par le Conseil des ministres non sans qu'il me fût manifesté quelque résistance, prononça la suppression complète des primes, sous quelque forme que ce fût, dans tous les pays signataires de la convention. Mon successeur aux Finances put abaisser l'impôt de 65 francs à 27 francs les 100 kilogrammes sans dommage appreciable pour le Trésor, à l'immense profit du consommateur. Le kilo de sucre se vendit 0 fr. 60 centimes en 1904.

Mais, quelles clameurs dans le camp des industriels ! Uniquement attentifs à l'avantage apparent, au bénéfice matériel qu'ils retiraient de l'encaissement des primes, sucriers et raffineurs protestaient contre leur disparition, se déclaraient ruinés, etc... Quand on remarquait que l'accroissement de la consommation intérieure remplacerait des débouchés aléatoires par des débouchés certains, ils haussaient les épaules. Illusionnisme ! fantasmagorie ! répliquaient-ils. Leur défenseur le plus qualifié, M. Ribot, se faisait leur interprète. Il ne croyait pas au développement de la consommation sur notre territoire. Quelques années plus tard, il dut reconnaître que j'avais exactement calculé, que, lui, s'était trompé, que l'industrie qui lui était chère avait retrouvé à l'intérieur la plus grande partie de ce qu'elle avait perdu à l'extérieur. « Cela m'a bien surpris, » dit-il, reconnaissant loyalement son erreur.

Cependant, les faits n'avaient pas encore parlé en 1902 quand l'accord de Bruxelles balaya toute une législation, extravagante mais dont l'extravagance même agréait aux protectionnistes outranciers. Et ceux-ci de vitupérer aigrement ce jeune ministre qui bousculait sans crier gare l'œuvre de ses prédécesseurs. Mais, au fait, n'avait-il pas à demi avoué qu'il était libre-échangiste? N'avait-il pas esquissé a la tribune le procès des tarifications douanières élevées? Est-ce que, en abattant les primes sucrières, il ne prétendait pas renverser une des colonnes du temple de la protection édifié en 1892 par M. Méline?

Il est très exact que j'avais commis l'imprudence — la principale de mes imprudences verbales entre 1899 et 1902 — de montrer mon aversion pour le nationalisme économique. Je le tenais — je le tiens toujours — pour nocif, non seulement parce qu'il fait peser sur le consommateur un impôt invisible au bénéfice du producteur, non seulement parce que j'avais promis à mes électeurs de défendre pour eux « les libertés de manger, de boire et de dormir à bon marché », mais parce que j'y voyais le plus solide support du nationalisme politique. Je n'en étais pas moins averti de la gravité du problème. Il ne m'échappait pas que, en cette matière, il fallait se garder de tout dogmatisme, procéder avec infiniment de circonspection. Si j'avais, en un assaut rapide comme cela est dans ma manière, enlevé la forteresse des primes à l'exportation des sucres, c'est parce que je savais que, ce faisant, je servais aussi bien les intérêts des producteurs que ceux des consommateurs.

Mon attitude m'était si peu dictée par un parti pris que, dans le temps même où l'on prétendait que mon internationalisme m'aveuglait, j'essayais de réagir contre la propension de la finance française à orienter trop exclusivement notre épargne vers les placements à l'extérieur, surtout vers l'achat des fonds d'État étrangers

Mais, sur ce terrain le succès ne couronna pas mes efforts. J'usai vainement du droit de conseil, le seul dont un ministre dispose en pareil cas, vis-à-vis des grands établissements de crédit. Je ne pus persuader leurs dirigeants, engrenés dans la politique des placements de valeurs d'État par un homme dont la forte personnalité dominait alors le marché, par Henri Germain, le fondateur du Crédit Lyonnais.

J'encourageai bien la création d'une banque dont l'objet devait être de financer des affaires industrielles ou commerciales françaises. Malheureusement, l'organisme, à la tête duquel Rouvier fut placé, dévia presque tout de suite. Le Crédit Lyonnais et les instituts similaires eurent vite fait de le happer.

J'en vins à considérer que, pour refréner ce mouvement de capitaux, plus exactement pour le modérer, il n'était d'autre moyen que de faire disparaître le privilège abusif dont jouissaient les fonds d'État étrangers alors exempts de toute taxation sur les arrérages tandis que les revenus des valeurs mobilières françaises étaient inexorablement frappés.

Inegalité choquante, presque invraisemblable ! Il y en avait bien d'autres dans notre régime d'impôts directs et l'on ne pouvait songer à corriger celle-ci en laissant subsister celles-là. On était donc amené à envisager la réforme totale de nos contributions. Pour ma part, depuis longtemps, je la jugeais inéluctable. Dans la première préface de mon traité technique sur les impôts écrits en 1896, j'avais fait le procès de nos vieilles taxes « indolentes, disparates et fragmentaires », j'avais réclamé l'avènement d'un système nouveau.

Mais lequel? J'eusse été fort embarrassé pour donner des précisions. Je n'avais pas de solution arrêtée dans l'esprit. Quand, au gouvernement, je pris contact plus étroit avec le problème, j'en mesurai encore mieux la complexité De multiples projets, reposant uniformément sur l'introduction dans notre législation de l'impôt sur le revenu, avaient été bâtis par mes prédécesseurs. Je les étudiai. Aucun ne tenait. Dans quelque sens qu'ils fussent orientés, tous trahissaient une méconnaissance complète de la pratique. J'ai d'autant plus le droit de me montrer sévère à leur égard que je ne me ménagerai pas moi-même : je commis à mon tour un projet, supérieur peut-être aux grimoires antérieurs, qui ne valait cependant pas grand'chose.

Il est vrai que je ne l'avais pas profondément creusé. Je sentis vite, en effet, que la question n'était pas mûre, qu'il n'y avait pas de majorité à la Chambre pour un impôt sur le revenu fortement charpenté. Je n'aurais même pas pu en faire adopter le principe par le Conseil des ministres. Waldeck-Rousseau l'avait trop récemment et trop vivement combattu pour qu'il lui fût possible de s'y rallier. J'ajouterai, pour être tout à fait franc, qu'incertain moi-même, vacillant entre des conceptions opposées, je ne voulais pas m'engager à fond dans une réforme que je ne voyais pas. Je pensais encore qu'il fallait digérer les transformations des impôts sur les boissons et sur les successions tout juste réalisées, que, à l'heure où elles n'étaient pas tassées, ce serait imprudence grave de toucher à tout un ensemble de taxes qui avaient au moins le mérite de fournir au Trésor un rendement certain. La législature 1898-1902 avait, à la différence de ses devancières, accompli une grande œuvre fiscale. Il appartiendrait à celles qui suivraient d'ajouter aux dégrèvements sur les matières de première nécessité, à la réfection des droits sur les capitaux de succession l'organisation d'impôts modernes sur les revenus.

Je m'appliquai, jugeant ainsi, à éviter la mise à l'ordre du jour de la réforme des contributions directes. J'y parvins sans trop de difficultés car la Chambre, au fond, partageait mon sentiment Il me fallut cependant franchir un ou deux défilés Périodiquement, choisissant le moment qu'ils croyaient propice, des parlementaires, qui se fussent résignés à supporter le fardeau écrasant du pouvoir, objurguaient les députés de tenir les promesses qu'ils avaient facilement distribuées aux électeurs. Ils les suppliaient de ne pas hésiter à aborder le grand débat, dussent-ils, pour ce faire, renverser le gouvernement En juillet 1901 notamment, la passion des réformes embrasa nombre de ministrables qui proposèrent qu'un impôt sur le revenu — ils ne savaient trop lequel — fût substitué, tout d'un coup, aux quatre contributions dont je demandais le vote Le piège était grossier. Je n'eus pas de peine à le déjouer usant d'une tactique de tribune courante. Pour avoir raison d'une embûche parlementaire, on est souvent contraint de biaiser, de ne pas heurter de front, de faire mine au contraire d'appuyer tel projet auquel les mots magiques qui le dénomment valent une faveur particulière sur les bancs d'une assemblée. A cette tâche je m'employai avec un peu trop de fougue peut-être et je me réjouis du résultat obtenu ; je l'annonçai à une correspondante dans un billet rapide où je disais — avec jactance, je l'accorde — que « j'avais écrasé l'impôt sur le revenu en ayant l'air de le soutenir ».

Imprudence dont je m'aperçus plus tard ! En 1914, lorsque je m'appliquai à faire voter par le Sénat la grande réforme fiscale — toute différente, mûrement étudiée celle-là — que j'avais déjà fait approuver par la Chambre, on chercha à utiliser contre moi cette phrase jetée à la volée, douze années auparavant, dans une lettre intime, ignominieusement dérobée, en laissant croire qu'elle venait d'être écrite.

Il est des adversaires politiques qui sont sans cesse à l'affût de ce qu'ils croient de nature à atteindre les hommes qu'ils guettent. Ils furètent, dans tous les coins. Ils ne reculent devant aucune petitesse « Les chiens aboient. La caravane passe, » dit-on de l'autre côté de la Méditerranée.

Les agressions insidieuses dirigées contre le cabinet sous le couvert de l'impôt sur le revenu avortèrent comme les autres. L'opposition dut constater que les chausse-trapes ne la servaient pas mieux que les attaques de front Elle plaça ses espérances dans la consultation électorale Dès le début de 1902, les chefs de la droite et ceux des modérés qui s'étaient séparés de Waldeck-Rousseau se répandirent dans le pays. Raymond Poincaré qui, en 1899 et en 1900, avait donné son entier concours au gouvernement — il était trop intelligent pour contredire à la nécessité de résoudre les factions — s'était repris lorsque vint en discussion la loi sur les associations. Il se refusa à la voter. Il lia dès lors partie avec les conservateurs auxquels il apporta l'appui de sa forte parole et de sa jeune autorité. En mars 1902, à Rouen, dans une large réunion privée, il fit le procès du ministère. Grand parti fut tiré de son discours au cours de la campagne électorale. Les groupements nationalistes, l'association qualifiée *la Patrie française*, ne manquèrent pas de se réclamer de lui. A ses côtés ils menèrent une lutte passionnée contre les républicains de gauche, les radicaux et les socialistes.

La bataille fut particulièrement rude dans ma circonscription où l'on espérait m'abattre. Mes adversaires, qui avaient fait choix d'un candidat fort honorable et distingué, M. Sénart, membre de l'Institut, conseiller général d'un de mes cantons, se croyaient assurés du succès. « Une partie de vos électeurs, me disait un journaliste de droite, ont voté pour vous croyant voter pour votre père. » Les résultats du scrutin montrèrent la futilité de cette boutade Bien que tout eût été mis en œuvre pour se débarrasser de ma personne, bien que les grands chefs du nationalisme, M. Jules Lemaître, président de *la Patrie française*, le général Mercier se fussent donné la peine de venir l'un à Mamers, l'autre à la Ferté-Bernard combattre la candidature de l'homme qui « ruinait la France », je l'emportai à plus de deux mille voix de majorité.

Partout ce fut la débâcle pour la coalition bigarrée comme la qualifia Barthou qui resta, lui, avec les gauches. Elle ne rencontra quelque succès que dans les grandes villes, à Paris particulièrement. « Toujours le Paris de la Ligue, » me disait un de mes amis de la Chambre, confrontant le passé et le présent, rapprochant la Ligue du seizième siècle, la Fronde du dix-septième, du boulangisme dont la capitale fut le foyer, de l'antidreyfusisme qu'elle choya...

Mais, comme l'avait dit Waldeck-Rousseau à la tribune, « s'il est vrai qu'on ne gouverne pas contre Paris, c'est à la condition que Paris ne veuille pas gouverner contre la France entière » La France avait rendu son verdict Le ministère de défense et d'action républicaine triomphait.

Investi d'une autorité accrue, le chef du gouvernement est maître de l'heure Va-t-il garder le pouvoir? Il n'y consent pas. Son état de santé? Oui, sans doute, il se sent atteint, il mourra deux ans plus tard. Un homme de la qualité de Waldeck-Rousseau fait cependant le sacrifice de sa vie, quand besoin est, à son pays. Ce n'est pas la seule crainte de hâter sa fin qui dicte au président du Conseil sa résolution D'autres considérations qu'il me fait l'honneur de me confier, pèsent sur son esprit. « Les élections de 1902, me dit-il, ont amené à la Chambre une majorité où dominent les radicaux. Je n'appartiens pas au parti radical. On veut bien reconnaître que je suis un démocrate. On va jusqu'à déclarer que ma place est marquée à la tête de n'importe quel groupement de gauche. Mais ce sont des mots qui tombent du bout des lèvres. Je sais la puissance des étiquettes. Je me rends compte que la nouvelle majorité entendra être conduite par des hommes que leur passé aura classés dans son plein centre. Elle ne me supporterait que pendant un certain temps Au bout de quelques mois elle me renverserait pour mettre à sa tête des parlementaires qui, depuis longtemps, seraient siens. La sagesse est de me retirer en désignant mon successeur, un radical bon teint qui ne pourra être discuté et qui sera en même temps assez pondéré pour appliquer, avec les tempéraments utiles, les réformes que nous avons faites, la loi sur les Associations notamment. » Je reproduis les phrases mêmes du président, le sens sinon la lettre. Comme j'observai que, du moment où l'on entrait dans ces vues, le personnage le plus qualifié pour prendre le pouvoir était M. Léon Bourgeois, chef des radicaux, il s'éleva vivement contre ma conclusion. Il remarqua d'abord que M. Bourgeois était désigné pour remplacer au fauteuil de la présidence de la Chambre Paul Deschanel que ses liaisons avec le nationalisme et la droite disqualifiaient momentanément. Il laissa ensuite tomber quelques-unes des appréciations dédaigneuses qu'il avait accoutumé de formuler quand surgissait dans la conversa-

tion le nom de Léon Bourgeois. « M. Léon Bourgeois et
ses mauvais préfets   Il viendra ici (au ministère de l'Intérieur) pour donner libre cours à sa passion de favoritisme...
Ah ! non !... Pas de caractère, pas de droiture... on n'est
jamais sûr de lui, » marmotta-t-il. Il me fit souvenir d'un
passage des *Mémoires de Richelieu.* « Il vaut mieux aux
affaires de l'État, un homme corrompu que celui dont la
facilité est extrême, parce que le sujet corrompu ne se peut
toujours laisser gagner par ses intérêts qui ne se rencontrent
pas toujours, au lieu que le facile est emporté par tous ceux
(et par toutes celles) (1) qui le pressent. » Si l'incorrupti-
bilité de Léon Bourgeois était hors de question, sa facilité
était extrême... Je repris · « Mais à défaut de M Bourgeois,
qui voyez-vous, monsieur le président? On a parlé de
M. Combes... — Eh ! pourquoi pas? M. Combes est précisément un de ces radicaux en qui la majorité aura confiance et qui appliquera la loi des associations en se con-
formant aux directions que j'ai tracées » Il développa.
J'étais fixé. Le ministère Combes était virtuellement
formé.

Je savais, il est vrai, que cette solution ne sourirait guère
au président de la République. Je ne doutais cependant
pas que Waldeck eût raison des hésitations de M Loubet.
Il y parviendrait d'autant plus aisément qu'il lui suffirait
de représenter qu'à défaut d'un cabinet Combes un cabinet
Léon Bourgeois était inévitable. Le chef de l'État avait,
bien plus encore que le président du Conseil, l'horreur — le
mot n'est pas trop fort — de M. Léon Bourgeois.« Il a fait,
par son népotisme, plus de mal au pays que la guerre
de 70, » affirmait-il à qui voulait l'entendre. « Et, je le lui
ai dit, » ajoutait-il. Je me permettrai sans que je songe à

(1) Les quatre mots entre parenthèse sont de mon cru.

manquer au profond et à l'affectueux respect que je dois et que je garde à M. Loubet d'indiquer que nul n'ajoutait foi à cette dernière assertion.

« Mais, continua Waldeck-Rousseau, il y a une grosse difficulté pour le prochain cabinet. C'est le portefeuille des Finances. Voulez-vous le conserver? Cela arrangerait bien des choses. » Je répondis par un refus catégorique et motivé. J'entendais descendre du pouvoir avec mon chef. Raison de sentiment très puissante sur mon esprit. Elle n'était pas la seule. Je jugeai qu'après les réformes que j'avais faites et qui étaient discutées il convenait que je rentrasse dans le rang. Je pensais encore que j'avais beaucoup à apprendre, qu'il me fallait travailler la question de la refonte de nos contributions directes, que je ne pouvais mener à bonne fin cette grosse étude qu'en dehors du gouvernement. Je conclus en remarquant qu'on ne pouvait être embarrassé pour le choix d'un nouveau ministre des Finances, qu'un homme s'imposait : Rouvier. Je n'étais pas seulement mû, en parlant ainsi, par l'amitié et la reconnaissance. J'étais convaincu — je le fis valoir — que Rouvier seul, grâce à l'autorité dont il jouissait dans le monde des affaires serait à même de réaliser la conversion des rentes 3 et demi pour 100, qui était nécessité, au mieux des intérêts du Trésor. Tandis que je parlais, j'aperçus que je marchais sur un terrain battu, que M. Delombre, celui dont Cavaignac associait le nom aux basses affaires, pédagogue d'économie politique dont je ne contestais pas la valeur et l'habileté comme journaliste... financier... mais dont je niais qu'il eût l'étoffe d'un ministre des Finances, était fort de demi-promesses arrachées à M. Léon Bourgeois. J'insistai cependant. Je finis par dire · « Si l'on ne veut pas de Rouvier, monsieur le président, alors je me permets de retenir l'offre que vous m'avez faite. Je garde le portefeuille. »

Rouvier fut ministre des Finances. Je repris place à mon banc à la Chambre des députés.

Il m'en coûta — je le confesse sans ambage — de quitter le ministère des Finances, « mon ministère » comme je devais l'appeler par la suite. Je ne regrettai pas la signature — oh ! non, j'étais tout joyeux de reprendre ma liberté, — je regrettai la maison. Quelques mois de mon enfance s'y étaient écoulés, rien que quelques mois — mais à cet âge heureux tout, à commencer par les insignifiances de la vie courante, se grave et reste gravé dans le cerveau. Quand je revins au Louvre vingt-deux ans après l'avoir quitté, je me retrouvai chez moi, je reconnus les pièces, les tableaux, jusqu'aux meubles, à telles enseignes que je fis rechercher et découvrir dans les combles certaine bibliothèque qui y avait été reléguée et dont l'absence offusquait mon regard. Ici était notre chambre à moi et à mon frère. A côté celle de notre précepteur. Nous travaillions là. Dans ce petit salon notre mère nous faisait étudier le piano. Un peu plus loin, notre père, dans ses moments de loisir, après dîner, nous initiait au jeu de billard. Pourquoi, quand je songe à mes chers disparus, m'apparaissent-ils si souvent dans le décor des appartements du Louvre qu'ils ne firent cependant que traverser en 1877, tandis que je ne revois, jamais pour ainsi dire, les miens dans l'hôtel du ministère des Travaux publics où nous habitâmes bien plus longtemps? Sans doute mon enfance rue de Rivoli, évoquée quand j'y rentrai, s'est-elle soudée à ma jeunesse. Sans doute, bien des détails : la présence, à mon cabinet de ministre, d'un vieil huissier qui m'avait conduit au lycée et qui se déshabituait difficilement de m'appeler monsieur Joseph — la coïncidence des dates, à un jour près, entre les visites que

mon père et moi, à notre arrivée au pouvoir, nous fîmes
tous deux, selon l'usage traditionnel au siècle dernier, à la
Monnaie et que souligna par une attention et en une lettre
délicates (1) le directeur de l'Institut monétaire M. de Foville, mille autres menus faits ont-ils fait revivre mes premières années, les ont-ils attachées à mon printemps. Mes
séjours successifs aux Finances ont plus tard enveloppé
dans les mêmes liens l'été et l'automne de mon existence
La trame s'est faite si serrée entre les saisons de ma vie que,
lorsque aujourd'hui je pénètre au Louvre ou quand je
regarde du dehors les fenêtres de l'hôtel ministériel, je suis
assailli par un pêle-mêle de souvenirs. Les plaisirs de l'enfant, les joies du jeune homme, de l'homme fait, les peines,
les souffrances, les intimités, les figures éteintes surgissent
tous ensemble dans ma mémoire qui se complaît au passé.
Le parfum qu'exhalent les fleurs à demi mortes est doux
à respirer au soir de la vie.

(1) Administration
des
Monnaies et Médailles.

« 13 juillet 1899

« Monsieur le ministre,

« J'ai eu l'honneur de vous remettre tantôt, à la Monnaie, la médaille
traditionnelle, frappée sous vos yeux avec le vieux coin de Roëttiers.

« Permettez-moi un hommage plus discret, plus personnel La médaille
que vous trouverez ci-jointe a été faite en combinant avec le même revers
celui que la Monnaie avait gravé lors de la visite du ministre des Finances
de 1877. Au point de vue numismatique ces deux inscriptions adossées ne
sont pas d'un très heureux effet ; mais leur rapprochement consacre un fait
sans précédent le père et le fils se succédant, à moins d'un quart de siècle
de distance, dans une des plus hautes et des plus lourdes fonctions gouvernementales. Collaborateur successif de l'un et de l'autre, j'étais présent à la
visite du 12 juillet 1877 comme à celle du 13 juillet 1899 ; et c'était une raison
de plus pour qu'il me parût intéressant de fondre en une seule les deux
médailles

« Veuillez agréer, monsieur le ministre, l'assurance de mon respectueux
et cordial dévouement.

« Signé . DE FOVILLE. »

CHAPITRE VIII

M. Combes et la loi sur les Associations — Waldeck-Rousseau disparaît. — La Séparation des Églises et de l'État. — Algésiras. — Le ministère Sarrien — Les élections de 1906.

La politique suivie entre 1902 et 1905 a été aussi âprement débattue que l'homme qui l'a conduite fut passionnément discuté. Pour les cléricaux, M. Combes, le « petit père » comme on l'appela, figura pendant longtemps l'antéchrist. Quelques complaisances que le vieil anticlérical eût pour ses adversaires quand, pendant la guerre, il passa accidentellement au gouvernement, certaine lettre adressée par lui à une sœur de charité (sœur Julie) et publiée avec ostentation dans la presse furent considérées par les catholiques comme des actes de repentance. Ils lui valurent « des indulgences ». Aux yeux des masses avancées, l'homme, moins à raison de son œuvre qu'à raison de la haine que lui vouèrent durant des années les réacteurs, apparut comme un très grand républicain, comparable aux Ferry et aux Waldeck. On ne lui tint pas rigueur des faiblesses, négligeables à la vérité, auxquelles sa vieillesse, soucieuse sans doute de calme, descendit.

Je gagerais que la postérité ne ratifiera ni l'une ni l'autre de ces appréciations véhémentes.

Elle ne retiendra pas plus le dénigrement disproportionné de l'homme politique auquel s'acharnèrent les gens de

droite que les grotesques injures dont le suppôt de Satan
fut l'objet. Pas davantage une place dans le Panthéon
républicain ne sera-t-elle réservée au successeur de Waldeck.

Je me suis opposé à lui accidentellement. J'ai souvent
regretté d'y avoir été contraint par des raisons de principes
et de sentiments. J'ai plus tard amicalement fréquenté
l'ancien chef de gouvernement. J'ai admiré sa parfaite sérénité, l'exemplaire dignité de sa vie. Le jugement que je
porterai sur lui ne sera donc faussé ni par l'hostilité, ni par
l'admiration préconçue. J'accorderai à Émile Combes le
caractère, la volonté, je m'inclinerai devant son incorrup-
tibilité. Je lui refuserai l'intelligence, je lui contesterai le
complet désintéressement, politique s'entend.

Arrivé à l'ancienneté, nommé sénateur au déclin de l'âge
mûr sans avoir jamais passé par la Chambre des députés,
il fait petite figure dans la haute Assemblée. Il est cependant muni par M. Léon Bourgeois d'un portefeuille qu'il
garde quelques mois (1895-1896). Va-t-il, après avoir traversé le gouvernement sans que rien l'ait mis en relief,
rentrer définitivement dans l'obscurité? Chacun le présume.
Mais, ce médecin de la petite ville de Pons unit à la souplesse
ambitieuse du politicien de chef-lieu de canton la finauderie
du rural qui veut parvenir. Il sait, en 1902, tirer parti des
circonstances, jouer du dissentiment entre Waldeck-Rousseau et Léon Bourgeois. Il affirme à l'un que ses directions
politiques seront ponctuellement suivies. à l'autre que ses
protégés seront merveilleusement casés. Il se glisse ainsi
au pouvoir qu'il convoite depuis des années. Il a aperçu
qu'un moyen d'assurer sa longévité ministérielle s'offrait
à lui : il lui suffira d'appliquer *violemment* la loi sur les Associations. Il y répugne d'autant moins qu'élevé au séminaire,
ayant failli entrer dans les ordres, il est imbibé de la haine
du prêtre séculier contre les réguliers.

Mais, pour donner suite, il devra rompre avec la méthode
de Waldeck-Rousseau. L'homme d'État a résumé sa pensée
quand il a jeté sur un bout de papier ces quelques lignes
publiées après sa mort : « La loi sur les Associations, a-t-il
écrit, demeurera dans notre droit public un statut perma-
nent ou elle n'y laissera la trace que d'un expédient pas-
sager, suivant qu'elle gardera son caractère de loi de contrôle ou qu'on tentera d'en faire une loi d'exclusion. » Loi
de contrôle? Que faut-il entendre? Il·faut entendre que
l'auteur de la loi de 1901 ne voulait user de l'instrument
législatif qu'il avait forgé que pour tenir en laisse les congrégations. Que l'une d'entre elles vînt à verser dans la politique, que telle autre vînt à acquérir des richesses inquié-
tantes, le gouvernement agissait. Il prononçait ou faisait
prononcer par les Chambres la liquidation de la commu-
nauté. Il ne tolérait ni les moines ligueurs, ni les moines
d'affaires. Il laissait tous autres en repos se bornant à les
surveiller. Loi de contrôle, loi de police si l'on préfère !

Loi d'exclusion, répondit M. Combes qui décida d'éliminer soit par décrets, soit par décisions parlementaires
un lot de congrégations, en tête les congrégations enseignantes. Il atteignait ainsi son principal objectif : il liait
la majorité de la Chambre, contrainte de le suivre, à sa
fortune.

Il justifiait par des raisons que voici : « Les cléricaux,
remarquait-il au cours d'une visite qu'il fit à Waldeck
dans les premiers mois de 1903, ne sauraient aucun gré des
ménagements qu'on aurait pour eux La modération gouvernementale leur apparaîtrait comme un signe de faiblesse.
Elle les enhardirait. Le parti républicain a le sentiment du
danger. Il a perçu, au cours de l'affaire Dreyfus, que la
congrégation s'était accordée avec le militarisme. Il exige
qu'il soit agi contre elle. » La dernière partie de l'argumen-

tation était irréfutable. Les événements avaient déclenché un courant anticlérical, que le vote de la loi sur les Associations, les débats auxquels elle avait donné lieu, la campagne électorale avaient singulièrement renforcé. Un homme d'État seul eût pu contenir le flot qui montait. Serait-il encore parvenu à apaiser en offrant pour toute satisfaction une épée de Damoclès suspendue sur la tête du clergé régulier? J'en doute.

Le président du Conseil de 1902 était donc fondé à dépasser son prédécesseur. Mais, ne lui eût-il pas suffi d'accentuer les actes de répression, d'en étendre le cercle? Des gestes d'autorité, espacés, eussent satisfait l'opinion républicaine. Le calme fût revenu par degrés. La loi sur les Associations serait restée une loi de contrôle d'autant plus efficace qu'il en aurait été fait un usage plus discret. Elle se serait définitivement incorporée dans notre droit public

Que si on estimait trop modeste cette politique à la Choiseul ou à la Martignac, que si on jugeait l'heure venue de porter un coup décisif aux instituts religieux, encore fallait-il faire un tri parmi eux, surtout créer des substituts aux collectivités qu'on écartait. Le tri fut opéré... à peu près. Émile Combes ne s'attaqua guère qu'aux congrégations enseignantes. Il liquida celles qui n'étaient pas autorisées. Il fit décider la disparition, en l'espace de dix années, de celles qui l'étaient. A ces fins, une loi de 1904 vint compléter la loi de 1901. Mais, il ne s'était pas avisé qu'on ne détruit que ce qu'on remplace. Il négligea de mettre sur pied un plan d'organisation rationnel et complet du service de l'enseignement.

Il est vrai qu'à cette conception sa mentalité s'opposait. En un jour d'expansion il déclara à la Chambre qu'il tenait pour insuffisant « l'enseignement superficiel et borné de l'école laïque » *(sic)*. Il ajouta qu'il était un « philosophe spiritualiste ». Il se serait plus exactement défini s'il se fût avoué un gallican, très « Église de France », persuadé de la nécessité d'un enseignement religieux pour les masses, voulant simplement que les leçons en fussent distribuées par des prêtres séculiers, libéraux, détachés de la Curie Romaine, disciples ou émules du Vicaire savoyard. Cette idéologie le faisait hostile à tout système réservant à l'État, même avec les modalités utiles, le droit qui lui appartient de diriger, de régler l'instruction des enfants du peuple

Je ne prétends pas — je veux le dire tout de suite — que les esprits fussent mûrs en 1902 ou en 1903 pour une aussi grave réforme. Ce que je soutiens c'est qu'il y avait place, qu'il n'y aura jamais place que pour une politique à la Waldeck-Rousseau ou pour une politique à la Condorcet. Toute politique intermédiaire sera toujours grosse de déceptions, voire de périls.

Ces considérations n'entraient pas dans l'esprit de M. Combes. Il imaginait rendre grand service à la République et grand service à lui-même en malmenant les réguliers. Il ne se trompait que sur le premier point. Faisant fermer par toute la France des écoles congréganistes, entretenant du haut de la tribune les députés des milliers de dossiers relatifs à des établissements religieux — dix mille si j'ai bonne mémoire — qu'il lui fallait étudier, se faisant un palladium des exécutions opérées ou à opérer, il fut invulnérable pour un temps. Ensuite débordé ! mais son cabinet avait vécu près de trois ans.

Seulement, à quoi avait-il abouti? Il avait mis à la porte des « frocards ». Et après? Après? Ces « frocards » étaient rentrés dans les écoles, dites congréganistes la veille, qualifiées libres le lendemain. On alléguera que tout de même quelque chose avait été fait. Soit ! bien peu de chose. Et, à ce peu de chose il fallut renoncer. L'application de

la loi de 1904 fut suspendue en 1914. Elle est toujours en
sommeil. L'ensevelissement s'est étendu à la loi de 1901.
Les congrégations dissoutes sont revenues. Elles se réinstallent partout.

On brise un instrument législatif quand on prétend le
forcer.

Sûr de ses prévisions que les faits ont confirmées, Waldeck-Rousseau s'éleva contre ce qu'il appela le sabotage
de son œuvre. Il tenta de « se mettre en travers » selon
ses propres expressions. Mais, privé par la maladie d'une
part de ses moyens, il ne réussit pas. Il dut se borner à
entretenir ses intimes des appréhensions que lui causaient
les errements de son successeur — il l'avait choisi . ! — Il
donna autour de lui non sans doute des instructions mais
des avis que je recueillis. J'hésitai, je l'avoue, à les suivre.
Il m'était pénible de me séparer de la majorité républicaine,
de rompre avec le gouvernement — j'ai toute ma vie, été
« gouvernemental », — surtout avec un gouvernement
honni par les réacteurs. La vénération que j'avais pour
mon maître, la vision de la tristesse que je lui aurais
causée — je le connaissais — en prenant l'apparence de
me détacher de lui eussent suffi à me déterminer. La réflexion fortifia ces raisons de sentiment : j'entrevis que le
« combisme » préparait les voies à la réaction ou, pour
parler plus précisément, à une réaction

Je ne me trompai pas. Il était fatal que des exécutions,
ayant couleur de tracasseries puisqu'elles n'étaient pas
partie d'un grand dessein, irritassent l'opinion moyenne
du pays. Le public ne voulut voir dans les actes de
M. Combes que des manifestations de sectarisme, le désir
de se complaire au symbolique M. Homais. Le « combisme »
devint synonyme d'une politique grossière de taquinerie
antireligieuse. Le mot et les souvenirs qu'il évoque ont

servi depuis et serviront, je le crains, longtemps à décrier l'anticléricalisme que Waldeck a si heureusement défini : « Une manière d'être constante, persévérante et nécessaire aux États, qui doit s'exprimer par une succession indéfinie d'actes, » mais dont l'homme d'État s'est empressé d'ajouter « qu'il ne constituait pas plus un programme de gouvernement que le fait d'être vertueux ou honnête ou intelligent ».

Le « petit père » fit de l'anticléricalisme un programme de gouvernement. De ce fait il causa dommage, aux idées qu'il croyait servir. Il ne le soupçonnait naturellement pas. Il ne savait pas. Il n'écoutait pas. Il avait des œillères.

Tandis que M. Combes trottait menu dans sa petite route, Waldeck-Rousseau agonisait, puis s'éteignait. Il était fauché à l'âge où la plupart des hommes d'État commencent à se révéler. Que n'eût-il réalisé, que n'eût-il prévenu, lui qui s'était superbement révélé, lui qui, suivant le propos que j'ai rapporté, était apte à « gouverner le monde » ! L'histoire nous apprend hélas ! que souvent disparaissent ainsi à l'avant-veille des catastrophes ceux qui, s'ils avaient vécu, les auraient conjurées. Rôde-t-il de par l'univers je ne sais quel dieu de la malédiction et du carnage ayant pouvoir à de certaines heures d'arracher de la vie les fils aînés de la famille humaine taillés pour lui faire obstacle ?

Waldeck-Rousseau n'eût pas été entendu en 1913 et 1914, pas plus en 1917, objectera-t-on. Il est bien vrai que, dans les époques de trouble, les sages sont rarement écoutés. Les aveugles répètent le roi Lear. Ils se confient aux fous.

Tout de même, *Il* avait la grande autorité. Tout de même *Il* maniait les hommes qu'impressionne toujours la raison quand elle a pour vêture l'éloquence. Et quelle n'était pas l'éloquence de celui dont, cessant de me demander ce qu'il aurait pu donner, ce qu'il aurait pu être, je vais rechercher ce qu'il fut.

De sa parole un détracteur a écrit qu'elle était *parfaite et morte*. Parfaite chacun le sait ! Morte, pourquoi? comment? Morte singulière en tous cas ! Morte jouissant d'une vie surprenante, puisque animée d'un souffle qui la transformait en une directrice irrésistible des esprits ! Morte parce que dépouillée de tout apprêt? Bossuet, dans ses manuscrits, a raturé des incidentes riches de sève afin que l'esprit de ses auditeurs ne fût pas distrait des idées maîtresses auxquelles il s attachait. Waldeck-Rousseau pensait sans doute comme le grand évêque. Il craignait probablement que les formules qu'il voulait graver dans les cerveaux ne fussent amorties par les mouvements oratoires. Peut-être aussi appréhendait-il que le geste ne déroutât quelques-unes de ces phrases acérées qu'il glissait dans ses discours, qui avaient charge de traverser les assemblées, ainsi que des dards ailés, pour se loger où il fallait sans que rien dût déceler le chemin qu'elles avaient pris pour y arriver. Sans doute encore tenait-il la mimique pour une vulgarité — il avait l'horreur de toutes les vulgarités. — Enfin sa probité d'âme l'engageait à coup sûr à conquérir les esprits en écartant tous artifices, par l'unique puissance de la logique. Il jugeait que, seul, était décisif le succès acquis par ces méthodes. Ne cherchant qu'à persuader, il n'entendait régner que par la lucidité.

Il régnait.

La Chambre des députés se montra rétive quand il l'aborda en 1899. Elle avait quelque goût pour l'emphase, pour la volubilité, pour l'abandon à la tribune. Elle fut surprise, presque irritée, par la monocordie du ton, par le silence de la personne. Au bout de peu de temps elle était domptée par la clarté des exposés, par la force de l'argumentation, par l'élévation de la pensée, par la perfection de la langue — la sténographie qui saisissait la phrase improvisée de Waldeck-Rousseau excluait la retouche. L'Assemblée aperçut que le président du Conseil la sortait des limbes où elle se débattait pour la faire entrer dans les cercles baignés de lumière. Le foyer de cette lumière était « la magnificence intellectuelle » du chef du gouvernement.

Le terme que je guillemette est médiocre. Je n'en vois d'autre cependant qui rassemble toutes les qualités de penseur, de voyant, de conducteur d'hommes que Waldeck possédait et que son verbe illuminait : incomparable pénétration d'esprit, finesse aiguisée, exceptionnelle sûreté de jugement, par-dessus tout hauteur de vues. « Ce doit être le perpétuel souci du législateur de regarder l'avenir, » a-t-il dit. Il regardait sans cesse au loin.

L'espace qu'on sentait en lui faisait le prestige de sa pensée.

Mais le prestige de la pensée ne suffit pas à conférer la pleine autorité, encore moins à déterminer la cohorte de disciples qui, conservant, propageant, transmettant, perpétuant les enseignements et l'exemple d'un maître, scellent sa grandeur. Nombreux sont aujourd'hui ceux qui se proclament les suivants de Waldeck-Rousseau. Beaucoup ne l'ont pas connu. Certains l'ont combattu et n'en prétendent pas moins à grossir les rangs de ses fidèles. Qui a donc fixé les uns, rallié les autres? La générosité d'âme, la haute noblesse de sentiments qui éclate dans les écrits, dans la parole imprimée, dans les actes de l'homme d'État, bien plus que la splendeur de l'intelligence.

On n'empreint les hommes que par le cœur. Waldeck avait le cœur. Toute son œuvre le crie.

Et, dès lors qu'en l'étudiant, en le lisant, on découvre la haute qualité de son être, on devine quelle emprise il eut sur qui fut en contact étroit avec lui. Pour celui-là, pour ceux-là, il déposait le masque d'impassibilité qu'il avait l'habitude de revêtir, aux fins de dissimuler, obéissant à une pudeur qui était part de sa nature, l'étendue de sa sensibilité. Quelle chaleur d'âme il montrait alors ! Comme il multipliait, sans presque en avoir l'air, les attentions délicates ! Comme il soutenait, comme il encourageait ! Avait-il une observation à faire à un collaborateur qu'il affectionnait et dont il se savait aimé? Il se faisait entendre avec un tact infini. Donnant l'avertissement utile, il ajoutait aussitôt les mots qui réconfortent, la louange discrète qui console, qui raffermit. Comment n'eût-il pas envoûté tous ceux qui l'ont approché? Comment son image n'obsédait-elle pas qui a fait ses premières armes sous son égide? Cette obsession, je l'ai si constamment et si profondément ressentie qu'il ne me souvient pas d'avoir pris une direction importante dans ma vie politique sans que, descendant au fond de moi-même, je n'aie pieusement interrogé le grand disparu. J'ai conscience que, quand il m'est arrivé d'errer, c'est parce que je n'avais pas entendu sa voix.

Waldeck-Rousseau n'en fut pas moins dupé, trahi dans son intimité même, observera-t-on. Eh oui ! les êtres de bonté éprouvent ces disgrâces plus que les autres. Ils ne peuvent imaginer la noirceur dans leur entourage. Quelque perçante que soit leur vue, elle s'oblitère quand ils regardent tout près d'eux. Et pourtant l'homme d'État avait au plus haut degré la psychologie. Il flairait la bassesse des sentiments, la sécheresse de cœur qu'il avait en répulsion. Quand il les surprenait, il laissait tomber des formules écrasantes de dédain ou bien il avait des silences plus éloquents que les paroles.

Quelque jour, comme il m'arrivait de louer Poincaré devant lui : « Mon petit Caillaux, me dit-il, vous avez bien tort de vous emballer sur cet homme-là. *Il a une pierre à la place du cœur (sic).* » A ceux qui me liront jusqu'au bout de dire si la parole que je reproduis textuellement était trop cruelle.

Quand d'aventure — rarement — le nom de Clemenceau surgissait dans la conversation, la physionomie de l'homme d'État s'altérait, les muscles de son visage se durcissaient, on sentait qu'il avait peine à se contenir. « Écho des luttes anciennes, pensais-je ! La grande figure de Gambetta s'interpose entre Clemenceau et Waldeck-Rousseau qui a gardé le culte du tribun — toutes les fois qu'il en parle, les larmes lui montent aux yeux. — » Je me trompais, je l'ai aperçu de longues années après. Je dirai quand et comment. J'ai compris alors l'aversion que mon premier chef de gouvernement nourrissait pour celui qui devait être mon second président du Conseil.

Cependant, il écartait la haine. Il dédaignait la rancune. Il passait l'éponge sur les vilenies... Aux obsèques de Jules Ferry mort président du Sénat auxquelles il assiste naturellement, dans la cour du Luxembourg où il se trouve, passe devant lui un ancien sous-secrétaire d'État M. A. P. qui détourne la tête en le voyant. Quelques semaines auparavant le grand avocat qu'est le ministre de la veille et du lendemain s'est jeté presque violemment à la barre du tribunal de la Seine dans l'affaire du Panama pour arracher au déshonneur l'homme qui l'ignore aujourd'hui. « Quoi ! lui dit un de ses amis, M. Ernest May qui est à ses côtés, il ne vous salue pas? — Il m'a fait une saleté, il ne me la pardonne pas... Ce n'était pas d'ailleurs la première. — Et, averti par le passé, vous lui avez prêté l'appui de votre autorité? Vous vous êtes presque compromis pour lui? — Il y avait un homme à sauver, » répondit gravement Waldeck-Rousseau.

Les grandes âmes seules ont accès sur les cimes !

« Se peut-il qu'un tel homme meure? » dirai-je répétant Diderot si je laissais déborder mon émotion que j'ai contenue, qui n'en sourd pas moins tout au long des pages que je viens d'écrire. Je ne me défends, ni ne regrette de lui avoir laissé cours. « L'émotion est un jugement » a écrit Edmond Haraucourt. Avec lui je le tiens pour le moins faillible de tous.

Waldeck-Rousseau mourait en août 1904. En janvier 1905 le ministère Combes démissionnait. L'affaire des *fiches* dont j'ai parlé (1) était l'occasion plus que la cause de sa chute. Le gouvernement de 1902 était emporté par les événements. Ils l'acculaient à la séparation des Églises et de l'État que M. Combes n'était pas en situation de réaliser.

Des difficultés avec la Curie romaine, qui avait élevé la prétention arrogante de déposer de sa propre autorité des évêques français, qui avait par ailleurs formulé une protestation inadmissible contre un voyage du président de la République à Rome, essentiel pour notre politique extérieure, avaient amené la rupture des liens diplomatiques entre la France et le Vatican. Les anticléricaux fougueux s'autorisèrent de l'incident pour réclamer la séparation des Églises et de l'État.

Ils trouvèrent le concours empressé des socialistes. Empressement assez inattendu, le parti socialiste ayant toujours affecté quelque détachement à l'égard des questions cléricales. Empressement qui m'était expliqué par un des nouveaux chefs de l'extrême gauche, que je fréquentai amicalement dès qu'il fut entré au Parlement en 1902. Aristide Briand me disait dans les couloirs : « Mais certainement

(1) Voir chap. v.

nous sommes partisans et partisans résolus de la séparation. Qu'est-ce que vous voulez? Quand nous parlons réformes sociales on nous objecte un peu partout qu'il y a encore des réformes politiques à faire dont la principale est précisément celle-là. Il nous faut donc épuiser le programme politique du radicalisme pour être à même d'imposer l'examen de nos conceptions. » Briand ne se souviendrait sans doute plus de ce bout de conversation. Il est sujet à des défaillances de mémoire. Cette infirmité m'est épargnée. Mon interlocuteur ne faisait au surplus — je le déclare tout de suite — que traduire la pensée dominante du parti auquel il appartenait alors. Les grands hommes du socialisme ont toujours poursuivi, poursuivront toujours un rêve : absorber le radicalisme. Ils se figurent qu'il leur sera possible d'incorporer la majorité des troupes radicales le jour où ils pourront représenter à celles-ci que les réformes que le radicalisme leur a promises sont accomplies. Ils entrevoient deux grands partis : les conservateurs accrus des modérés et d'une fraction des radicaux — les socialistes enrégimentant tous autres. J'ai observé bien des fois que le radicalisme n'était pas un parti, mais un état d'esprit : l'état d'esprit de la petite bourgeoisie, de la majorité des ruraux. Il se peut que dans l'avenir il change de nom — dans le passé il s'est bien appelé le libéralisme, l'opportunisme, etc .. Il n'est pas impossible qu'il emprunte au socialisme sa dénomination à une condition : c'est que ce dernier, se dépouillant de sa substance, renonce au collectivisme, au marxisme ou, tout au moins, relègue ces utopies parmi les vieilles lunes. Seulement, alors, ce sera le radicalisme qui aura absorbé le socialisme.

Les ambitions des socialistes faisaient donc sourire les hommes de gauche avertis. Elles ne détournèrent personne parmi les radicaux ou parmi les républicains de gauche avancés d'une réforme qu'après réflexion la plus grande partie d'entre eux jugea non seulement désirable mais inévitable. Il leur parut — il nous parut — que la politique combiste avait surexcité, aigri les esprits à ce point que le mariage de raison entre l'Église et l'État organisé par le Concordat pouvait difficilement subsister. Nous nous trouvâmes ainsi disposés à souscrire à un acte de divorce pourvu que les conditions de la rupture fussent acceptables aussi bien pour l'Église que pour l'État.

Nos voisins du centre nous objectèrent en vain l'opinion de Waldeck-Rousseau. Nous savions l'hostilité de l'homme d'État. Nous la tenions pour toute naturelle, puisque la politique waldeckiste ayant pour objet de placer les congrégations autorisées ou tolérées sous la coupe des pouvoirs publics, aboutissait en fait à agréger les réguliers aux séculiers, à juxtaposer une sorte de concordat de fait au concordat officiel.

Mais, nous savions aussi que M. Combes avait, par ses bousculades, déterminé une situation, très différente de celle qu'envisageait Waldeck et qu'il fallait s'y plier. La seule chose qui eût pu nous surprendre c'est que le président du Conseil de 1902 restait réfractaire, aussi réfractaire que ses prédécesseurs, à la séparation. Cependant il n'était pas besoin de longtemps réfléchir pour apercevoir que, quand on est gallican, quand on est « Église de France », on est forcément concordataire. Quels que fussent ses sentiments intimes, le « petit père » fut contraint de céder au flot qu'il avait déchaîné . sans s'en douter. Après bien des hésitations dont portèrent témoignage ses entretiens avec ses chefs de service, il dut se résigner à déposer un projet de séparation. Seulement sa mentalité générale lui interdisait de concevoir l'Église libre dans l'État libre. Les textes qu'il mit sur pied furent si pauvres, si mesquins, si soupçonneux,

que la Commission, nommée par la Chambre dès le début
de la législature pour examiner des propositions d'initiative parlementaire ayant le même objet, ne put faire autrement que de réserver au projet gouvernemental l'honneur
de la corbeille à papiers. Elle bâtit elle-même la loi qui fut
votée après la chute du ministère Combes sous la présidence
de Rouvier.

Rouvier prit, en effet, le gouvernement en janvier 1905.
Avec son courage ordinaire il proclama tout de suite son
intention de rompre avec quelques-unes des pratiques de
son prédécesseur, avec les *fiches* du ministère de la Guerre,
avec l'institution bizarre des délégués (1). « Je fais, an-
nonça-t-il à la tribune, un gouvernement de plein air... »
Et, dans les couloirs, commentant ses déclarations « J'ai
ouvert les fenêtres, » me dit-il.

Il le fallait. Si les fenêtres étaient restées fermées, la loi
de Séparation n'eût pas abouti ou elle se serait exprimée
en un acte législatif à ce point imprégné de passion qu'il
eût été d'une application impossible. La chute de M Combes
transforma l'atmosphère. Le projet fut ardemment débattu
sans doute mais en plein calme. Il n'est que juste d'ajouter
que la Commission parlementaire fit un grand effort de
libéralisme. Son rapporteur M. Briand, qui porta la loi à
bras tendu, fut constamment attentif à ménager les susceptibilités des croyants. En même temps il témoigna au cours
de la discussion, dans la défense des textes, d'une habileté,
d'une souplesse, d'une éloquence qui lui valurent l'admiration de l'Assemblée toute entière. Au fur et à mesure que
les débats se déroulaient, on sentait que les dernières élec-

(1) Les délégués dont je crois qu'on a beaucoup exagéré le rôle et le nombre,
étaient des citoyens sans mandat d'aucune sorte imaginés sous le ministère
Combes et chargés, dans les communes administrees par les adversaires du
gouvernement, d'*informer* les autorités administratives qui les choisissaient.
En résumé, des « observateurs de l'esprit public... ».

tions avaient amené au Parlement un homme politique
hors de pair. « Oh ! mais, qu'est-ce qu'on fera de Briand ? »
me disait un député de la droite, qui s'était accidentellement assis à mes côtés et qui venait d'applaudir avec moi
une prestigieuse intervention du rapporteur. « Un ministre,
cela va de soi, » répondis-je. — « Bien plus que cela, »
répliqua mon collègue. Il avait raison.

La loi issue des délibérations de la Chambre et qui fut
votée sans modification par le Sénat n'était cependant pas
parfaite. Briand, qui a appris le gouvernement depuis 1905,
serait, j'en suis convaincu, d'accord avec moi pour relever
une lacune au dommage de l'État, une erreur au détriment
des ministres du Culte.

Jamais je n'admettrai que l'État n'ait pas un droit de
regard sur la désignation des archevêques et des évêques.
Il ne saurait s'agir bien entendu de conserver ou de res-
tituer à des ministres la faculté de choisir parmi les candidats
à l'épiscopat. Ils n'ont rien à voir en la matière du moment
où le lien entre l'Église et l'État est rompu. Mais il devrait
leur appartenir de donner ou de refuser, selon ce qui se
passe dans la plupart des pays catholiques qui ont dénoncé
le Concordat, ce qu'on appelle en dehors de nos frontières
l'*exequatur*, c'est-à-dire l'homologation des nominations
ordonnée par le pouvoir clérical. Aujourd'hui que les relations diplomatiques sont rétablies avec le Vatican, j'imagine qu'on s'oriente vers un accommodement dans le genre
d'un *exequatur* qui ne sera probablement pas traduit par
un texte de loi — je le regretterai — mais dont j'espère
qu'il vaudra.

L'erreur commise au détriment des ministres du Culte
et de l'Église est plus difficilement réparable. Pour tout dire
en deux mots, les Chambres de 1905 ont lardé. Il fallait
se montrer généreux vis-à-vis des prêtres en fonctions. On

ne leur a donné que de maigres pensions quand ils avaient plus de vingt ans de service, rien qu'une allocation temporaire lorsqu'ils n'avaient pas rempli pendant ce laps de temps des fonctions rétribuées par l'État. Le geste était mesquin. D'autant qu'on supprimait les fabriques instituées par Napoléon Ier auprès de chaque paroisse, sorte de corps intermédiaires entre les établissements publics et les groupements libres. On remplaçait ces organismes par des associations cultuelles auxquelles on refusait ce qui appartenait aux fabriques : le droit de recevoir, sous réserve de l'approbation administrative, des dons et des legs En vain demandai-je le maintien des fabriques, en vain fis-je valoir que, à tout le moins, les associations cultuelles devaient être habilitées à bénéficier de legs pour l'entretien de l'Église et la subsistance du ministre du Culte. Les amendements que je présentai en ce sens avec plusieurs de mes collègues furent combattus par le rapporteur, repoussés par la Chambre. Je reste persuadé que ce fut une faute. Si on avait permis aux catholiques d'assurer, sous le contrôle de l'État bien entendu, la pitance des curés, beaucoup de difficultés eussent été évitées.

Mais on était féru des associations cultuelles. On ne se rendait pas compte que l'on inquiéterait les hautes sphères ecclésiastiques qui imagineraient que le but du législateur était de faire régenter les paroisses par des associations où les incroyants pourraient être en majorité. Quelques frivoles qu'elles fussent, ces craintes prévalurent en haut lieu. Rome interdit au clergé français de se soumettre à la loi. Des conséquences de cette décision prise par la Papauté en 1906 il sera parlé dans le chapitre suivant.

En attendant, le clergé, *atteint dans sa situation matérielle*, se rebella contre le nouveau statut. Il prit prétexte de la formalité on ne peut plus judicieuse des inventaires, inscrite dans la loi avec l'approbation de tous les partis dans le dessein d'empêcher la dilapidation des objets d'art que renfermaient les édifices du Culte, pour entraîner les fidèles à la révolte. Heureusement le parti clérical avait mal choisi son terrain de bataille. Il indisposa les gens raisonnables.

Il ne s'en rendit pas compte. Se repaissant, comme toujours, d'illusions, croyant que la France désavouerait les auteurs de la Séparation, il se jeta dans la bataille électorale de 1906 tout bouillant d'espérances. Le pays se cabra. Redoutant le « gouvernement des curés » il répondit à la campagne de droite en balayant partout, sauf dans l'Ouest et dans quelques coins du Nord et de l'Est, les conservateurs et les modérés qui avaient fait cause commune avec les réacteurs.

Les élections de 1906 furent très à gauche.

Rien d'autre à dire — j'exclus à mon habitude les détails — sur la politique intérieure du cabinet Rouvier qui fut de placidité! J'en viens aux graves incidents de politique extérieure qui survinrent en 1905. L'opinion, captivée par les luttes religieuses, y fut sinon indifférente, du moins peu attentive. Elle n'en réalisa l'importance, ce qui ne laissa pas de présenter des avantages, que lorsque la tourmente était déjà passée.

La retraite de Waldeck-Rousseau avait donné les coudées franches à Delcassé qui avait gardé son portefeuille dans le ministère Combes. L'excellent président du Conseil de 1902-1905 était tout entier à ses congrégations, à ses moines, à ses moinillons. Pour avoir pleine liberté d'action à cet égard il abandonnait la politique extérieure au ministre des Affaires étrangères et au président de la République. Il savait M. Loubet peu favorable à ses desseins, animé contre sa personne. Il pensait l'apaiser, même le lier, en lui accordant ce que peu de chefs de gouvernement auraient concédé au chef de l'État irresponsable. Deux des membres du cabinet, dont M. Gaston Doumergue, m'ont appris que, quand se posait au Conseil des ministres une question de politique étrangère, M. Combes avait coutume de dire : « Laissons cela, messieurs, c'est l'affaire de M. le président de la République et de M. le ministre des Affaires étrangères. »

M. Loubet était certes doté d'une vive intelligence et d'une rare finesse. Il fut un excellent président de la République. Mais il ne pouvait pas ne pas être à la merci d'un ministre qui ne lui montrait que des documents triés, qui, avec une extrême habileté, les interprétait ainsi qu'il lui plaisait.

Delcassé se trouvait ainsi libre de déployer son génie. Mais en quel sens? Dès 1900, me parlant dans mon cabinet du Louvre, il me disait modestement : « J'ai une *grrande* situation en Europe. » Quel que fût le roulement des « r » méridional qu'il appliquât au mot « grande », la phrase ne définissait cependant pas une politique. Voulait-il se conformer aux directions de Waldeck? Rêvait-il plaies et bosses?

J'ai la conviction qu'en 1902 il cherchait sa voie, qu'il l'a, d'ailleurs, constamment cherchée. Les événements, quelques hommes peut-être, l'ont infléchi. Il a suivi ou subi. Il avait trop peu d'envergure pour concevoir un vaste plan. Cela ne l'intéressait, au surplus, qu'à demi. Ce qui le passionnait, c'était la « manigancerie » diplomatique.

En tous cas, quand, Waldeck parti, il a la bride sur le cou, il hésite, partagé entre l'animosité qu'il a ressentie contre l'Angleterre et qui n'est pas entièrement éteinte et la haine qu'il nourrit contre l'Allemagne. Des conversations ont bien été déjà engagées avec la Grande-Bretagne par le remarquable ambassadeur, M. Paul Cambon, que nous avons à Londres. Après avoir pris l'attache de Waldeck, notre représentant a commencé à s'entretenir dès février 1902 avec les hommes d'État britanniques déçus par Guillaume II qui a repoussé leurs avances. Mais, la négociation est tout juste amorcée.

Delcassé songe à entreprendre autre chose, une grande chose. Désireux de résoudre la question du Maroc, il pense la régler en un tête-à-tête avec l'Espagne d'où l'Angleterre comme l'Allemagne seraient exclues. Quel prétexte? simple et pitoyable : ni l'un ni l'autre de ces deux grands États ne sont puissance méditerranéenne. Ayant découvert cet argument — très Quai d'Orsay — Delcassé aborde le gouvernement du roi catholique auquel il propose, en 1903, le partage à deux de l'empire chérifien.

J'appris ces tractations. On m'informa que d'invraisemblables avantages étaient offerts à nos voisins du sud. Je m'émus. J'allai voir mon ancien collègue qui me fit une immense palabre devant la carte du Maroc. A travers le flux de ses paroles je démêlai qu'il ne consentait à rien moins qu'à abandonner à nos amis d'outre-Pyrénées la plus large part de l'empire chérifien, y compris Taza, y compris Fez. Comme je me récriais, Delcassé observa : « Que voulez-vous, cher ami? il faut que l'Espagne soit contente et le roi a déclaré que, s'il n'avait pas Fez, il ne serait pas satisfait. » Cette façon de défendre les intérêts de la France en s'appliquant à réjouir nos voisins à notre détriment m'ayant rendu rêveur, je me décidai à faire part au président du Conseil de mon trouble. Je trouvai M. Combes indifférent. Il se borna à me dire que « tout cela n'était pas sérieux » *(sic)*. J'en déduisis que le chef du gouvernement comptait que la négociation échouerait.

Je trouvai qu'il aurait dû empêcher qu'elle ne s'engageât.
Je me dis que des conversations aussi singulières comportent
toujours des inconvénients parce qu'elles laissent des traces.
Je ne me trompais pas. Les attributions beaucoup trop
étendues de territoire marocain que nous consentîmes à
l'Espagne après que nous eûmes traité avec l'Angleterre
procédèrent de la folie des pourparlers antérieurs.

Delcassé finit, en effet, par comprendre qu'essayer de
disposer du Maroc sans s'être concerté avec d'autres puissances que l'Espagne et que l'Italie, celle-ci préalablement
désintéressée par les arrangements intervenus en 1900
et 1902, était une entreprise de déraison. Il suivit M. Paul
Cambon qui parvint à édifier le célèbre accord entre la
France et la Grande-Bretagne, impliquant notamment le
troc de nos droits sur l'Égypte contre le désintéressement
anglais au Maroc. Bien que le contrat ne fût pas de premier
ordre puisque nous cédions des réalités contre des espérances, l'opinion publique l'accueillit avec joie. Elle ne vit
qu'une chose : il était mis un terme à tous dissentiments
entre les deux grandes nations d'Occident.

Cela était excellent en effet, à la condition que fût nettement situé le caractère de l'instrument diplomatique qui
devait être œuvre de paix, à la condition qu'il en fût fait
part à toutes les autres grandes puissances, à la condition
que celles-ci fussent informées qu'on était disposé à rechercher avec elles des arrangements parallèles.

Mais, allez donc parler de cela à Delcassé. « Je ne cause
pas avec l'Allemagne, » criait-il à tout moment. Sous des
prétextes puérils il s'abstint de communiquer l'accord
de 1904 à nos rivaux. Cela eût encore pu s'arranger peut-
être... si, gonflé de lui-même, le ministre ne s'était pas
pavané dans sa réserve en la scandant par des propos de
forfanterie désobligeants. « On n'est pas content à Berlin, »

me disait-il à l'époque. Et il se frottait les mains en éclatant d'un gros rire. A la même date (commencement de 1905) — c'est de Rouvier que je tiens le récit — il se flattait d'encercler l'Allemagne devant le premier journaliste venu Il ajoutait : « Guillaume II n'est pas satisfait. Je le comprends. Ma politique se développe. La sienne est stationnaire. » Rapportées — il va de soi — au delà du Rhin ces vantardises irritaient nos adversaires.

Je sentais venir l'orage. Je m'en ouvris à M. Ribot et à quelques autres de mes collègues. Je fus médiocrement écouté. Mes appréhensions se précisèrent quand fut annoncé le voyage du kaiser à Tanger. Je ne les dissimulai pas dans mes entretiens au Parlement. Je ne rencontrai qu'incrédulité. « Mais non, Caillaux, mais non, vous vous trompez, » me dit Rouvier, président du Conseil depuis quelques mois en me prenant familièrement par le bras et en m'attirant dans une embrasure de fenêtre, « l'ambassadeur d'Allemagne, le prince Radolin, nous a dit : « L'empereur va « dans votre Tanger, vous entendez... *votre* Tanger. » Guillaume II alla en effet, dans *notre* Tanger mais, au même moment, il fit tenir à Paris un langage tel que force fut de choisir entre la guerre ou une conférence internationale. D'ordre de son gouvernement le prince Radolin devait annoncer au président du Conseil, en une entrevue dramatique, que l'Allemagne était derrière le sultan *avec toutes ses forces* » *(sic)*. — Paroles remplacées par des astérisques au *Livre Jaune*.

Il y eut un Conseil des ministres tragique au cours duquel se heurtèrent deux politiques. J'ai exposé dans mon livre Agadir (1) la thèse de Delcassé préconisant la résistance sous le prétexte que l'Allemagne voulait simplement nous

(1) *Agadir*, Albin Michel, 1919 (pages 20 et suiv.).

tâter, nous intimider, que, nous voyant forte de l'appui
de l'Angleterre qui nous était assuré, affirmait-il, elle n'irait
pas jusqu'au bout des intentions qu'elle faisait pressentir, qu'elle craindrait la flotte britannique, l'armée
française, l'union des deux peuples J'ai placé en regard le
langage de Rouvier stigmatisant la politique de son collaborateur, observant qu'il était insensé de risquer une
aussi colossale partie à l'heure où notre alliée la Russie
venait d'être outrageusement battue en Extrême-Orient,
à l'heure où ni notre armée, ni notre marine, ni surtout notre opinion publique, dévoyée par un pacifisme
irréfléchi, n'étaient prêtes à affronter le plus redoutable
des conflits.

Tous les membres du cabinet se rangèrent aux côtés de
leur président. Nul au Parlement, dans la presse, à part
quelques exaltés du nationalisme, ne soutint la politique
d'étourneau — c'est le moins qu'on puisse dire — de
Delcassé. Il s'effondra.

A Rouvier, qui passe du Louvre au Quai d'Orsay, échut
la charge ingrate, analogue à celle qui devait m'incomber
cinq ans plus tard, de nous tirer du guêpier, de transiger
avec des rivaux qui avaient pris figure d'ennemis. Il agit
pour le mieux. Il sut à la fois résister à l'Allemagne et
s'arranger avec elle. Il parvint à faire reconnaître la spécia-
lité des intérêts de la France au Maroc et, si l'acte qui fut
bâti à Algésiras par un aréopage européen fut un des
papiers les plus saugrenus dont l'ignorance diplomatique
ait jamais accouché, du moins aucun des droits essentiels
de notre pays n'y fut méconnu.

On remercia Rouvier en le renversant, en mars 1906,
au cours d'un débat obscur. C'est le sort que notre pays
de France ménage souvent à ses bons serviteurs. Il est tout
heureux de les trouver pour réparer les sottises des outre-

cuidants. Mais il a un faible pour les évaltonnés glorieux, peu de goût pour les sages.

M. Sarrien fut chargé de former un cabinet. Il demanda le concours de M. Briand qui l'accorda sur-le-champ mais qui exprima le vœu qu'un portefeuille fut dévolu à M. Clemenceau. Briand répéta le mot connu : « J'aime mieux le voir dedans que dehors. » Clemenceau alla donc à l'Intérieur. Le président du Conseil se réserva la Justice. Briand reçut l'Instruction Publique et les Cultes. Les Finances furent attribuées à M. Poincaré. On pensa à moi pour les Colonies. J'aurais refusé si l'offre m'en avait été faite. Je ne me sentais apte qu'à une seule tâche : diriger les finances publiques.

Je fus d'autant moins désobligé de la préférence donnée à Raymond Poincaré qu'il était mon ancien, que, par ailleurs, les questions de dosage de groupes et d'influences avaient agi contre moi. Chacun, au surplus, président du Conseil, ministres de premier plan, de regretter, de s'excuser presque, de me prédire un prochain dédommagement. Chacun de reconnaître la réserve dont j'avais fait preuve quand, votant contre le ministère Combes, je m'étais refusé à l'attaquer à la tribune. Chacun de retenir l'appui dévoué que j'avais apporté au cabinet Rouvier. On louait, enfin, mes interventions au cours de la Législature. Aussi bien dans les débats sur l'impôt sur le revenu que sur les primes à la marine marchande ou sur les concessions congolaises j'avais prononcé des discours qui — je puis le dire — avaient fortifié ma situation parlementaire.

Ma rentrée au gouvernement n'était qu'affaire de temps.

Poincaré s'en portait garant dans la très aimable lettre que voici :

26, avenue des Champs-Élysées.
8 avril.

« Mon cher ami,

« Je pense que M. Pallu de la Barrière vous a transmis mes excuses avant-hier. J'ai bien vivement regretté de ne pouvoir aller applaudir votre beau discours.

« Pourquoi prétendez-vous que seul le ministère des Finances convient à vos aptitudes? Vous parlez aussi bien sur la politique générale que sur le budget et vous seriez partout à votre place. Mais enfin s'il ne dépend que de moi, les événements, qui, contre mes désirs, ont accidentellement empêché de satisfaire vos préférences, ne se renouvelleront pas.

« Cordialement à vous.

POINCARÉ. »

Peu s'en fallut que le prochain retour au gouvernement que le futur président de la République me faisait gracieusement entrevoir ne fût reculé pour un long temps. Je faillis être battu aux élections de 1906.

Mes électeurs avaient été irrités des mesures prises par Rouvier quand, ministre des Finances dans le cabinet Combes, il avait réglementé le privilège des bouilleurs de cru. Je ne pouvais désapprouver mon successeur cherchant à enrayer des fraudes préjudiciables au trésor. J'avais cependant promis à mes mandants de défendre un privilège à l'ombre duquel s'étaient créées des habitudes, fâcheuses sans nul doute, difficiles à déraciner du jour au lendemain. Je me gardai bien entendu de manquer à mes engagements mais je me refusai à plaider à la tribune la cause des bouilleurs de cru, quoi que me demandassent mes commettants.

Même, certaines réserves dans mes votes exprimèrent combien il m'en coûtait de ne pas suivre le ministre des Finances.

Les cultivateurs de mon arrondissement en éprouvèrent du mécontentement. Beaucoup d'entre eux n'appréciaient pas la séparation des Églises et de l'État. On leur criait sur tous les tons que les Églises seraient fermées. Ils ne le croyaient qu'à demi. Ils n'en éprouvaient pas moins une certaine inquiétude qu'ils n'osaient avouer. La question des bouilleurs de cru leur donna prétexte à voter contre moi.

Je fus élu à une centaine de voix de majorité seulement.

Ce demi-échec ne fut pas étranger à la détermination à laquelle je m'abandonnai dans le courant de l'été de 1906.

Pendant les années précédentes de nouveaux deuils m'avaient affligé. Ma belle-sœur, la veuve de mon frère Paul, était morte subitement le 1er janvier 1903 laissant trois petits orphelins qui furent confiés à la tutelle de leurs grands-parents. Un an plus tard, un de ces enfants, une délicieuse petite fille, la préférée de ma chère mère, était emportée par l'appendicite. J'en éprouvai un chagrin d'autant plus vif que la disparition de la pauvre enfant avait été causée par la négligence coupable d'un médecin sur le choix duquel on ne m'avait pas consulté, moi qui étais le subrogé-tuteur de mes neveux et nièces. Ce me fut une occasion — pas la première — de constater l'isolement que mes opinions politiques avaient créé autour de moi.

Le rompre en fondant un foyer? Mais comment me marier? Le monde auquel j'appartenais me repoussait. Vivre seul ma vie? C'était probablement la meilleure solution, c'était celle qui avait eu de tout temps mes préférences.

Elle n'était pas goûtée par une jeune femme avec laquelle j'étais lié depuis plusieurs années et qui poursuivait un but que j'apercevais, dont je souriais. Voyant le temps passer, craignant mille choses, elle eut un coup d'audace. Elle divorça. J'eus beau m'élever contre son projet. J'eus beau lui déclarer que je ne l'épouserais en aucun cas. Elle persista. En novembre 1904 elle avait repris son nom de jeune fille. Je persistai de mon côté dans ma résolution et ma vie aurait sans doute pris un autre tour si, à la fin de l'année 1905, je n'avais ressenti des troubles nerveux auxquels je suis, depuis lors, périodiquement sujet mais qui ne m'ont jamais éprouvé avec la violence qu'ils ont revêtus à cette date. Ce fut une vraie crise qui se prolongea, qu'aggrava la déconvenue causée par les élections de 1906. L'inquiétude naturelle à mon esprit s'en trouva avivée. Prompt, comme tous les honnêtes gens, aux scrupules de conscience, j'en vins à me persuader, *à me laisser persuader*, que j'avais des devoirs vis-à-vis d'une femme qui avait divorcé, malgré moi sans doute mais à cause de moi. Je glissai tout doucement vers un mariage de résignation dont j'entrevoyais par échappées qu'il ne pourrait pas durer. J'étais loin de me douter que cette union pèserait lourdement, douloureusement sur ma vie.

TROISIÈME PARTIE

***

Dans les républiques on voit la plupart des choses se faire par un esprit de faction et toute faction est passionnée, la faction se trouve partout, le zèle des plus gens de bien n'en est pas exempt.

SAINT-EVREMOND.

CHAPITRE IX

Il n'était qu'une voix dans les milieux parlementaires pour proclamer que le ministère de l'honnête M. Sarrien n'avait d'autre objet que de préparer la venue du ministère attendu de tous, du ministère Clemenceau. Les choses se passèrent comme il était prévu. En octobre 1906 M. Sarrien démissionnait. M. Clemenceau montait à la présidence du Conseil. Il me demandait immédiatement mon concours au lieu et place de M. Poincaré qui se retirait.

J'acceptai. Je me souvenais bien des silences glacés de Waldeck-Rousseau, de la contraction de son visage quand le nom de Clemenceau était prononcé devant lui. Mais, je ne cessais de penser que mon maître ne pouvait juger en sérénité l'implacable adversaire de Gambetta et de Ferry. Le passé de Clemenceau, tel qu'on me l'avait rapporté par fragments, m'inspirait sans doute aversion et méfiance. Mais étais-je bien informé? Les dénigrements dont l'ardent lutteur avait été l'objet n'étaient-ils pas excessifs? Quand tout eût été vrai, les leçons de la vie n'avaient-elles pas modifié l'homme? Il me paraissait, à moi, que l'adversité l'avait retrempé. Exclu du Parlement, au ban de l'opinion publique durant les années 1893 et suivantes, il avait, de

233

l'aveu de tous, témoigné d'un superbe courage, d'une force de résistance exceptionnelle. J'avais admiré, ainsi que la plupart des républicains, la magnifique campagne qu'il avait menée dans son journal *l'Aurore* pour la révision du procès Dreyfus. Je m'étais rapproché de lui quand j'avais observé les efforts qu'il avait entrepris dans son journal et au Sénat où il était entré en fin 1902 seulement — il avait été retranché pendant plus de neuf ans des assemblées — pour modérer la politique combiste. Aussi bien en ce qui concernait l'application de la loi sur les Associations, qu'en ce qui touchait la séparation des Églises et de l'État, il s'était gardé de tout sectarisme. L'attitude très nette qu'il prit lors des incidents de 1905 fit tomber mes dernières préventions. Dans ses articles quotidiens il combattit avec son mâle talent de plume la politique de Delcassé en même temps qu'il réagissait contre le pacifisme d'illusions ou de débilité qui, alors, exerçait des ravages.

M. Clemenceau s'assura facilement le concours de collaborateurs qui étaient tous ou presque tous des hommes de mérite, quelques-uns des hommes de premier ordre. Mais, quand il les eût réunis pour organiser définitivement le cabinet et pour arrêter le programme gouvernemental, les choses n'allèrent pas toutes seules. On craignit quelque temps le trébuché au point de départ.

La première difficulté surgit à propos des sous-secrétaires d'État.

Le président du Conseil avait jeté son dévolu sur un député issu de la récente consultation électorale. Nommé membre de la Commission du budget, chargé du rapport sur l'administration pénitentiaire, M. Chéron avait vivement impressionné le ministre de l'Intérieur du cabinet Sarrien avec lequel la mission dont il était pourvu lui donnait l'occasion de conférer. M. Clemenceau nous annonça son intention d'attribuer au jeune député de Caen le sous-secrétariat d'État à la Guerre. « Il sera, nous dit-il, un administrateur remarquable (1). » Sans contester une opinion qu'ils étaient hors d'état de discuter, plusieurs membres du cabinet remarquèrent qu'il était insolite de faire accéder au gouvernement un homme qui venait seulement d'entrer dans la vie publique et qui n'avait exercé aucune fonction administrative le qualifiant de près ou de loin pour gérer des services aussi importants que ceux qu'on voulait lui confier. Certains ajoutèrent qu'une ou deux interventions de M. Chéron à la Commission du budget faisaient craindre qu'il eût un penchant pour la démagogie (2). Toutefois, le président insistant, chacun s'inclina.

Beaucoup plus sérieux fut le débat sur le rachat des Chemins de fer de l'Ouest.

La situation du réseau était franchement mauvaise Le Conseil d'administration de la Compagnie ajournait les travaux nécessaires pour ne pas trop aggraver la dette, qui n'allait pas moins en grossissant chaque année, de la société vis-à-vis de l'État Les ingénieurs qui géraient l'entreprise se décourageaient d'exploiter un réseau en si triste situation. Il fallait aviser. Mais, que faire? A gauche on réclamait le rachat. J'y étais hostile. Je comprenais la reprise de tous les chemins de fer par la nation J'avais peine à admettre une solution fragmentaire et onéreuse. « Restituez, disais-je à mes collègues du cabinet, la pleine possession des voies ferrées à l'État, si vous le jugez à

---

(1) Clemenceau avait une faculté tout à fait étonnante pour mettre périodiquement la main sur des hommes de génie, auxquels il accolait, au bout de quelques mois, des qualificatifs tout opposés

(2) On ne se trompait pas tout à fait. Chéron n'a cessé d'être affligé de ce travers contre lequel il s'est efforcé de réagir sans y complètement y réussir C'est grand dommage qu'il ait porté en lui cette faiblesse car il avait, par ailleurs, de solides qualités

propos. Vous ferez œuvre logique et dont au bout d'un certain temps chacun pourra mesurer les conséquences. Que si cette opération massive vous effraie — je le comprendrais — franchissez une première étape en invitant le Parlement à voter une loi, que je suis tout disposé à préparer, qui donnera au gouvernement le droit de désigner ou d'agréer les membres des Conseils d'administration de toutes les Compagnies de Chemins de fer. Avec ces organismes renouvelés, rajeunis, dégagés de l'esprit de routine il sera possible de réaliser des fusions de réseaux en même temps que des ententes tant financières que techniques entre les sociétés. Par ces fusions, à l'aide de ces ententes nous résoudrons la question des Chemins de fer de l'Ouest. Mais, de grâce ne vous arrêtez pas à cet expédient détestable qui consiste à se débarrasser du déficit d'une Compagnie en le mettant à la charge des contribuables. Rendez-vous compte qu'il sera impossible de tirer bon parti d'un ensemble de lignes mal agencé, portant le poids de fautes lourdes commises dans le passé par des administrateurs insuffisants. L'inévitable médiocrité des résultats que vous obtiendrez fournira un argument, de mauvais aloi je le veux bien, mais très fort en apparence, aux adversaires des exploitations d'État. »

Je plaidai avec feu ma cause qui était juste, juste au point de rallier Jaurès. Comme il s'étonnait quelques jours plus tard de mon opposition dont il avait eu vent, je lui exposai les raisons qui l'avaient déterminée. « J'entends, me répondit-il. Dans mon pays, pour dégoûter les chiens des œufs, on leur fait manger un œuf pourri. Le rachat de l'Ouest, c'est l'œuf pourri. »

Mes collègues furent moins sensibles à mon argumentation. Aux uns la solution que je proposais parut un peu bien radicale. Les autres la trouvèrent entachée de modé-

rantisme. Tous, raisonnant en hommes politiques préoccupés de se modeler sur l'opinion parlementaire, s'accordèrent à penser que ma conception serait mal comprise,
qu'elle indisposerait aussi bien la gauche que la droite. Je
sentis qu'ils n'avaient pas tout à fait tort, que le rachat
de l'Ouest, opéré isolément, était sans doute une faute
administrative mais une de ces fautes que la politique
oblige à commettre.

Comme, au surplus, la question n'était pas de première
importance, je finis par céder. J'étais d'autant moins disposé à prendre la responsabilité de briser par ma retraite
le gouvernement que M Clemenceau s'essayait à former
qu'il m'incombait d'entreprendre, à la place où je revenais,
une tâche considérable pour laquelle le président du Conseil
et mes collègues me laissaient toute liberté.

Cette tâche — on l'a deviné — c'était la transformation
de nos contributions directes, la mise sur pied puis la
réalisation législative d'un système rationnel, logique, étudié d'impôts sur le revenu. Pendant plusieurs années cette
grande réforme alimentera la politique du pays. Elle fera
passer toutes les autres questions, quelque importantes
qu'elles puissent être, au second plan. Elle conservera vie,
quoi qu'il doive en coûter parfois à certains partis et à
certains hommes, au ministère qui, le premier, aura saisi
le Parlement d'un projet à la fois cohérent et complet.

La logique me conduit donc à ne décrire les vicissitudes
du cabinet Clemenceau qu'après avoir exposé comment
fut conçu, comment naquit, comment se présenta devant
la Chambre, comment fut soutenu, l'ensemble de textes
composant l'impôt sur le revenu puisque c'est à l'ombre
de la réforme que vivra le second ministère dont je ferai

partie. Encore ne puis-je entrer directement dans le sujet.
Encore me faut-il écrire des préliminaires. Encore me faut-il
représenter comment, pour l'élaboration et pour le succès
du projet, je dus m'assurer la collaboration diligente de
mon administration, veiller à ce que les budgets, les finances
du pays, fussent assez libres pour ne pas donner prise aux
attaques des gens d'affaires que la réforme heurtait et qui
n'auraient manqué d'opérer des pesées sur le gouvernement
et sur le Parlement si les moyens leur en avaient été laissés.

Quand mon prédécesseur me remit les services du ministère, il me fit une description lugubre de l'état de nos administrations financières. « Vous ne reconnaîtrez plus cette
maison, » me dit-il en propres termes. A ce moment, comme
à d'autres époques, soufflait, un peu dans toutes les directions du ministère, un vent d'agitation. Les associations de
fonctionnaires, qui venaient de naître à l'ombre de la loi
de 1901, impatientes de justifier leur raison d'être, formu-
laient des revendications dont bon nombre étaient exa-
gérées.

Mais il y en avait de fondées.

En 1906, on ne savait au ministère des Finances ce
qu'étaient les tableaux d'avancement, ce qu'étaient les
conseils de discipline. Maîtresse absolue la haute bureaucratie ne voulait rien céder de ses prérogatives d'autorité.
Je tenais, moi, ces prérogatives pour surannées. J'estimais
qu'il fallait graduellement substituer à un système, qui
paraissait calqué sur des institutions politiques périmées,
un régime plus souple en accord avec les formules modernes
de gouvernement. Je franchis une première étape dans
cette voie, où aucun de mes successeurs n'a franchement
et vigoureusement marché depuis, en prenant par décrets

un ensemble de mesures (conseils de discipline, codes de l'avancement, etc.) conçu de façon à garantir les fonctionnaires contre l'arbitraire sous quelque forme qu'il pût se manifester. Aussitôt que mes intentions furent connues, avant même que les nouveaux règlements ne fussent intervenus, tout s'apaisa et je retrouvai cette maison, « que je ne devais plus reconnaître, » aussi fortement charpentée qu'elle l'était en 1902. Assise sur des fondations que le temps a cimentées, elle résistera aux tempêtes qui passent, du moment où l'on daignera veiller sur son entretien, du moment où l'on condescendra à la remettre périodiquement en état.

Une heureuse réforme que je réussis peu de temps après mon retour au ministère donna au personnel d'autres satisfactions auxquelles il fut sensible. J'instituai le cautionnement mutuel. Supprimer les dépôts pécuniaires exigés des comptables pour garantie de leur gestion, les remplacer par des engagements assumés par une association mutuelle d'intéressés, exonérer ainsi les agents de prestations de fonds d'autant plus lourdes que la plupart d'entre eux étaient réduits à emprunter à des taux fort élevés, telle est l'idée très simple que je fis entrer dans la pratique.

J'en fus vivement remercié. Des améliorations que j'introduisis dans les statuts d'agents délaissés, des augmentations de traitements raisonnables que j'obtins des Chambres au bénéfice des plus modestes serviteurs de l'État achevèrent d'attacher à mon administration le personnel dont le concours dévoué m'était nécessaire

Il était plus essentiel encore d'avoir des budgets libres. A ce point de vue je me trouvais en présence d'un état de choses complexe.

Mon prédécesseur avait déposé pour l'exercice 1907 un projet de budget... inattendu. Il avait pris au tragique une situation financière qui paraissait embarrassée et qui n'était qu'embrouillée. Pendant la période de tension politique avec l'Allemagne (1905-1906) des dépenses assez considérables pour la mise au point de notre matériel d'armement avaient été engagées par le ministère de la Guerre sans que les autorisations nécessaires eussent été requises du Parlement. Facile à réparer ! Les actes législatifs à intervenir devaient naturellement rattacher les dépenses extraordinaires à tel ou tel budget (1906 ou 1907). Si les excédents budgétaires de ces exercices n'étaient pas assez importants pour supporter cet afflux de charges nouvelles, si la trésorerie se trouvait, de ce fait, endommagée, alors on aviserait ; alors, mais alors seulement, on emprunterait.

Il n'est pas un financier d'État qui eût raisonné d'autre façon.

Mais, M. Poincaré n'était pas, il n'a jamais été un financier d'État, quels que soient les succès que, des années plus tard, quand il est revenu aux Finances, la politique lui a valus. Il est un éminent juriste qui se rend malaisément compte de la pénétration complète des budgets et de la trésorerie, qui, jugeant sur pièces comme au Palais, entend que les budgets, avant même qu'ils soient réglés, quand ils n'expriment encore que des hypothèses, présentent des excédents.

L'idée qu'il y avait, hors comptes, un gros paquet de frais exceptionnels, dont l'irruption dans les budgets risquait d'en compromettre l'équilibre, l'affola. Il imagina de proposer aux Chambres de liquider ce stock extraordinaire au moyen d'un emprunt.

La Commission du budget s'étonna puis regimba. Elle observa que la trésorerie était à l'aise, qu'il n'apparaissait pas que l'État eût un besoin quelconque de fonds. Elle laissa entendre que la belle apparence des papiers budgétaires était chose secondaire, qu'il importait par contre de ne pas faire inutilement appel au crédit, que les collectivités ainsi que les particuliers n'y devaient recourir que quand elles ressentaient le mal d'impécuniosité.

Tout cela était d'évidence mais M. Poincaré s'obstina et, n'ayant raison de la Commission du budget, ne voulant composer avec elle, il se retira.

J'apaisai le conflit, qui était à l'état aigu quand je revins au Louvre, en un tournemain.

Sans donner raison sur tous les points aux représentants de la Chambre, je m'accordai avec eux en renonçant au futile projet d'appel au crédit caressé par mon prédécesseur. J'incorporai les dépenses exceptionnelles dans les budgets de 1906 et de 1907 dont je pensais que, malgré ce fardeau supplémentaire, l'équilibre ne serait pas sérieusement atteint. Je préparai d'ailleurs des excédents pour 1907 et les années suivantes en augmentant le taux de certaines taxes, en rectifiant certains impôts.

Ma politique financière fut durement critiquée à la Chambre par M. Ribot, au Sénat par les partisans de M. Poincaré, par M. Poincaré lui-même. Ils avancèrent que j'installais le déficit dans les budgets, que je serais obligé de contracter dans quelques mois un emprunt plus important que celui que j'écartais aujourd'hui. Je répliquai. J'indiquai que l'état de la trésorerie me prouvait que le budget de 1906, dont les comptes n'étaient pas arrêtés, recélait un excédent plus important qu'on ne le supposait, que la marche des recouvrements donnait tout lieu d'espérer que l'exercice 1907 présenterait un surplus de recettes largement suffisant pour couvrir les dépenses exceptionnelles qui lui incomberaient et dont, à mon sens, on exagérait le montant.

Je l'emportai devant les assemblées. Mais, il flottait de l'incertitude dans l'air

Les faits la dissipèrent. Ils justifièrent abondamment mes affirmations et mes prévisions. Le budget de 1906 se solda par un déficit insignifiant. Celui de 1907 aboutit à un magnifique excédent. Les frais extraordinaires d'armement se trouvèrent ainsi couverts par le produit des impôts sans qu'eût été accru d'un centime le passif de la nation à laquelle on eût fait supporter, si l'on eût suivit M. Poincaré, une charge d'emprunt inutile.

Je réussis de la sorte à éviter des appels au crédit qui, en m'obligeant à entrer en contact avec les financiers; m'eussent donné les coudées moins franches pour réformer, ainsi que je l'entendais, la fiscalité.

Il importait au plus haut point, pour les mêmes raisons, que les budgets des années ultérieures connussent une heureuse fortune. Je m'y appliquai. J'y parvins puisque — je l'ai dit dans un précédent chapitre — l'exercice 1907 laissa un large excédent, les exercices 1908 et 1909 aboutirent à des déficits minimes compensés et bien au delà par l'amortissement. Mais, je n'obtins ces résultats qu'en comprimant les augmentations de dépenses avec toute l'énergie possible, en bataillant avec mes collègues

Les conservateurs ne manquèrent cependant de me reprocher à l'époque ma prétendue faiblesse vis-à-vis des services dépensiers. Des années plus tard, la guerre étant venue, changement de front ! Ce n'est plus ma soi-disant prodigalité, c'est ma parcimonie qu'on a incriminée. On a allégué que j'avais mis en péril la défense nationale en marchandant des crédits au ministère de la Guerre.

Ici, je me vois obligé d'entrer dans une de ces discussions techniques un peu ardues dont j'ai averti mes lecteurs qu'elles pourraient les rebuter. J'ajoute que celle-ci ne fait pas nécessairement corps avec mon récit. Je ne veux cependant l'omettre car il se pourrait que quelque chose parvînt à la postérité de la légende qu'ont essayé de créer les nationalistes à mon désavantage. Et puis, ce m'est une occasion de dire certaines vérités que je recommande à l'attention de ceux qui voudront bien me lire en quelque temps que ce soit.

Quel reproche m'a-t-on adressé, m'adressera-t-on? On ne peut contester que, le budget s'établissant en Conseil des ministres, mes collègues avaient toute latitude pour protester, pour démissionner au besoin, s'ils jugeaient que les retranchements de crédits que je leur imposais compromettaient les grands intérêts dont ils avaient la garde Cela est tellement clair que les nationalistes s'attaquèrent autant au ministre de la Guerre, à mon excellent collègue le général Picquart, qu'à moi-même. Nous serions également coupables parce que nous aurions, de concert, impitoyablement sabré les demandes de crédits formulées par les services du ministère de la Guerre. Ainsi, nous aurions appauvri notre armement, fait courir à la France le risque de la défaite en 1914, etc..., etc...

Je ne m'attarderai pas à envisager une thèse qui serait d'anarchie si elle était sérieusement soutenue, à savoir qu'il n'est permis à qui que ce soit de discuter les propositions des officiers de la rue Saint-Dominique, que chef du gouvernement, ministres, députés, sénateurs, doivent s'incliner dévotieusement devant les suggestions émanant des divers services de la Guerre quand même celles-ci s'enchevêtreraient, se contrediraient les unes les autres.

Je pose, moi, mieux que mes contradicteurs ne l'ont fait,

la question telle qu'elle peut, telle qu'elle doit être retenue : les ministres du cabinet Clemenceau ont-ils, par imprévoyance, par crainte du Parlement, par souci exagéré de ménager le contribuable, écarté ou rogné les demandes de crédits des directions compétentes du ministère de la Guerre impliquant une amélioration notable de l'outillage militaire?

Je défie qu'on réponde par l'affirmative en apportant une précision à l'appui, une seule. Ce n'est pas la première fois que je jette ainsi le gant dans l'arène. Il n'a jamais été relevé. pour cause.

La vérité! Les bureaux du ministère de la Guerre furent, entre 1906 et 1909 comme à d'autres époques, médiocrement attentifs aux questions de matériel, presque uniquement occupés à réclamer des augmentations sur les chapitres du personnel qui furent, celles-là, passées au crible par le contrôle de l'armée, par les services et par le ministre des Finances. Advenait-il qu'ils proposassent une amélioration ou un complément d'outillage sérieux? Jamais un centime n'était refusé. Exemple : les services de l'artillerie demandèrent en 1908 de larges crédits pour multiplier les batteries de canon de 75, pour substituer la batterie de quatre pièces à la batterie de six pièces. Accordé sans l'ombre d'une hésitation! Crédits ouverts immédiatement! Ce cas excepté, aucune proposition utile! Dédain de l'artillerie lourde — que de choses je dirais sur ce sujet! — Dédain, ignorance pour mieux dire, de la mitrailleuse!

Ces nouveaux engins n'étaient pas encore au point entre 1906 et 1909, pourra-t-on m'objecter. Soit! Je ne me déclare pas cependant satisfait et, ayant liquidé, en quelques phrases comme il convient, le procès fait au ministre des Finances, je ferai à mon tour non le procès des services de la rue Saint-Dominique, composés dans tous les temps d'hommes de valeur, mais le procès de l'organisation du ministère de la Guerre telle qu'elle était encore agencée durant les vingt ou trente années qui ont précédé la grande guerre.

Défaut de cohésion, voilà quel était le point faible d'où dérivaient l'éparpillement des efforts, les tiraillements entre les bureaux, entre les hommes !

Le génie veut des fortifications partout, non seulement dans l'Est, où le nécessaire est fait, mais jusque sur les côtes. Pourquoi? Des généraux protestent avec raison contre ce gaspillage (lire une lettre du général André que l'on trouvera en note) (1). La direction de l'infanterie voudrait remplacer le fusil Lebel par un fusil automatique mais à une condition formelle : c'est qu'on ne lui impose pas un modèle inventé par un officier d'artillerie le colonel C... La direction de l'artillerie tient à son fusil auto-

(1) J'avais eu l'occasion de rencontrer mon ancien collègue. Je lui avais exprimé ma crainte qu'il n'y eût quelques déperditions dans les services qu'il avait commandés. Il m'écrivit

23, rue Erlanger

« Paris, 14-2-07.

« Mon cher ancien collègue,

« . J'ai acquis la certitude que les dépenses excessives, auxquelles vous vous heurtez, ont été engagées contrairement à l'opinion des chefs militaires les plus compétents et les plus directement intéressés

« Faites-vous, en effet, présenter le rapport adressé au ministre de la Guerre, le 13 septembre 1906, par le commandement du 20ᵉ corps d'armée (Nancy), vous y trouverez ce qui suit

« Pourquoi ne pas diminuer *sensiblement* le nombre de nos batteries de « côtes?

« Pourquoi ne pas restreindre le chiffre des dépenses formidables qu'on « engage de ce côté, sans espoir de les voir diminuer dans l'avenir, puisqu'il « faudra entretenir les constructions faites, alimenter le personnel, etc ..

« Ne pourrait-on dans le même ordre d'idées diminuer aussi les dépenses « que l'on fait pour la fortification de nos grandes places?

« C'est en rase campagne, non sur les côtes, non derrière des murs, même « en béton le plus perfectionné, que se règleront les destinées de la France. »

« Cette communication, j'entends que j'ai le devoir de vous la faire à vous ministre...

« Général ANDRÉ »

matique mais elle est accusée par toutes les autres directions de tirer constamment la couverture à elle.

A la bataille entre les directions se superposent les batailles entre les comités et les organes d'exécution, les luttes au sein des comités eux-mêmes. Les ministres de la Guerre du passé, particulièrement M. de Freycinet, avaient imaginé d'instituer pour chaque arme des conseils, des comités techniques délibérant obligatoirement sur toutes les réformes, sur toutes les améliorations d'outillage. Les officiers supérieurs, que des inventions, des perfectionnements réalisés par eux avaient mis en relief, étaient naturellement appelés à faire partie de ces comités. Chacun d'entre eux recherchait de nouveaux progrès techniques et, suivant une pente naturelle à l'esprit humain, était enclin à refuser son approbation à tout ce qui ne portait pas sa marque de fabrique ou celle d'un de ses amis L'état-major, le ministre, proposaient-ils l'adoption d'un engin inventé au dehors? Une coalition se formait rapidement entre tous les « déçus ». Elle comprenait la majorité du comité. La proposition ministérielle n'était pas repoussée, bien entendu Une première enquête était ordonnée, une seconde au besoin. Les études s'entassaient sur les études, les rapports sur les rapports. Le temps passait. Rien ne sortait.

Je viens de résumer en quelques mots l'histoire de l'artillerie lourde que j'exposerai tout au long quand je parlerai de mon gouvernement.

Je clos le paragraphe. J'en ai assez dit, je pense, pour faire apercevoir qu'il n'y aurait qu'un reproche à adresser aux ministres de la Guerre avec lesquels j'ai travaillé. Ils furent non trop indociles mais trop dociles devant leurs bureaux, ils admirent l'omnipotence des comités dont ils auraient dû secouer le joug. Rien de plus nuisible au bien public que l'institution dans une grande administration d'une féodalité de sous-ordres. L'excuse que mes contemporains pourraient invoquer c'est que tout avait été combiné, organisé avant leur accession au pouvoir par des ministres cédant à la pression des bureaux, heureux de créer ou de trouver des contreforts pour mettre leurs responsabilités à couvert — tel M de Freycinet — et que c'est travail étrangement délicat de démolir, sans abîmer le gros œuvre, toutes les constructions parasites qui ont été ajoutees à un bâtiment et qui, après quelque temps, font corps avec lui. Je ne poursuis pas. Il me faudrait ouvrir un vaste débat, que je n'ai pas le loisir d'instituer, sur les possibilités d'action d'un ministre qui passe vis-à-vis d'une forte administration qui demeure.

Le souci d'aplanir les voies devant la réforme fiscale m'amena à reprendre dès mon retour au Louvre les conversations avec la haute finance commencées sous mon premier ministère.

Plus persuadé que jamais qu'il y avait de multiples inconvénients à laisser l'épargne française s'orienter presque exclusivement vers l'acquisition de valeurs étrangères, parvenu à cette conviction que le seul moyen efficace d'endiguer le courant était de supprimer les privilèges de fiscalité dont bénéficiaient les fonds d'État extérieurs, j'aurais voulu me faire entendre du monde des grandes affaires et m'entendre avec lui. J'aurais consenti des concessions pour obtenir son concours.

C'est tout juste si je trouvai à qui parler.

L'animateur de la politique que je voulais refréner, le fondateur du Crédit Lyonnais, Henri Germain, avait disparu après avoir âprement enfoncé le soc de sa puissante volonté dans le champ de la finance. Les chefs de bureau

que cette grande personnalité eut pour successeurs m'écoutèrent à peine quand je les entretins de mes préoccupations.
Leur sourire béat exprima une tranquille indifférence en
même temps qu'une satisfaction replète à la pensée de
l'avalanche de titres russes, norvégiens, suédois qu'ils se
préparaient à déverser sur leur clientèle. Dans les autres
Sociétés de Crédit quelques hommes de valeur me comprirent. Mais, que pouvaient-ils sans le concours du gigantesque établissement qu'était le Crédit Lyonnais?

« Rien à faire, constatai-je en arpentant mon cabinet
ministériel. Il faut me résoudre à la bataille. Elle sera rude.
Prenons les devants. Engageons tout de suite les hostilités.
Les fonds d'État étrangers sont affranchis de tous impôts.
Un seul droit les frappe : un droit de timbre de 1 pour 100
de la valeur nominale des titres atteint ceux-ci lors de leur
émission ou de leur placement en France. Je double de
droit de timbre. Je le porte à 2 pour 100. J'inscris ce nouveau tarif dans la Loi de Finances de 1907. On va protester,
crier, me faire attaquer dans la presse. Peu m'importe ! Je
continue. Le nouveau régime d'impôts que je vais proposer
aux Chambres établira une assimilation complète entre les
fonds d'État étrangers et les valeurs industrielles françaises.
J'espérais à demi — oh ! à demi seulement — que je pourrais me concerter avec les représentants qualifiés de la
haute banque. Ils ne veulent rien savoir. Ils se croient très
forts parce qu'ils disposent de journaux, parce qu'ils ont
une meute stipendiée. Ils vont la déchaîner contre moi. Tant
pis. Je retrousse mes manches. Je me mets à la besogne.
Voici mon projet. Je suis devant le Parlement. »

Je l'avais mûri mon projet, tandis que, ajoutant un
second volume au premier volume du traité technique *Les*

Impôts en France (1) rédigé en 1896 avec la collaboration
de deux de mes camarades et amis de l'Inspection des
Finances, je faisais précéder le tout d'une préface méditée.
En cette préface, servant de frontispice à la description
complète de notre régime d'impôts au début du vingtième
siècle, je tentai, m'aidant de la méthode historique, la phi-
losophie de notre fiscalité dont je recherchai les origines,
dont je décrivis les évolutions successives.

Mes études, poursuivies en 1902, 1903 et 1904, me firent
toucher du doigt que, autant nos taxes indirectes, issues
d'un lointain passé, avaient été ou bâties ou mises au point,
en des formes trop compliquées mais, dans l'ensemble,
avec diligence et soin, par les grandes régies financières
héritières des vieilles fermes générales, autant la matière
des impôts directs avait été mollement traitée par une administration de structure trop récente pour être expérimentée.

Prenant pour thème les idées de Turgot. . déformées,
cette administration avait mis sur pied un système de
contributions qu'elle avait qualifiées « contributions directes » qui correspondait à peu près, quand il fut édifié,
c'est-à-dire au début du dix-neuvième siècle, aux nécessités
politiques et économiques du moment, mais qui était frêle,
mais qui devait rapidement vieillir. Il eût fallu le rajeunir,
le réviser très vite, périodiquement. Il n'y fut pas touché
durant près de cent années. Cela est si vrai que Paul Leroy-
Beaulieu, l'économiste conservateur, a pu écrire que « la
taxe sur le revenu des valeurs mobilières, votée par l'Assemblée nationale en 1872, avait été dans l'ordre des
impôts directs, le seul apport sérieux du dix-neuvième
siècle à la législation fiscale issue de l'ancien régime ».

Ainsi, en était-on venu au point où une refonte totale

(1) *Les Impôts en France.* (Librairie Plon.)

s'imposait. Chacun le reconnaissait, même les gens de droite quand ils étaient tant soit peu avertis. Mais quelle refonte?

Je me persuadai, à mesure que je travaillai, que rien de sérieux, rien de solide ne serait fait si l'on ne partait de ce principe que tous les revenus des citoyens, quel qu'en fût la nature, devaient être taxés sans exception ni distinction. Au moment où j'écrivais mon livre les revenus fonciers, les revenus des industriels et des commerçants, une partie des revenus mobiliers passaient seuls sous la toise du fisc Encore les taxes qui les frappaient étaient-elles disparates, inégales. Donner aux impôts existants une assiette uniforme, leur ajouter une taxe sur les revenus du travail excédant le minimum nécessaire à l'existence, avant tout soumettre l'intégralité des valeurs mobilières françaises ou étrangères au même régime fiscal, faire en un mot litière de tous les privilèges quels qu'ils fussent, quels que fussent les sophismes à l'aide desquels on prétendait les justifier, telle devait être la substance de la réforme.

Aucune hésitation sur l'urgence et sur la qualité de cette transformation ne me semblait, ne me semble encore permise Elle était commandée par l'idée de justice aussi bien que par la nécessité de boucher les fissures d'impôt dont il était tiré parti aux fins de dévier l'épargne de la nation. Elle était ordonnée par l'intérêt général du pays qui ne pouvait s'accommoder d'un régime fiscal dont l'*immobilisme* — c'était sa tare principale — ankylosait nos budgets.

J'explique le mot souligné.

Souvent il m'arrivait de me demander comment la France pourrait faire face à un débordement soudain de dépenses. Je ne voyais qu'un moyen · augmenter les contributions indirectes, c'est-à-dire les taxes progressives à rebours. Quelle clameur justifiée une telle décision eût soulevée dans une démocratie où l'on avait le sentiment fondé

que les classes riches étaient ménagées par le fisc! Et
cependant, pas d'autres possibilités! Nos impôts soi-disant
directs étaient assis non sur des réalités mais sur des fictions
périmées. Ils eussent croulé si l'on y eût touché.

Le spectre de la guerre n'étendait pas alors son ombre
sur le monde. Il ne pouvait cependant échapper à un homme
réfléchi que les cataclysmes fondent sur une nation avec
la soudaineté de la tempête en mer calme. Qui entrevoyait,
même vaguement, ces éventualités, qui les rapprochait de
la pauvreté des moyens financiers de la France ressentait
un trouble profond. Et, quand on s'en tenait aux perspectives immédiates, pas davantage ne pouvait-on dénier que,
aussi bien les développements de notre outillage national
que les équipements de défense militaire si l'on en proposait, que les larges améliorations sociales étaient irréali-
sables en un pays où la prospérité augmentait chaque jour
mais ou l'impôt direct était marqué d'un tel signe de désué-
tude que toute participation à l'accroissement quotidien
de richesse était refusée au Trésor.

J'écrivis ces choses dans les exposés des motifs de mes
budgets de 1908 et de 1909. Je précisai qu'il ne saurait y
avoir de finances « libres et fortes » — ce furent mes expressions — du moment où la fiscalité n'incluait pas les impôts
modernes sur les revenus, acceptés par tous les grands
peuples, composant le « volant » indispensable de toute
machine financière bien réglée.

Je n'en rencontrai pas moins l'opposition passionnée des
conservateurs. J'en vins à bout devant la Chambre — on
le verra. — Au Sénat la réforme sommeilla. Des années
s'écoulèrent avant que, en 1914 — au prix de quelles
peines! — je la fisse sortir des cartons d'une Commission.
Un fragment en était seul entré dans notre législation quand
la guerre éclata... L'histoire retiendra le préjudice causé

à la nation par ces atermoiements voulus. Elle jugera sévè-
rement l'égoisme borné dont firent preuve en la circonstance les classes possédantes ou du moins ceux qui les représentaient. Un de ceux-là, un de leurs héritiers plutôt — non
des moindres — M. Octave Homberg, le financier, le fils
du chef de cabinet de mon père, a reconnu en 1926 l'erreur
commise. Il a écrit : « La résistance trop longtemps opposée
avant guerre à l'établissement de l'impôt sur le revenu, en
dépit que cet impôt existât dans les autres grands pays,
ne fut pas, ayons le courage de l'avouer, bien clair-
voyante »

Terminologie indulgente ! Regrets tardifs !

« Mais, s'il s'était uniquement agi de parachever un fais-
ceau d'impôts réels sur les diverses sources de revenus,
nous aurions été avec vous, répliqueraient peut-être
quelques-uns de mes adversaires Ce qui nous a éloignés
c'est l'impôt global sur le revenu déclaré que dans votre
projet vous avez superposé aux taxes sur les revenus Rien
de plus contraire aux principes de la Révolution qui a
entendu que l'impôt ignorât les personnes et ne connût
que les choses. Rien de plus dangereux en une démocratie
puisque vous désignez en l'isolant une classe de gens riches,
puisque vous préparez, si vous ne les ordonnez pas, les
inquisitions dans les fortunes privées qui précéderont les
spolations auxquelles l'*invidia démocratica* conduira fatalement. »

Je ne cacherai pas que j'ai été longtemps sensible et que
je ne suis pas encore entièrement insensible à un argument
auquel je ne refuserai pas toute valeur. Mais, il n'est pas
de grand changement qui ne comporte des dangers. La
question est de savoir, quand on pèse un projet de réforme,
qui l'emporte dans la balance : les avantages ou les inconvénients.

Lorsque, après avoir fait le tour de tous les systèmes d'impôt sur le revenu, je m'arrêtai à la formule que j'ai exposée et qui se résumait, pour parler clair, en une adaptation chez nous du régime anglais, je pensai que l'œuvre à entreprendre pourrait se limiter à la transposition intelligente de l'*income-tax* britannique dans la législation française.

Il me fallut reconnaître que je me trompais.

Des raisons politiques, des raisons de justice, des nécessités budgétaires militaient en faveur d'un impôt sur l'ensemble des revenus complétant les taxes sur les revenus.

Raisons politiques, raisons de justice emmêlées les unes aux autres ! Les partis avancés n'étaient pas seuls à réclamer une taxe de redressement qui, atteignant les classes favorisées par la fortune, compensât dans quelque mesure l'inégalité des droits sur les consommations. L'argument avait prise sur les modérés. M. Ribot, que je devais trouver sans cesse contre moi au cours de la discussion jusqu'au jour où, ministre des Finances à son tour, partisan dans son for intérieur de la réforme, il en fit aboutir les dernières parties, trop tard (juillet 1917), s'élevait, non sans vivacité, contre une législation fiscale d'où serait bannie toute taxation personnelle. Il remarquait que, parmi les impôts institués au commencement du dix-neuvième siècle, il en était un, la contribution mobilière, qui avait justement ce caractère de personnalité. Éliminer radicalement ce vieil impôt, qui ne trouvait pas place dans un système de taxes sur les diverses sortes de revenus, au lieu de l'améliorer, au lieu de le transformer, ce serait recul, disait le leader du centre.

La thèse se soutenait d'autant mieux que les impôts sur les revenus, ne connaissant que les biens non les individus, ne devaient pas comporter de tarifs progressifs. Sans doute, était-il possible d'instituer ce qu'on a appelé une dégressivité, ce que j'appellerai, pour parler un meilleur français, une progressivité descendante, en accordant aux possesseurs de petits revenus, contre déclaration de leur avoir, des abattements de taxation pouvant aller jusqu'au dégrèvement total. Mais, outre que cette méthode, qui fonctionnait en Angleterre, y engendrait d'énormes complications, elle était au détriment du Trésor. Déchargeant les petits, l'État ne pouvait, comme cela eût été cependant d'équité, demander aux gros contribuables de le couvrir de ses sacrifices. Un seul moyen d'organiser une progression légitime, analogue à celle déjà introduite par M. Poincaré et par moi à sa suite dans les droits successoraux : créer cette taxe de superposition sur le revenu total de chaque citoyen quelque peu fortuné dont les conservateurs m'ont si véhémentement reproché d'avoir eu l'idée. Je l'ai eue en effet, je n'en ai pas gardé longtemps l'exclusivité. Quelques mois après que mon projet eût vu le jour, les libéraux anglais faisaient voter, *sans que les conservateurs de Westminster y fissent la moindre opposition, une supertaxe* qu'on eût dit copiée sur ma taxe de superposition. De même que celle-ci, elle représentait, ainsi d'ailleurs que le qualificatif l'indique, beaucoup moins un impôt surajouté qu'une combinaison de tarifs.

Combinaison de tarifs éminemment productive! indispensable à l'équilibre de la réforme que je proposais! Je pourrais donner des chiffres En est-il besoin?

Un peu longuement peut-être, j'ai décrit le travail de mon esprit pendant les années où, étudiant les législations étrangères, considérant le mouvement de notre fiscalité depuis la Rome antique, je me penchai sur le problème de la refonte de nos impôts directs. Je fixai, en 1906, les idées maîtresses auxquelles je m'étais arrêté en un schéma que, dès que j'eus repris la direction des services du ministère des Finances, je remis aux directeurs généraux que leurs fonctions m'assignaient pour collaborateurs. Je les chargeai de rédiger les textes sous le contrôle d'un inspecteur des Finances de haute valeur attaché à mon cabinet : M. Joseph Simon. Je revis bien entendu tous les articles préparés par mes subordonnés. Je rédigeai moi-même, à mon habitude, l'exposé des motifs précédant la loi.

En février 1907, je saisis le Conseil des ministres.

Naturellement, mes projets avaient filtré. L'opposition commençait à se dessiner. Je fus avisé que des velléités de résistance se manifestaient au sein du gouvernement. M. Constans, l'ancien ministre de l'Intérieur, alors ambassadeur à Constantinople, avec lequel j'étais en excellentes relations, informa mon chef de cabinet (1). *Il m'engagea à prendre diverses sécurités* auxquelles je dédaignai de recourir. Je pensai que la communication que je ferais à mes collègues nettoierait l'atmosphère. Je ne me trompais pas. Aucune objection en Conseil des ministres ! Au contraire, des applaudissements unanimes lorsque eût été entendu l'exposé des motifs !

Quelques heures plus tard je déposai le projet sur la tribune de la Chambre. L'assemblée demanda à son tour qu'il lui fût donné connaissance de l'exposé des motifs. La lecture en fut scandée par les acclamations vives et répétées (formulaire officiel) des gauches.

(1) Mon chef de cabinet était alors, comme à la fin de mon premier ministère, mon ami, M des Touches aujourd'hui président de la Banque Privée. Il était le plus diligent, le plus averti des collaborateurs. *A toutes les époques de ma vie* il témoigna du plus entier, du plus affectueux dévouement. Il fut admirablement complété par M Joseph Simon, aujourd'hui vice-président de la Société Générale, technicien émérite.

« Un fameux verre de vin de kola pour le ministère, » fut-il dit par un député. Le reconstituant venait à point. Le cabinet était malade, fort malade. Son chef avait eu une attitude et des mots malheureux. Mais, comment les gauches auraient-elles pu renverser un gouvernement qui, le premier de tous ceux qui s'étaient succédé depuis dix ans, avait la volonté et paraissait en mesure de faire aboutir un article essentiel de leur programme? A tout le moins fallait-il attendre. On verrait ce que la Commission chargée d'étudier le projet déciderait ou proposerait.

La Commission suivit d'enthousiasme le gouvernement. Sans doute, y eut-il, à plusieurs reprises, divergence de vues entre le ministre et les parlementaires. La Commission était présidée par Camille Pelletan dont j'étais l'ami, dont j'appréciais la grande intelligence, la rare culture. Mais ce « bénédictin laïque », comme je l'ai qualifié dans un de mes discours, s'engouait parfois d'idées théoriques qu'il voulait faire entrer à toute force dans la pratique. Si je l'avais écouté, lui et ses disciples dont René Renoult nommé rapporteur du projet, j'aurais réduit les taxes sur les revenus — eussent-ils été au bout de leur pensée, ils en auraient réclamé la suppression — j'aurais, en revanche, fait de l'impôt de superposition le bâtiment central de l'édifice. C'eût été le renversement de mon œuvre. Je ne m'y prêtai naturellement pas. Il y aurait eu lutte sévère, j'aurais triomphé péniblement si je n'avais eu l'appui de Jaurès. Le chef du parti socialiste, qui faisait partie de la Commission, se rendit tout de suite compte que le projet, dont il désirait ardemment le succès, ne pouvait aboutir qu'autant que l'appui sans réserves du gouvernement lui serait acquis. Il s'employa à aplanir les différends. Il obtint de ses amis socialistes et radicaux qu'ils entrassent entièrement dans ses vues, qu'ils se bornassent à me demander des rectifi-

cations de détail dont j'accordai toutes celles — quelques-
unes heureuses — qui se mariaient avec la conception
générale.

Ainsi, grâce pour la meilleure part à Jaurès, les socialistes, les radicaux, — Pelletan et Renoult — les modérés
même de la Commission tel M. Théodore Reinach dont le
concours fut des plus utiles, apportèrent leur collaboration
au gouvernement et se tinrent à mes côtés pendant le cours
de la discussion qui, commencée en janvier 1908, ralentie
par l'examen des lois urgentes, ne prit fin qu'en mars 1909.
Mais le bloc des gauches ne s'effrita pas un instant et,
soutenant le ministre des Finances (1), il fut, par le fait
même, obligé, bon gré mal gré, de ménager le gouvernement
tout entier.

Nombre d'avancés en gémissaient dans les couloirs.
Jaurès se plaignait qu'on lui fît avaler « des couleuvres dures
à digérer ». Leur mauvaise humeur s'accentuait quand ils
constataient que le chef du gouvernement semblait médiocrement épris de la réforme A la vérité, Clemenceau n'était
pas hostile à l'impôt sur le revenu. Il était hostile a son
ministre des Finances S'il décriait ou faisait décrier le
projet, c'était pour diminuer son collaborateur et pour, du
même coup, faire sa cour à la droite. Il ne voyait pas ou
feignait de ne pas voir qu'il eût immédiatement croulé si
j'avais été mis en échec.

(1) J'étais également soutenu du dehors Je ne résiste pas au désir de
reproduire un fragment de lettre d'Anatole France que je connaissais peu
en 1908 Le grand écrivain adressa au ministre des Finances une recommandation quelconque. Il conclut ainsi

« ......J'ai vu l'autre jour Poincaré qui m'a dit « J'apprends que vous
« nommez Caillaux Turgot. » Au reste il ne m'a pas fait une trop grosse
querelle là-dessus, vous trouvant le plus grand talent.

« Je vous serre la main, mon cher ministre, de tout mon cœur

« Anatole FRANCE »

« Paris, le 30 mars 1908 »

Les dernières lignes que je viens d'écrire projettent un jour particulier sur les méthodes de M. Clemenceau. On ne les comprendra, on ne percevra le rythme saccadé de son gouvernement qu'après que, anticipant sur le portrait que je ferai de l'homme, mentionnant tout de suite ses tares principales : la légèreté, l'orgueil, j'aurai expliqué comment le président du Conseil de 1906 fut conduit à modifier la position politique qu'il entendait prendre quand il forma son cabinet.

Lors des premières attaques dont il fut l'objet, il déclara à la tribune de la Chambre — sincère à coup sûr, ce jour-là ! — qu'il avait voulu constituer son ministère « dans un esprit de radicalisme socialisant ». De fait, le programme auquel ses collaborateurs et lui s'étaient arrêtés exprimait à peu de chose près le maximum des possibilités de réforme à l'époque. Mise en application de la séparation de l'Église et de l'État, impôt sur le revenu, rachat de l'Ouest, retraites ouvrières étaient les articles essentiels. Les gauches ne pouvaient demander, elles ne demandaient pas davantage.

Cependant, le parti socialiste s'évada tout de suite de la majorité. Inévitable ! Il y avait dissentiment foncier entre la mentalité du président du Conseil férocement individualiste et la mentalité ambiante à l'extrême gauche. Surtout, Jaurès qui régissait la démocratie la plus avancée ne pouvait pas ne pas entrer en opposition avec Clemenceau. Les deux hommes étaient aux antipodes l'un de l'autre.

Dès qu'il se sentit menacé à sa gauche, le chef du gouvernement chercha un contrepoids à sa droite. Voulant éviter d'être désarçonné par un de ces tête-à-queue qu'il excellait à agencer aux temps où, dirigeant lui-même l'extrême gauche, il s'accordait avec la droite pour culbuter cabinet sur cabinet, il essaya de s'attacher à demi les conservateurs. A demi . car il lui suffisait que les bulletins de la droite et du centre tombassent dans l'urne en sa faveur quand une agression socialiste le mettait en péril. Il réussit Des concessions de détail, des amabilités, des sourires, surtout un persiflage des idées avancées, même des projets que le gouvernement dont il était le chef proposait, lui valurent l'appui intermittent des conservateurs. « Ils m'aiment contre vous, » lui arrivera-t-il de dire à Jaurès dans une explosion de franchise.

Il n'en laissait pas moins ses lieutenants s'escrimer pour faire aboutir les réformes promises. l'impôt sur le revenu en première ligne, le rachat de l'Ouest ensuite dont Barthou et moi nous enlevâmes difficilement le vote au Sénat. Il était trop avisé pour ne pas comprendre qu'à ce prix seulement il retiendrait le gros de sa majorité Il dédommageait ses alliés de droite en laissant entendre qu'il se réservait d'intervenir au bon moment, que le Sénat était là pour ajourner aux calendes la réforme fiscale, la tête de Méduse des réacteurs, même des modérés.

Jeu très nuancé, difficile à mener ! Mais l'homme fut toujours prodigieusement retors. Il lui suffirait au surplus de distribuer de bonnes paroles à mi-voix en les entremêlant de quolibets. Les conservateurs buvaient du lait. Les hommes de gauche attachaient peu d'importance à des propos qu'ils mettaient sur le compte de l'incohérence dont le président du Conseil avait si étrangement fait étalage

Fin de phrase qui surprendra !

On la comprendra quand, entamant le récit des principaux faits de politique intérieure entre 1906 et 1909, j'aurai conté les premiers incidents qui survinrent.

Le ministère était à peine formé qu'il se trouvait aux prises avec une terrible difficulté : Rome interdisait au clergé d'accepter la loi de séparation. Que faire? Les églises seront-elles fermées comme le souhaitaient les énergumènes de gauche et de droite? On se le demandait. On se demandait si les choses ne tourneraient pas très mal. Un de mes compatriotes, Mgr Dubois, alors évêque de Verdun, depuis cardinal-archevêque de Paris, indiquait les appréhensions que nourrissaient les catholiques de raison dans une lettre qu'il m'adressait le 28 décembre 1906 et que je livre d'autant plus volontiers qu'elle est tout à l'honneur de l'éminent prélat qui l'a écrite.

Personnelle.

« Verdun, 28 décembre 1906.

« Monsieur le ministre,

« C'est à titre absolument personnel et nullement comme évêque que je me permets de vous soumettre quelques pensées sur les événements présents.

« Je ne vous dirai pas, monsieur le ministre, que mes séminaires sont fermés, que j'ai dû quitter l'évêché avant l'expiration des huit jours qu'on m'avait accordés ; je veux simplement vous dire que le nouveau projet de loi, pour plus accommodant qu'il paraisse sur quelques points, aggrave sur d'autres et complique encore la loi précédente,

« J'ai la très vive crainte qu'après les escarmouches d'hier, ce soit demain la guerre religieuse. Le pays tout entier en souffrira. Ce serait la désaffection de la République, la division entre Français qui s'accentueront.

« De grâce, monsieur le ministre, évitez à la France tous ces maux.

« Obtenez qu'on donne aux catholiques le minimum de libertés qui leur sont nécessaires.

« L'état des esprits est tout autre aujourd'hui qu'il n'était il y a six mois. Il est plus difficile de faire appel au calme et à la charité, car les plus indifférents s'étonnent qu'on en soit venu déjà où nous en sommes.

« Il en eût été autrement, je pense, si dans la confection d'une loi atteignant trente millions et plus de catholiques on avait entendu leurs chefs. A plusieurs reprises M. Dumay m'a exprimé ses regrets et ses inquiétudes au sujet de cette loi de Séparation.

« Laissez-moi vous prier, monsieur le ministre, d'user de votre influence pour éviter à notre pays la guerre religieuse. Je suis épouvanté de ce que je vois. A titre de compatriote ayant bénéficié de votre bienveillance, j'ai voulu libérer mon âme en vous confiant mes craintes et mes vœux.

« Daignez agréer, monsieur le ministre, avec mes excuses, l'assurance de ma respectueuse considération.

« Louis Dubois.
« Évêque de Verdun. »

Heureusement, Briand, qui avait, bien entendu, conservé dans le cabinet Clemenceau le portefeuille des Cultes, se tira au mieux de cette situation périlleuse. Il témoigna d'une extraordinaire dextérité politique. Entassant loi de fortune sur loi de fortune, sans se décourager jamais, il parvint, quelque paradoxal que cela puisse paraître, à *organiser législativement la tolérance de l'illégalité.* Vivement attaqué — cela va de soi — par l'extrême droite, il ne fut pas ménagé par les forcenés de l'anticléricalisme. Clemenceau, qui se sentait très près de ceux-ci, voyait d'un mauvais œil, sans oser le dire, les solutions de tranquillité que son collègue s'efforçait de faire prévaloir. Il saisit une occasion de le montrer et de loger du même coup une écharde dans la chair de son collaborateur qu'il regardait avec méfiance. Un député socialiste ayant avancé qu'on était

en pleine incohérence législative le président ramassa
joyeusement l'expression « M Allard a parfaitement raison,
dit-il. Nous sommes en pleine incohérence. *J'y suis, j'y
reste.* »

Effet de stupeur ! Briand sort de la salle des séances.
Va-t-il démissionner ? Les choses s'arrangent tant bien que
mal... La situation du gouvernement n'en reste pas moins
précaire pendant des semaines Le dépôt du projet d'impôt
sur le revenu — « le verre de vin de kola » — remet le
cabinet en selle Mais une formule — l'incohérence — reste
accrochée aux basques de Clemenceau Il ne s'en dépêtrera
pas Quand il s'en aperçoit, il pousse l'astuce au point d'en
tirer parti. Comment cela ? eh ! voici ! Ses légèretés ? ses
imprudences ? il ferait beau de les lui reprocher. N'a-t-il
pas averti qu'il avait du goût pour l'incohérence ? alors,
de quoi se plaint-on ? Une cabriole ! un mot d'esprit ! passez
muscade !

Tout de même, les choses faillirent se gâter lors des
troubles du Midi. En quelques mots, ces incidents lointains
Les vignerons, dans toute la France, particulièrement dans
cinq départements, se plaignaient en 1906-1907 de ce qu'ils
appelaient la mévente des vins. Ce n'était pas la première
fois qu'ils exhalaient leur mécontentement. Je l'avais apaisé
quelques années plus tôt en dégrevant les boissons hygiéniques par la loi du 29 décembre 1900. La crise recommen-
çait en 1906. On avait produit trop de vin, surtout du vin
artificiel, frelaté. Les cours se trouvaient dépréciés par
l'afflux non seulement des produits naturels mais des produits semi-naturels, j'entends des vins médiocres ou ma-
lades, travaillés, remontés à force d'ingrédients de toute
sorte dont le sucre était le plus inoffensif. Les pouvoirs
publics avaient évidemment le devoir d'intervenir en demandant au Parlement de nouvelles armes contre les abus du

sucrage, contre les fraudes commerciales de toute espèce.
Je ne manquai d'agir en conséquence. J'élaborai des textes
que je parvins, non sans peine étant donnée l'opposition
des intérêts entre le Nord et le Midi, à faire voter Mais,
il ne suffisait pas de donner ces satisfactions légitimes Il
appartenait au gouvernement de montrer aux populations
viticoles la périodicité inévitable des crises tant qu'il serait
planté des ceps a tort et à travers, tant que producteurs et
commerçants ne feraient pas la guerre aux falsifications.
Il fallait, en deux mots, tenir le langage de la raison,
prêcher en même temps le calme, s'opposer fermement à
toute agitation qui, dans l'état de surexcitation des esprits,
pouvait avoir les plus sérieuses conséquences.

Clemenceau en jugea autrement. Il laissa faire.   Que
dis-je ! il favorisa les manifestations tumultueuses des vignerons en engageant les Compagnies de chemins de fer a
organiser des trains spéciaux pour transporter les cortèges
de Méridionaux échauffés. Il prescrivit que fussent illu-
minés sur leur passage les immeubles dépendant de son
département ministériel comme s'il eût voulu placer sous
l'égide gouvernementale le déroulement de processions où
flamboyaient les bannières aux inscriptions subversives.

Je refusai, moi, de m'associer à ces dangereuses sottises.
J'interdis formellement à mes subordonnés : trésoriers
payeurs généraux, directeurs des services financiers, d'al-
lumer le moindre lampion. Je ne cessai par ailleurs d'appeler
l'attention de mon chef sur le tour grave que les choses
pouvaient prendre d'une minute à l'autre. J'étais averti
par les rapports de mes agents dont je donnai constamment
communication au président du Conseil, parfois au Conseil
même. « Vous n'y entendez rien, Caillaux, me répondait
invariablement Clemenceau. Vous ne connaissez pas le
Midi. *Tout cela finira par un banquet (sic).* »

Cela finit par des émeutes et des coups de fusil dans les premiers mois de 1907.

Alors, l'incohérence se donna libre cours. Le chef du gouvernement entendit que tout rentrât dans l'ordre. Il inonda les pays insurgés de troupes. Le sang coula à Narbonne... Grosse émotion à la Chambre ! Le ministère est en péril. Un coup de chance tire Clemenceau d'affaire — il a toujours eu une chance incroyable. — Le principal agitateur, un nommé Marcellin Albert, vient se livrer à lui, accepte niaisement un billet de banque du président du Conseil que le Midi abhorre. De ce jour l'homme perd tout crédit Le mouvement qu'il dirige se dégonfle par degrés. La tranquillité renaît. Le cabinet est sauvé.

Clemenceau continue.

Il continue à gouverner à sa façon, selon son tempérament, sans vouloir rien entendre. Parfois des décisions heureuses. Du caractère, du courage, toujours, toujours aussi des à-coups. Un conflit ouvrier éclate? Une démonstration politique s'organise? Individualiste effréné — je l'ai dit — presque libertaire, léger — je l'ai dit encore — au delà de toute expression, le président du Conseil commence par se désintéresser. Il laisse flotter les rênes. Puis, brusquement, il se reprend. Il en a assez. Son autoritarisme ordonne que tout rentre dans le rang immédiatement. S'il rencontre des résistances, il allonge de terribles coups de fouet comme le cocher qui, se réveillant en sursaut, malmène l'attelage que son sommeil a émancipé.

Son incoercible légèreté le conduit plus loin encore. Il s'oublie au point de mettre les mains à la pâte de la Sûreté générale Il s'abaisse jusqu'à recevoir dans son cabinet de ministre de l'Intérieur un bas mouchard, un nommé Métivier qu'il veut utiliser pour dissoudre — sans doute (?) — les grèves de Draveil-Vigneux (août 1908). Comment ne se rend-il pas compte que les drôles de cette trempe sont toujours des agents provocateurs — afin de dissiper ou de prévenir les soupçons, ils se livrent à la surenchère? — Métivier se conforme de point en point aux règles de son honorable profession. Il souffle sur le feu. Altercations entre les grévistes et la troupe! Coups de revolver, coups de fusil! Cadavres d'ouvriers, de gendarmes!

Clemenceau serait par terre si les Chambres n'étaient en vacances Répondant aux interpellateurs quelques mois plus tard, devant une assemblée houleuse, il plaide que la grève a dévié, que les éléments de désordre, anarchistes, bandits de droit commun, s'y sont infiltrés. Il n'hésite pas à nommer Métivier à la tribune. Il le désigne comme un de ces révolutionnaires dangereux qui ont fait irruption dans le conflit. Il omet de dire que ce prétendu anarchiste est un indicateur à la solde de ses services que lui, chef du gouvernement, a reçu dans son cabinet et aiguillé vers la *Sûreté générale* (1).

Si l'on avait su, il était balayé.

La leçon ne lui profite pas. Il ne renonça pas aux manigances de police dont il avait constamment été, dont il devait toujours être friand (2); pas plus qu'il ne cessa de

(1) L'histoire de Draveil-Vigneux a été longuement contée par un écrivain de talent, M. R DE MARMANDE, dans un livre au titre heureux *L'intrigue florentine*

(2) Une anecdote que rapportaient ou plutôt une comparaison que faisaient les huissiers du ministère de l'Intérieur met en amusante lumière le goût de Clemenceau pour les choses de police

« M Waldeck-Rousseau, disaient-ils, descendait dans son cabinet vers les huit heures et demie du matin Il trouvait sur son bureau, selon l'usage, les papiers de la Sûreté Générale . récits d'indicateurs politiques, histoires à dormir debout, calembredaines invraisemblables neuf fois sur dix Le président ramassait ces papiers et, sans même les dépher, jetait le tout dans une corbeille.

« M. Clemenceau arrivait à sept heures du matin au ministère. Pendant une heure et demie, la tête dans ses mains, il faisait son régal de ces stupidités »

planter des banderilles dans le dos de ceux de ses collaborateurs qui lui portaient ombrage, voire de leur tailler des croupières. Il avait pris l'habitude, assez basse, de les faire suivre et il se divertissait dans son intimité des frasques de vie privée relevées d'aventure à leur charge. Il cherchait à diminuer Briand en criant son passé à travers les toits. « Allez demander ceci ou cela à l'anarchiste de la place Vendôme » disait-il à tout venant (Briand était passé du ministère de l'Instruction Publique au ministère de la Justice).

En 1907, il a une idée mirifique Son sous-secrétaire d'État, M. Albert Sarraut a démissionné à la suite des événements du Midi, Clemenceau a choisi pour le remplacer un M. Maujan, député, fort brave homme, mais *limité*, ancien capitaine — capitaine d'habillement je présume. — Il légitime cette désignation en remarquant que M. Maujan a été constamment à ses côtés dans le passé. Il ne dit pas tout. Il a une pensée de derrière la tête. Maujan a commis une proposition d'impôt sur le revenu. Clemenceau pense qu'il pourra opposer les conceptions de son nouveau sous-secrétaire d'État aux miennes, me miner en sourdine en utilisant la science de son subordonné. Bien entendu, je suis immédiatement averti. Je m'égaye d'autant plus de l'intrigue que j'ai lu l'étonnant projet. C'est une cocasserie, — j'allais dire une ânerie. — A de certaines phrases que j'y rencontre, je soupçonne qu'il a été soufflé au brave capitaine d'habillement par un de ces petits, tout petits agents sous mes ordres qui croient posséder la fiscalité parce que, dans un trou quelconque, ils président à l'assiette ou au recouvrement de quelques taxes. Je ne me trompe pas. Je l'apprends rapidement. Ma gaîté s'accroît. Mais mon hilarité ne connaît pas de bornes lorsque je suis avisé que le percepteur qui a « tuyauté » l'homme politique vient de mourir, qu'ainsi le pauvre Maujan a vu s'éteindre la lumière qui l'éclairait. Le sous-secrétaire d'État et son patron sont quinauds.

Force est de chercher autre chose. On imagine en 1909 de tirer parti de la discussion devant la Chambre de certaines conventions avec la Compagnie des Messageries Maritimes. Le contrat est contesté On me laisse le soutenir seul. Et, tandis que je me défends de mon mieux, un attaché à la présidence du Conseil, un M. Fontan, arpente les couloirs disposant des traquenards sous mes pas. La manœuvre est grossière. Elle est éventée. Jaurès la dénonce à la tribune.

Enfantillages auxquels je ne me suis arrêté que pour montrer à quelles misères l'orgueil, la suspicion, l'envie, — l'envie des gens âgés, dénués de noblesse d'âme, à l'égard des jeunes gens qui montent — peuvent faire descendre un homme supérieur... malgré tout.

Tant va la cruche à l'eau ..! Clemenceau par ces procédés, dont il ne limite naturellement pas l'emploi à ses ministres, suscite de vives animosités qui vont en se multipliant. Il flaire le danger. Il croit y parer en menaçant quelques-uns des députés dont il a appris qu'ils songeaient à se séparer de lui. Ses chefs policiers découvrent je ne sais quelles histoires de vagues tripotages où de ses adversaires du Parlement seraient compromis. On susurre dans les milieux politiques que des poursuites sont imminentes. Seulement, nous sommes en mai 1909. De nouveaux incidents ont encore affaibli le ministère : une double grève des agents des Postes notamment. Surtout, l'impôt sur le revenu est voté. Les gauches sont libres. Une occasion se présente de se défaire d'un cabinet qu'elles ont péniblement supporté se présente. Elles la saisissent.

Une discussion sur la Marine met aux prises Clemenceau

et Delcassé Un duel à la tribune entre ces deux hommes qui s'exècrent. La colère emporte le président du Conseil. Il reproche à Delcassé les faits de 1905 Il a raison, si tant est qu'une évocation de ce genre soit de mise dans le débat. Mais, il dépasse la mesure quand il avance que, en obligeant la France à subir la Conférence d'Algésiras, l'ancien ministre des Affaires étrangères a valu à son pays « la plus grande humiliation du siècle ». Le chef du gouvernement a oublié l'abandon de l'Égypte.

Un frisson dans la salle des séances ! Une indignation ici réelle, là feinte ! Le ministère est renversé.

De brefs développements, en de courts paragraphes qui concluront ce chapitre, sur la conduite des Affaires extérieures entre 1906 et 1909.

Une conversation grave, que j'eus avec M. Paul Cambon en 1912 et dont le récit trouvera sa place dans un chapitre suivant, ne me permet pas de douter que deux politiques extérieures s'affrontèrent ou, si l'on préfère, se côtoyèrent pendant ces trois années : la politique personnelle du président du Conseil, la politique officielle du gouvernement représenté par le ministre des Affaires étrangères.

A vrai dire, sauf en un cas et à un moment, l'opposition entre les deux politiques n'apparut pas à ceux qui, à la différence de l'ambassadeur de France à Londres, n'avaient pas part au mouvement quotidien de la diplomatie.

Sans doute des bouts de conversations entre le roi Édouard VII et M. Clemenceau que celui-ci me rapporta, des ébauches de négociations, que je sus par la même voie, me firent découvrir qu'il y avait contact entre le président du Conseil et le souverain de la Grande-Bretagne. Je n'en fus pas surpris. Je ne m'émus pas, tout au contraire, d'entretiens sur les vastes problèmes entre les représentants les plus qualifiés des deux nations.

Le chef du gouvernement français n'avait-il pas raison d'appeler l'attention de son royal interlocuteur sur l'insuffisance des forces de terre de l'empire britannique? « Sire, je vous demande une armée, » dit-il à Édouard VII. Et, à l'appui, Clemenceau — c'est lui qui parle — faisait valoir que ce n'était pas à Trafalgar mais à Waterloo que l'Angleterre avait abattu Napoléon Ier. Bien que je jugeasse désobligeante la forme donnée à ces réflexions, je ne méconnus pas que le fond en était juste et que le président du Conseil n'eût d'autant plus lieu de rechercher un appui pour nos forces de terre que, voyant plus clair que d'autres, il estimait à son exacte valeur — il avait même tendance à le sous-estimer — le concours russe.

De même, quand, au cours d'une discussion que nous eûmes, Clemenceau et moi, en mars 1909, au sujet d'un supplément de crédits à accorder à la Marine, il lui arriva de me dire : « *En cas de guerre, notre marine aura à jouer un rôle limité mais intéressant* » (garder la Méditerranée, il va de soi), je compris qu'une semi-entente, sinon une entente formelle était intervenue pour la répartition, en cas de conflit, des forces navales des deux pays.

Visées belliqueuses? La conclusion serait précipitée. Par son intrusion dans l'affaire marocaine, par son voyage à Tanger, par le langage gros de menaces, que son ambassadeur à Paris avait tenu en 1905, l'empereur d'Allemagne avait pris vis-à-vis de nous posture d'agresseur éventuel. Notre devoir était de nous garder. L'Angleterre se trouvait de son côté atteinte dans ses intérêts vitaux par le développement de la flotte allemande. Édouard VII avait eu beau faire personnellement effort auprès de son impérial neveu pour ralentir le progrès des armements germaniques, il n'avait rien obtenu. « C'est bien, avait-il dit à Clemenceau dont je ne fais encore une fois que répéter les paroles, nous dépenserons cent millions de livres sterling en sus de nos crédits ordinaires pour la marine s'il le faut mais nous ne nous laisserons pas devancer, pas même rejoindre. » Comment le souverain aurait-il pu penser et parler autrement? La maîtrise des mers ne conditionne-t-elle pas l'existence de l'empire britannique?

Fut-on enclin de part et d'autre ou d'un côté seulement à aller plus loin? Envisageait-on sans défaveur un accident...? Était-on disposé à le laisser tout doucement venir? Rien ne m'autorise à répondre par l'affirmative à ces questions. Tout ce que je suis fondé à déduire d'un épisode de l'affaire marocaine, surtout des circonstances qui l'ont entouré, c'est que, à la différence de Waldeck-Rousseau aussi désireux que qui que ce soit de rechercher les appuis souhaitables pour la France mais toujours prêt aux rapprochements européens dont il avait l'anxiété, Clemenceau était éloigné de toutes tractations sinon de toutes conversations avec les Germains. Situer en face de l'Allemagne et de l'Autriche coalisés un groupement de nations qui pût faire hardiment contrepoids et puis attendre l'arme au pied, bloc contre bloc, la guerre qu'il jugeait inévitable (1), telle était sa politique.

Tout à fait raisonnable, sincèrement pacifique, le ministre des Affaires étrangères avait, à l'opposé, le souci de concilier les puissances, toutes les puissances européennes en même temps qu'il songeait à étendre par degrés, sans

(1) « Je crois à la guerre, je la regarde comme inévitable, » aurait dit Clemenceau le 28 juillet 1908 à Georges Louis qui a consigné le propos dans ses *Carnets. (Les Carnets de Georges Louis*, Rieder et Cᵉ, 1926.)

brûler les étapes, l'emprise de la France au Maroc Il était au fond — sans doute ne se l'avouait-il pas à lui-même — un disciple de Jules Ferry égaré aux côtés de Clemenceau, dont il avait été de tout temps le second — je n'ose dire le brillant second.

Personne, en effet, de moins brillant que Pichon. Mais, beaucoup de bonnes, beaucoup de solides qualités gâtées il est vrai, en quelque mesure, par la faiblesse de caractère allant parfois jusqu'à la nigauderie ! Heureusement, à côté de lui à ce moment-là, le défendant contre lui-même, un homme de haute valeur, un des plus grands fonctionnaires que nous ayons eus au ministère des Affaires étrangères pendant ces cinquante dernières années : M. Georges Louis.

Ministre et directeur poursuivirent donc et réussirent une politique de calme, sans rencontrer — il est juste de l'ajouter — de trop grosses difficultés à l'extérieur Un seul événement grave en Europe durant la période 1906-1909 : l'annexion de la Bosnie et de l'Herzégovine réalisée par un homme infiniment dangereux le baron d'Æhrenthal, ministre des Affaires étrangères d'Autriche-Hongrie. De ce chef, un conflit entre celui-ci et cet autre homme plus dangereux encore le sieur Isvolsky, ministre des Affaires étrangères de Russie. Le Quai d'Orsay s'employa de la façon la plus sage, la plus utile, à régler amiablement le différend qui avait surgi entre la double Monarchie et l'empire des tsars. Nous donnâmes à nos alliés les excellents conseils de prudence qu'eux-mêmes ne nous avaient pas ménagés quelques années plus tôt en 1898 lors de notre antagonisme momentané avec l'Angleterre. Nous fîmes valoir que la Bosnie et l'Herzégovine avaient été « confiées » à l'Autriche par le traité de Berlin, que l'annexion n'avait d'autre résultat que de transformer un état de fait en état de droit, de couper court momentanément aux espérances de la Serbie !

Nous fûmes entendus non sans que de gros nuages se fussent à de certains moments amoncelés à l horizon. La correspondance entre Guillaume II et Nicolas II publiée en 1924 établit que la tension fut tout à fait sérieuse dans l'est de l'Europe L'Ouest resta placide. Clemenceau ne gêna pas son ministre : l'Angleterre ne voulait mettre le bout du doigt dans l'engrenage balkanique.

Un seul tort, un léger tort à notre charge : nous prîmes figure de courtiers. Nous passâmes avec l'Allemagne, au moment même où la Russie s'inclinait péniblement devant l'Autriche, un accord relatif au Maroc qui, en apparence, était à notre avantage. C'est, à mon sens, faute politique, toujours, d'accepter ou de paraître accepter des épingles d'adversaires à l'occasion d'une tractation qu'il peut être judicieux de favoriser — c'était le cas dans l'espèce — mais qui est durement ressentie par des alliés.

Comment fut-on conduit à cet arrangement franco-germanique qui porte la date du 9 février 1909 dont j'aurai l'occasion de longuement parler dans les chapitres qui suivront? Il me faut reprendre ce que j'ai écrit dans mon livre *Agadir* (1). J'ai représenté que l'acte d'Algésiras impliquait — en façade tout au moins — l'internationalisation du Maroc; j'ai indiqué que Clemenceau, éloigné par son passé et par sa doctrine des entreprises coloniales dont il avait toujours été l'adversaire implacable, s'accommoda aisément de la situation qui lui était léguée par ses prédécesseurs. N'ayant d'yeux que pour l'Europe, il eût voulu l'application pure et simple du règlement élaboré dans la petite ville espagnole dont il n'apercevait par les contradictions irrémédiables. Quand il se heurta à des impossibilités pratiques comme cela était fatal, il

(1) *Agadir. Ma politique extérieure*, pages 30 et suivantes

agit, souvent avec vigueur. Ainsi fit-il saisie de la petite ville d'*Oudjda* au lendemain du meurtre survenu à Marrakech du docteur Mauchamp. Ainsi, à la suite de l'assassinat de Français employés à la construction du port de *Casablanca*, résolut-il l'occupation de *Casablanca* et de toute la région avoisinante de la *Chaouia*. Mais, ce furent solutions d'espèce, décisions brusques répondant à son tempérament. Elles ne l'amenèrent nullement à modifier la politique de détachement vis-à-vis de l'empire chérifien qu'il entendait pratiquer. Il alla si loin dans cette voie qu'il abandonna le sultan du Maroc Abd el-Aziz qui était notre protégé de fait. Il refusa au général d'Amade commandant à Casablanca l'autorisation que celui-ci sollicitait, de s'emparer du prétendant suscité par l'Allemagne. Moulay-Hafid qui passait, avec une très mince escorte le long de nos lignes. Une chiquenaude et il eût été mis un terme à l'aventure ! J'appuyai les propositions du général. Je me fis vigoureusement rembarrer par Clemenceau. Moulay-Hafid déposséda son frère. Nous nous inclinâmes. J'avoue que je pris difficilement mon parti de cet abandon que je jugeai peu glorieux pour la France ..

Cependant Pichon travaillait sans relâche. Il avait fort bien compris, lui, que l'acte d'Algésiras était inextricable, intolérable — qui plus est — pour notre pays. Il s'était par ailleurs rendu compte, ainsi que tout politique avisé, que nous étions contraints, pour sortir de l'impasse, à un accord avec l'Allemagne.

Son erreur — peut-être après tout fut-elle salutaire et qui, à l'époque, ne se serait pas trompé comme lui? — fut de croire que le désintéressement germanique serait obtenu uniquement par l'octroi à nos rivaux de satisfactions d'argent.

Illusion dont les événements devaient faire justice !

Quoi qu'il en soit, Pichon veut négocier avec la Wilhemstrasse mais, ce faisant, il va contrecarrer la politique de Clemenceau. Il le sait. Il chemine donc à couvert. Pas de tractations officielles. Des officieux sont mis en mouvement. C'est d'abord un journaliste, M. Robert Raynaud, directeur de *la Dépêche marocaine*, qui cause dès 1907 à Tanger avec le baron de Langwerth, conseiller de la Légation d'Allemagne au Maroc. Un instant M. de Saint-Aulaire, notre ministre à Tanger, poursuit ces entretiens, toujours à titre officieux. Ils n'aboutissent pas.

En décembre 1908, M. André Tardieu, alors rédacteur au journal *le Temps*, devenu par la suite, député, ministre, président du Conseil, reçoit mission de causer avec le très important personnage qu'est le baron de Lancken, conseiller de l'ambassade d'Allemagne à Paris. L'heure est bien choisie, réserve faite de l'observation générale que j'ai formulée. Le Reich est empêtré dans l'affaire de Bosnie. Il a été forcé de régler à notre satisfaction un incident qu'on a considérablement grossi : *l'affaire des déserteurs de Casablanca* (1). Il est disposé à une entente générale au sujet du Maroc. Dans une lettre qu'il a écrite et que je reproduis en note (2) M. Tardieu donne les plus intéressants détails

---

(1) Les admirateurs de M Clemenceau prétendirent qu'il avait fait plier l'Allemagne dans l'affaire des déserteurs de Casablanca M de Kiderlen, chargé par intérim du ministère des Affaires Étrangères qui avait réglé l'incident du côté germanique, écrit a une de ses correspondantes (lettre du 12 octobre 1908) « Dans l'affaire de Casablanca j'ai remporté un succès très net » Amusante contradiction !

(2)
       « Paris, le 23 février 1912
                                        « 26, avenue de Messine
       « Mon cher président,

« Vous m'avez demandé de vous préciser mes souvenirs en ce qui concerne la préparation de l'accord franco-allemand de 1909

« Il convient de noter d'abord que l'hypothèse de cet accord a été envisagée très peu de temps après la conférence d'Algésiras C'est en effet en septembre 1907 que M Robert Raynaud, directeur de *la Dépêche marocaine*, et

sur les prolégomènes de ses entretiens avec M. de Lancken
Entretiens enveloppés de mystère, rapidement menés d'ailleurs. Notre ambassadeur à Berlin est saisi au commence-

le baron de Langwerth, conseiller de la Légation d'Allemagne au Maroc,
ont envisagé pour la première fois, en des conversations répétées, l'oppor-
tunité de faciliter par un accord franco-allemand l'application de l'Acte
d'Algésiras

« Ces conversations ont été continuées le mois suivant entre M de Langwerth et son collègue français M de Saint-Aulaire. Elles ont été connues et
approuvees du gouvernement français ainsi qu'en témoignent les paroles
prononcées le 26 décembre 1911 à la Commission du Sénat par M Pichon,
lorsqu'il a dit « Dès 1907 nous entamons des pourparlers avec Berlin en vue
« d'un accord, mais le gouvernement allemand n'y donne pas suite »

« Une troisième série de conversation eut lieu au mois de décembre 1908
entre le baron de Lancken, conseiller de l'ambassade d'Allemagne et moi

« C'est M de Lancken qui m'avait demandé de lui fixer un rendez-vous
pour envisager les possibilités d'un accord franco-allemand Cette conversation se développa dans le même cadre que celles qui avaient eu lieu à Tanger
l'année précédente Je la fis connaître à M. Pichon qui n'avait pas changé
d'avis sur le caractère désirable d'un tel accord

« A ces premières indications je crois intéressant d'ajouter le complément
suivant

« C'est le 3 octobre 1908, *un peu avant la date fixée par son gouvernement*
et par suite des commodités du président de la République, que le comte
Khevenhuller, ambassadeur d'Autriche-Hongrie, a annoncé à M Fallières
l'annexion de la Bosnie-Herzégovine Le même soir l'ambassadeur me priait
de venir le voir, après le dîner, au Cercle de l'Union Cette visite avait pour
objet de me donner une interview dans laquelle il faisait connaître l'adhésion
de l'Autriche aux propositions franco-espagnoles relatives à la reconnaissance de Moulay-Hafid Dans cette même conversation, l'ambassadeur, qui
avait été quelques heures plus tôt reçu par le président et qui était assez
ému tant de la mission qu'il venait de remplir que des conditions dans lesquelle
il l'avait remplie, c'est-a-dire avant la date fixée par son gouvernement,
me parla de la possibilité d'une entente franco-autrichienne relative au Maroc
qui pourrait servir de precédent et de base à une entente ultérieure franco-
allemande.

« Le même soir, vers onze heures et demie, je me rendis, en quittant l'ambassadeur chez M Georges Louis, directeur des Affaires politiques au ministère des Affaires étrangères M Pichon était, à ce moment-là, absent de Paris.

« Je mis M. Louis au courant de la conversation que je venais d'avoir
Il me dit immédiatement que cette suggestion lui paraissait tout à fait intéressante et qu'en l'absence du ministre il me priait d'en faire part le plus
tôt possible a M. Clemenceau, président du Conseil

« En conséquence, et pour répondre au désir de M Louis, je me rendis
immédiatement au ministère de l'Intérieur où j'arrivai vers minuit et où
je vis M. Roth, chef de cabinet de M. Clemenceau, à qui je répétai ce que

ment de 1909 d'un papier que lui et M de Kiderlen-Wæchter remplissant par intérim les fonctions de secrétaire d'État pour les Affaires étrangères du Reich n'ont qu'à

je venais de dire à M Louis et qui me promit d'en informer dès le lendemain matin le président du Conseil

« Le 4 octobre, je fus reçu par M. Clemenceau qui se montra d'abord hostile à la suggestion de l'ambassadeur d'Autriche, déclarée intéressante par M Louis M Clemenceau m'expliqua qu'il lui répugnait d'engager un « marchandage » avec l'Autriche, de spéculer sur la liberté d'un peuple, il ajouta qu'il était « un vieil idéaliste » et que d'ailleurs une entente avec l'Autriche sur le Maroc ne résoudrait pas les difficultés avec l'Allemagne.

« Le lendemain 5 octobre, sans faire allusion bien entendu a mes conversations avec M Georges Louis et M Clemenceau, je disais simplement au comte Khewenhuller que le gouvernement français n'envisageait pas dans les circonstances actuelles l'hypothèse d'une négociation relative au Maroc avec une puissance quelle qu'elle fût.

« Ces conversations n'eurent pas à ma connaissance d'autre suite

« Toutefois il convient de noter que, dans les semaines suivantes, l'Autriche persista à prendre au Maroc une attitude nettement différente de celle de l'Allemagne Cette attitude s'était manifestée déjà par l'interview de son ambassadeur à laquelle j'ai fait plus haut allusion et que publia *le Temps* le 4 octobre sous la date du 5

« Dans cette interview, le comte Khevenhuller résumait en ces termes le point de vue de l'Autriche-Hongrie « L'Autriche-Hongrie reste ce qu'elle « a toujours été, désireuse de faciliter à la France, comme une amie loyale, « le règlement satisfaisant d'un problème dont votre situation spéciale au « Maroc vous oblige à suivre le développement avec une attention particulière »

« Quelques jours après, cette attitude de l'Autriche se caractérisait plus nettement encore dans l'affaire des déserteurs de Casablanca où, comme vous le savez, tandis que, le gouvernement allemand reclamait avec insistance ces déserteurs, l'Autriche nous fit connaître qu'elle ne réclamait pas le sien

« Il paraît peu douteux que cette attitude de l'Autriche a pour beaucoup poussé l'Allemagne dans la voie qui devait la conduire a l'accord de février 1909 en lui faisant craindre une infidélité autrichienne, un « tour de valse » à l'italienne, c'est-à-dire ce que, pendant toute la durée de la crise orientale de 1908-1909, le prince de Bülow s'est, par-dessus tout, proposé d'éviter.

« J'ai eu peut-être l'occasion de contribuer à créer ou à préciser cet état d'esprit dans les milieux officiels allemands en faisant connaître, dans le courant de novembre, au baron de Lancken la conversation que j'avais eue le 3 octobre avec M. Khevenhuller, M de Lancken m'en parut, en effet, exaspéré et s'écria « Comment, ces cochons d'Autrichiens, ils ont fait cela ? »

« Quelques jours après commençaient les conversations qui, d'abord officieuses, ensuite officielles, ont abouti à l'accord signé le 8 février 1909 par le cabinet Clemenceau

« Veuillez agréer, mon cher président, l'assurance de mes sentiments les meilleurs.

« *Signé* . André TARDIEU. »

mettre au point sans que le prince Radolin, ambassadeur officiel d'Allemagne à Paris, soit un instant consulté (1).

Maintenant que tout est fait, il faut mettre Clemenceau au courant. Pichon n'ignore pas que son patron est homme à tout briser au dernier moment... je serais tenté de dire : après le dernier moment. Aussi a-t-il pris ses précautions. Il a parlé de ses projets, en demandant le secret, à quelques-uns de ses collègues du cabinet, dont moi. Il a recueilli leur assentiment. Surtout, il s'est entendu avec Briand et, d'accord avec ce dernier, il a mis dans son jeu M. Fallières, président de la République. Le voilà paré. Clemenceau est averti ou plutôt il pressent la trame. J'imagine qu'il voudrait bien casser. Mais il est encerclé. Il se résigne. Quand, en Conseil, le ministre des Affaires étrangères fait part de l'arrangement qu'il résume comme suit : désintéressement politique de l'Allemagne au Maroc contre l'abandon par la France à l'industrie et à la finance germanique de parts importantes dans les grandes entreprises économiques, il recueille les félicitations de tous les membres du gouvernement. Clemenceau fait exception. Pas un mot ne sort de ses lèvres. Il a les sourcils froncés, le regard mauvais.

Moins maître de lui, avance-t-on, le roi Édouard VII, de passage à Berlin en février 1909, aurait exhalé son dépit. Apprenant l'accord . subitement, *It is done against me*, (C'est fait contre moi), se serait-il écrié. — Propos dont je ne puis certifier l'authenticité (2) — Je n'ai le droit de retenir que le silence furibond de Clemenceau.

(1) En ce sens lettre de M de Kiderlen du 7 mars 1909.
(La lettre en question, ainsi que celle du 12 novembre 1908 citée plus haut, se rencontre dans le livre, auquel j'emprunterai à bien des reprises *Kiderlen-Wæchter intime.*)
(2) Le prince de Bulow rapporte dans ses *Mémoires* que, parlant de l'accord en question, au cours du même voyage, le roi d'Angleterre lui avait dit . « Vous avez remporté un succès diplomatique. »

CHAPITRE X

CLEMENCEAU.

Un chapitre court, un chapitre entier sur Clemenceau, un chapitre où je m'efforcerai d'être aussi juste vis-à-vis de lui qu'il fut injuste vis-à-vis de moi, un chapitre où je m'attacherai moins à son portrait qu'au récit de sa course désordonnée, échevelée, à travers l'existence.

La Bruyère a écrit d'un de ses personnages « qu'il n'était pas permis de rêver comme celui-là avait vécu ». Précipité des sommets qu'il était en train d'escalader, jeté dans une geôle où il devait finir ses jours, celui que l'auteur des *Caractères* figure réussit à sortir de l'*in pace*, à reprendre sa course interrompue, à gravir la cime.

Tel Clemenceau !

Des fragments d'histoire qui sombreraient dans l'oubli s'il ne leur était fait place, des lambeaux de chronique inconnue de la plupart des contemporains s'enroulent autour de cette vie de tumulte. Quitte à essouffler mes lecteurs en les faisant bondir à ma suite d'épisode en épisode à travers les années, je retiendrai les incidents, les faits, de nature à éclairer la mentalité, les attitudes de l'homme, de nature aussi à illuminer ce qui l'environne, à faire office de ces éclairs qui, déchirant l'air dans les soirs d'été, découvrant tout un paysage, trouent les clairs-obscurs, accusent les reliefs, font saillir les arrière-plans.

Issu d'une vieille famille d'excellente bourgeoisie ven-
déenne, fils d'un médecin traqué à raison de ses opinions
républicaines lors du coup d'État napoléonien, Georges
Clemenceau est élevé au lycée de Nantes Il vient à Paris
en 1861 poursuivre ses études de médecine. Il a vingt ans.
Compromis dans je ne sais quelle échauffourée de la jeunesse
républicaine, il laisse ses compagnons poursuivre seuls la
lutte qu'ils mènent courageusement contre le régime impérial. Lui part pour l'Amérique. Il y passe plusieurs années.
Il n'en revient qu'en 1869, quelques mois avant la guerre
de 70. Il néglige de s'engager quand le conflit éclate — il a
vingt-neuf ans cependant. — Il préfère occuper un poste
administratif. M. Arago, membre du gouvernement de la
Défense nationale, lui attribue la mairie du XVIIIᵉ arrondissement de Paris. Le voilà, tout jeune, maître d'un réduit
dont son tempérament de chef de clan, qui va poindre,
tentera de faire une citadelle.

Les circonstances le favorisent. Une centaine de canons
de l'armée de Paris n'ont-ils pas été hissés sur la butte de
Montmartre où Clemenceau commande? Pour quelle raison? Sous le prétexte de ne pas laisser les engins tomber
aux mains de l'ennemi. Qui a imaginé cette saugrenuité?
Coup de folie collective ! Résultat de la fièvre obsidionale,
sans doute ! Les pouvoirs publics entendent, fort sagement,
reprendre un armement qui peut être employé à des fins
de guerre civile. Pendant dix-huit jours le sous-chef d'état-
major de la garde nationale réclame vainement la remise des
pièces au maire de Montmartre à qui les bataillons can-
tonnés sur la butte ont promis de les rendre. « Il nous ajournait toujours, » a écrit l'officier. Le gouvernement de
M. Thiers se lasse. Ordre est donné au général Lecomte de
ramener les canons. Faiblement épaulé il monte à Montmartre le 18 mars 1871. Il y est presque aussitôt cerné par

une foule hurlante, empoigné par des gardes nationaux auxquels on a dit, crié sur tous les tons, que ce serait acte de trahison de livrer les engins à un gouvernement et à des officiers de félonie. .

Pris au collet par la populace, il va être massacré ainsi que le général Clément Thomas que la tourbe a saisi tandis qu'il se promenait tranquillement les mains dans les poches, sur le boulevard Rochechouart. L'un et l'autre ne sont pas tout de suite exécutés. Le général du Barail a écrit dans ses *Souvenirs* qu'à Passy où il était le 18 mars, il connut, « heure par heure, les événements dont Montmartre était le théâtre. » « Nous sûmes, dit-il, l'assassinat des généraux Lecomte et Clément Thomas *à peu près une heure et demie avant l'instant précis où il fut perpétré.* C'est très bizarre n'est-ce pas? Et pourtant cela s'explique. Il a suffi aux porteurs de nouvelles de savoir en quelles mains les deux victimes étaient tombées pour pouvoir prédire qu'elles allaient être immolées. »

Eh bien ! et le maire de Montmartre, qui n'est pas à Passy comme le général du Barail, que fait-il? Il reste enfermé dans sa mairie dont il ne bouge qu'à la fin de la journée. « Je tiens à constater, » a écrit le vicomte Beugnot officier de l'état-major du général Le Flô, ministre de la Guerre qui, appréhendé lui aussi par les émeutiers, faillit subir le même sort que ses chefs, « que M. Clemenceau n'a paru au milieu de ces scènes honteuses et sanglantes qu'on aurait peut-être pu empêcher, qu'à six heures du soir, après l'assassinat de deux généraux. »

Clemenceau fut violemment pris à partie, accusé de complicité avec les massacreurs, à bien des reprises. Il se défendit toujours avec passion affirmant que, s'il avait été prévenu en temps utile, il eût pris rang aux côtés des victimes. Je n'en doute pas un instant. Seulement voilà ! Il ne fut pas informé.. Comment cela a-t-il pu se faire?

Comment expliquer l'étrange ignorance en laquelle il fut tenu? Comment se peut-il que les porteurs de nouvelles alarmantes se soient tous dirigés du côté de Passy ou était le général du Barail et qu'aucun d'eux n'ait pris le chemin de la mairie, toute proche, du XVIIIe arrondissement? Est-il d'autre part croyable que les gardes nationaux, qui avaient confiance en Clemenceau, qui avaient promis de lui rendre les canons, de ne les rendre qu'à lui, ne l'aient pas averti des périls graves que couraient les officiers saisis? Que de singularités en tout cela! Une hypothèse — satisfaisante pour l'esprit. Clemenceau entend à coup sûr garder les canons de sa forteresse sans trop savoir de quel côté il les braquera Entre les Versaillais et les Parisiens, chef de clan en herbe, il hésite. Quand il apprend que le gouvernement, faisant preuve d'une inconcevable imprudence, a mis en mouvement une poignée d'hommes pour reprendre les pièces, il devine que l'opération échouera. Il présume que les envoyés de M. Thiers seront vigoureusement houspillés, qu'ils devront battre en retraite. Avec cette légèreté que j'ai notée, que nous verrons éclater à chacune des phases de sa vie, il se persuade que tout se passera dans un calme relatif. Quelques horions sur les épaules des galonnés.. peut-être. Petite affaire. Bonne affaire plutôt Les canons seront conservés. Donc, laisser aller, rester tapi dans un bureau, décourager à l'avance quiconque aurait l'idée de solliciter son intervention en déclarant que le maire, tenu à l'écart par les pouvoirs publics, ne veut ni ne peut se mêler de quoi que ce soit. Et puis, les scènes sanglantes surviennent. On n'ose alerter l'officier municipal qu'à la dernière extrémité. Trop tard !

Explication hypothétique, je l'accorde. Quelle autre?

Débuts fâcheux en tout cas dans « l'administration ».

Premiers pas dans la politique en ce même mois étrangement malencontreux.

Le 4 mars, M. Clemenceau dépose sur le bureau de l'Assemblée nationale dont il fait partie (il a été nommé député) une pétition du Club républicain positiviste de Paris demandant que la Corse cesse de faire partie du « territoire de la République » *(sic)* c'est-à-dire soit rendue à l'Italie (voir *Journal Officiel* du 8 mars 1871). Ah ! vraiment ! il faut que la patrie amputée la veille de l'Alsace-Lorraine subisse une nouvelle mutilation. Que n'écrirais-je pas sur ce sujet si je ne me refusais à prendre au sérieux un spasme de légèreté suraigue ! La Corse est la patrie des Bonaparte. Ils ont infligé à la France Brumaire et Décembre, Waterloo et Sedan. Des disciples d'Auguste Comte — étranges disciples ! — proposent de rattacher l'île néfaste à l'Italie. Excellente idée, se dit Clemenceau. Saisissons le Parlement !

On hausse les épaules plus qu'on ne s'indigne à Versailles devant cette grotesquerie. Celui qui l'a commise et qui cesse très vite de faire partie de l'Assemblée nationale dont il démissionne n'en sera pas moins forcé de se tenir longtemps coi. Il lui faudra faire oublier l'inqualifiable aberration. surtout   surtout . le drame sanglant.

Les années passent. Clemenceau se démène dans les coulisses de la politique sans monter sur l'estrade. Le jour où la prescription lui paraît acquise à ses fautes (1) — à ses imprudences diront les indulgents — il bondit au premier plan. Il prend le commandement de l'extrême gauche. Programme de façade ! Un seul but : renverser les gouvernements.

Pas difficile ! Les Chambres, entre 1877 et 1890, ren-

(1) A la séance de l'Assemblée nationale du 22 mars 1871, Clemenceau a l'audace de parler des fautes du gouvernement « *Et les vôtres !* » interrompt gravement M. Thiers. Pas de réplique.

ferment une imposante minorité de royalistes et de bonapartistes La majorité gouvernementale est d'autant plus
réduite que l'équipe clemenciste compte. Un déplacement
de 40, de 50 voix et c'est fait d'un ministère. Il suffit d'attendre que des rangs de la majorité soient disposés à se
détacher un nombre égal de députés pour des raisons qui
jamais — disons presque jamais — ne sont de noblesse...
Quand Clemenceau, qui possède au plus haut degré le sens
de l'ambiance parlementaire, juge le moment propice, il
fait signe à ses complices de la droite, à M de Cassagnac
notamment, le chef des bonapartistes, avec lequel il a les
meilleures relations de couloirs. Échange de coups d'œil,
inclinations de tête de part et d'aùtre ! On est d'accord.
Le leader de l'extrême gauche monte à la tribune. Il fut,
m'a-t-on dit, un orateur. Cela m'a toujours surpris. Quand
je l'ai entendu — longtemps après il est vrai, mais est-ce
que les dons oratoires s'émoussent avec les années? — je
l'ai trouvé bien médiocre. Un débit pressé, une parole hale-
tante. Les idées s'enjambent, se heurtent. Pas un développement de grand style. Pas une envolée. En revanche, je
le concède, une singulière habileté, une réelle connaissance
de l'auditoire. Il excelle dans la fausse logique. Et puis,
qu'importe la qualité de ses discours ! Ils n'ont d'autre
objet que de fournir des arguments à ceux qui, projetant
d'abandonner un gouvernement, sont en quête de prétextes
pour justifier leur défection.

L'opération a réussi. Un ministère est à terre. C'est
aujourd'hui Gambetta qui mord la poussière, ce sera demain
Jules Ferry, après-demain Freycinet Pendant des années
les cabinets tomberont les uns sur les autres comme capu-
cins de cartes.

Dans quel dessein? Au profit de qui? De quoi?

Quand plus tard on interrogera Clemenceau, il répondra

en pirouettant : « Bah ! j'ai toujours renversé le même ministère. »

— Mais, c'est précisément ce qui condamne vos petites opérations, cher Monsieur, auraient pu lui répliquer ceux, dont je ne fus pas, auxquels il tint ce propos Qui pratique noblement le régime parlementaire ne doit s'attaquer à un gouvernement qu'autant que, derrière sa personne à lui, derrière son programme à lui, se masse une importante minorité qui d'un moment à l'autre peut devenir majorité. Quelles troupes entraîniez-vous, monsieur Clemenceau ? Les royalistes, les bonapartistes, l'extrême gauche. Ce n'est pas avec les coalisés d'une heure — coalisés pour démolir — que vous auriez pu construire quoi que ce soit. Et au fait, que songiez-vous à réaliser ? Quel était votre programme ? Voyons ! Trois articles   la séparation des Églises et de l'État, mais vous vouliez la séparation tout de suite — vous n'envisagiez aucune des mesures dont le vote préalable conditionnait cette grande réforme. Que dis-je ? vous renversiez le ministère Gambetta qui présentait un projet de loi sur les Associations. — Pas sérieux, c'est tout ce qu'on peut dire. Pas sérieux davantage le désir que vous manifestiez de l'impôt sur le revenu. Ni vous, ni aucun des vôtres n'aviez pris la peine ou n'aviez été à même de tracer en une proposition de loi les linéaments — rien que les linéaments — d'une refonte fiscale. Vous réclamiez enfin la révision de la Constitution Pourquoi ? Pour réussir un tas de belles choses, avançaient vos amis ? Pour détraquer, pour abîmer, pour mettre le régime en péril, pensaient tous les hommes tant soit peu avisés.

« Pas de majorité républicaine — il va de soi — pour les billevesées, si bien qu'une attaque bien conduite par vous n'aboutissait qu'à entamer un instant l'armée gouvernementale. La secousse passée, elle se reformait avec d'autres hommes à sa tête, auxquels vous ne commandiez pas, dont vous n'étiez pas, *à votre grand dépit*.

« Car, parlons franc, cher Monsieur, vous ne poursuiviez que des buts personnels quand vous preniez successivement à la gorge tous les serviteurs de la République. Le programme? Vétille ! Vous ne vouliez qu'une chose · les places, la place. Le plus fidèle de vos lieutenants, Pichon, a conté maintes fois à l'auteur de ces lignes les confidences que, dans la salle de rédaction de votre journal *la Justice*, il recueillait de vous après chaque crise ministérielle. « Cette « fois, voyez-vous Pichon, M. Grévy ne pourra pas ne pas « me faire appeler. » Vous n'étiez pas appelé cependant. Alors vous recommenciez, espérant toujours fléchir la résolution du Jurassien au solide bon sens qui était à la tête de l'État. Vous n'y arriviez pas. Comme son successeur M. Loubet il s'était juré de ne jamais vous confier le gouvernement. Il tint parole. Enrageant de vous voir constamment à l'écart, vous avez alors sauté sur une occasion qui se présentait, sur une occasion de dictature. Un de vos grands amis, Cornelius Herz, le célèbre Cornelius, a découvert et imposé comme ministre de la Guerre — car c'est lui qui l'a imposé — le général Boulanger. Un instrument à votre disposition. Vous vous en êtes tout de suite emparé. Vous avez bondi sur le fameux cheval noir. En croupe vous avez pris la bride de la monture. Vous l'avez tenu, quelques mois, en main. Quand vous eûtes orienté le coursier à votre gré, vous en êtes descendu et, comme M Loyal qui, en ces temps lointains, présentait écuyers et écuyères en renom au public parisien massé sur les gradins du cirque, vous êtes apparu sur le devant de l'hippodrome symbolique où la France attend et regarde. Une main au mors de la bête, peinturlurée en noir par des saltimbanques, fut-il affirmé, l'autre main levée pour annoncer et lancer le

boniment : « Oyez peuples de France et de Navarre. Voici
« le général qui a donné à ses soldats l'ordre de partager
« leurs gamelles avec les mineurs en grève. Voici le général
« qui a chassé les princes de l'armée. Voici le général-
« revanche. » Et la foule des badauds d'acclamer le politicien qui tartine démagogie et patriotardisme, surtout le
bel officier dont elle s'éprend.

« Grisé par son succès, le militaire à cervelle d'oiseau
perd la tête. Il s'émancipe. Il se sépare de vous, son Bar-
num. Quelques mois d'apothéose et puis la chute.

« Vous vous flattez de n'être pas entraîné dans la débâcle. Vous vous trompez. Il eût vraiment fallu que les
républicains fussent frappés d'amnésie pour ne pas retenir
que le péril, le grand péril qu'ils avaient couru, c'est vous
qui l'aviez causé puisque c'est vous qui aviez inventé,
véhiculé celui que Jules Ferry qualifia « Saint-Arnaud de
café-concert ».

« On vous en veut terriblement. Les mauvais jours
approchent. Le scandale du *Panama* éclate. Vous y êtes
mêlé. Vous vous en tirez péniblement. Tout d'un coup, un
nom sur l'écran, le nom de votre ami, le nom de Cornélius
Herz, du docteur Herz comme vous l'appelez. Et voilà
qu'il s'avère que ce Juif bavarois, naturalisé Américain,
que cet étrange docteur, que ce financier interlope (financier? cela prête à rire) n'est qu'un escroc, n'est qu'un maître
chanteur. Les fonds dont il vous a approvisionné (pour
votre journal et pour vous, pour votre vie fastueuse de
Parisien fêtard) ne peuvent dériver que de ses nobles
trafics, — de la filouterie et du chantage, — à moins qu'ils
n'aient été fournis par une grande puissance qui emploie
volontiers sa « cavalerie » à cet usage (1).

_____

(1) Pour de plus complets détails, lire *Le véritable Clemenceau*, d'Ernest

« C'est cette version que Déroulède fait sienne quand, en des apostrophes enflammées, il vous accuse du haut de la tribune d'être à la solde de l'étranger. L'opinion ne suit pas l'exalté, le fou, qui, sur de simples présomptions, sans preuves, vous impute le plus grave des forfaits. Elle n'en est pas moins troublée par l'évocation de toutes les crises ministérielles dont vous fûtes l'auteur et qui ont nui au développement de la politique française. Elle vous en veut surtout de l'abandon de l'Égypte auquel vous vous êtes obstiné.

« Et quand, succombant sous le poids des attaques qui surgissent de toutes parts, vous êtes, en 1893, exclu du Parlement, les animosités se transforment en haine, les soupçons se muent en certitudes — en prétendues certitudes, — vous vous effondrez. Chacun de vous déclarer fini, rayé à tout jamais de la vie publique.

« Pendant plus de vingt ans vous vous êtes agité, vous avez démoli, à tort et à travers, vous avez renversé « toujours le même ministère » dites-vous, dans l'unique dessein de vous emparer du pouvoir. Vous avez complètement échoué. N'est-on pas fondé à présumer que vous allez disparaître en ne laissant derrière vous que le renom d'un médiocre et suspect intrigant? »

Ceux qui prophétisaient ainsi en 1893 et qui étaient le plus grand nombre se trompaient du tout au tout. Ils ne savaient pas le ressort prodigieux de l'homme.

Clemenceau a cinquante-deux ans. Il a manqué sa vie. Il va s'atteler à la rude tâche de la refaire. Il réussira. Il aura, enfin, le pouvoir si ardemment convoité. Mais, ter-

JUDET, aussi *Leurs Figures* de Maurice BARRÈS. Quelque parti pris — pas trop — dans le premier de ces deux ouvrages

Le second est un odieux et magnifique pamphlet Il suinte la haine Le fiel y dégoutte. Mais il est riche de précisions frappantes, il est lourd de détails et de documents saisissants. C'est la seule œuvre forte de Maurice Barrès.

rible question ! les stigmates de « l'aventurier » ne resteront-
ils pas empreints dans la chair de l'homme de gouvernement?

Aucun des politiques jeunes qui, en 1906, prêtèrent leur
concours à M. Clemenceau formant à soixante-cinq ans
passés son premier ministère, ne mettait en doute que le
nouveau président du Conseil ne fût entièrement dégagé
de son passé. Les lourdes fautes d'antan, qui, aux uns
comme aux autres, étaient insupportables à considérer, ils
les mettaient au compte d'une turbulence et d'une légèreté
juvéniles dont, légers eux-mêmes, ils se persuadaient que
l'expérience, les années, les épreuves avaient corrigé celui
qu'ils acceptaient pour chef.

Il ne leur fallut pas beaucoup de temps pour apercevoir
que Clemenceau n'était guéri qu'en apparence que, dans
la réalité, ses défauts subsistaient, atténués simplement.

Néanmoins, étayé par ses collaborateurs, il prend figure,
durant sa première présidence, d'homme de gouvernement,
presque d'homme d'État.

Mais, à peine est-il rentré dans le rang que vulgairement
il retombe dans l'opposition. Opposition sourde au ministère Briand Opposition déclarée à mon gouvernement du
jour où, me refusant à entrer dans les voies de la guerre,
je mets le cap sur un accord avec l'Allemagne. J'entends,
ayant percé sa mentalité entre 1906 et 1909, qu'il est hostile
à tout accommodement avec nos rivaux. Il a cependant
subi l'agrément de 1909 avec l'Allemagne qui est la cause
immédiate de la crise où je me débats. Il devrait faire
compte des difficultés qui m'ont été léguées par mes prédécesseurs. S'il prétend s'en tenir à sa thèse sans en dé-
mordre, du moins pourrait-il la soutenir avec la mesure

que la tradition, le souci des intérêts du pays commandent aux parlementaires d'observer en matière de politique extérieure. Clemenceau n'a décidément pas appris la mesure au gouvernement. Il mène contre moi une agitation endiablée. Il descend à chercher dans tous les recoins des armes pour me nuire. D'où cet acharnement ! Il est — je le sais de reste — partisan résolu de l'alliance anglaise. Mais, moi aussi... Traitant avec l'Allemagne, je suis en complet accord avec le gouvernement de la Grande-Bretagne, avec son premier ministre, avec mon ami, M. Asquith. Alors ?... Oh ! je sais que les libéraux qui gouvernent l'Angleterre ne sont pas maîtres absolus au Foreign Office. A côté d'eux, les contenant, les surveillant, les contrecarrant à l'occasion, il y a la féodalité des grands fonctionnaires, des ambassadeurs. Il y a aussi le redoutable *Intelligence Service*. Clemenceau serait-il lié à la puissante coterie ? *L'Intelligence Service*, qui a ses chefs, son budget indépendant, presque son autonomie, aurait-il prise sur lui ?

Je me pose ces questions en novembre 1911. Informez-vous, me dit-*on* (1). Et *on* m'engage à interroger M. Cavard directeur de la Sûreté générale sous Waldeck-Rousseau. Je le mande à mon cabinet.

« Waldeck-Rousseau me dit l'ancien fonctionnaire, tenait M. Clemenceau en étroite suspicion. Quand, en 1901, celui-ci se rendit en Angleterre, le président du Conseil voulut le faire suivre. Peut-être le fit-il suivre. » M. Cavard se réserve en donnant à sa phrase une forme dubitative qui ne trompe pas son auditeur. — Il poursuit : « Ces soupçons me parurent fondés à la suite d'incidents dont j'eus à connaître J'appris qu'un M. de Saint-Aubanet, aujourd'hui décédé, fut pris comme agent de renseignements par

_____

(1) Je ne veux mettre aucun nom derrière le pronom que je souligne.

l'ambassade d'Angleterre *sur la recommandation de M. Clemenceau.* Le personnage essaya ensuite d'entrer en rapports avec mes services. Il allégua qu'il ne donnait à l'Angleterre que des pièces d'amorçage. Mais nous sûmes qu'il mentait. Nous l'éconduisîmes. M. Clemenceau, *bien que dûment averti*, n'en persista pas moins à soutenir et à pousser le Saint-Aubanet. Il chercha à l'attacher au service des renseignements du ministère de la Guerre. A cet effet, il s'adressa au colonel Rollin. En vain ! M. Clemenceau insista, protesta, s'emporta. Il y eut une vive altercation entre le soldat et l'homme politique. »

Au bas du papier où, le 18 novembre 1911, j'ai noté ces confidences, j'ai ajouté ceci : « J'ai eu confirmation sous quelques réserves de l'exactitude de ces dires par Moreau, chef de service à la Sûreté générale. » Aussitôt M. Cavard parti, j'avais fait appeler ce très vieil agent que l'ancien directeur m'avait engagé à feuilleter.

Peuh ! fis-je à part moi au sortir de ces brefs entretiens, tout cela serait très grave s'il fallait prendre au pied de la lettre les allégations des policiers. Mais, je m'en méfie diantrement. Je comprends sans doute maintenant les attitudes de Waldeck. J'entends qu'il soupçonnait gravement Clemenceau. Cependant, s'il était encore de ce monde, mon maître ne reconnaîtrait-il pas avec moi que l'histoire du Saint-Aubanet est suspecte ? Était-il vraiment un espion, ce drôle ? Si oui, il a très probablement trompé Clemenceau dont je sais qu'il avale, bouche bée, tout ce que lui racontent les gens qu'il a pris en goût. Par exemple, ce qui est extravagant, c'est cette intervention d'un haut personnage politique pour placer un mouchard auprès d'une ambassade étrangère, même auprès de la Sûreté générale. Légèreté, soit ! légèreté, qui, tout de même, dépasse les bornes ! Cela retenu, le reste n'est-il pas ragots, rivalités de « flics » ?

J'attachai, j'attache une toute autre importance au récit que je ne provoquai pas, qui me fut fait spontanément par un personnage, considérable celui-là, renommé à juste titre pour la sûreté de son jugement, pour sa gravité pondérée.

Dans les premiers jours de janvier 1912, M. Paul Cambon, ambassadeur de France à Londres, est introduit dans le même cabinet, auprès du président du Conseil. Il est venu parler des affaires de l'État. Il sent, comme son interlocuteur, qu'une crise ministérielle est à l'horizon. Ayant pleinement agréé, d'accord avec son frère, ambassadeur de la République à Berlin, la solution donnée par le gouvernement de 1911 au différend franco-allemand, il déplore l'intrigue conduite au Sénat par MM. Clemenceau et Poincaré pour renverser le ministère Caillaux. Il juge que de ce fait la politique de conciliation européenne sera ébranlée. Négligemment, comme s'il voulait munir celui qui est encore son président du Conseil d'une arme utile sans avoir l'air de la lui mettre entre les mains, il laisse tomber les paroles suivantes : « Savez-vous, monsieur le président du Conseil, quelles conditions M. Clemenceau imposa à M. Pichon quand il lui confia, en 1906, le ministère des Affaires étrangères? » Signe négatif de celui auquel l'ambassadeur s'adresse. « Eh bien ! M. Clemenceau disposa qu'il causerait seul avec le représentant de la Grande-Bretagne. Toute conversation politique avec l'ambassadeur d'Angleterre fut interdite au ministre responsable. » Une pause. « Jamais, reprend M. Cambon, je n'aurais consenti à payer d'un prix aussi singulier le portefeuille des Affaires étrangères. » Une nouvelle pause. La conclusion : « *Vous ne pouvez imaginer, monsieur le président du Conseil, quelles histoires terribles cela nous attire.* » (Phrase textuellement reproduite.)

Les paroles de M. Paul Cambon ne laissent place à aucun

doute M Clemenceau a conduit une politique extérieure
personnelle entre 1906 et 1909. Il ne s'est pas contenté
de surveiller, d'épauler, comme cela était dans ses attributions, son collaborateur au Quai d'Orsay. Il ne s'est même
pas borné à se substituer à lui, accidentellement, au cours
d'une négociation pour en assurer le succès, comme on m'a
reproché de l'avoir fait — on a exagéré. — comme je l'ai
fait en partie durant le débat franco-allemand de 1911.
Le président du Conseil de 1906 a été beaucoup plus loin.
Il a délibérément cloisonné, à son profit, les relations franco-
anglaises. Quelles raisons? on n'en voit qu'une · des projets
complexes, donnant lieu à des conversations délicates,
étaient probablement débattus entre le chef du gouvernement français et les fonctionnaires de Foreign Office. Le
secret de ces entretiens importait à un si haut point que
Pichon en fut écarté. Clemenceau savait cependant sa fidé-
lité docile. Sans doute était-il moins sûr de sa discrétion.
Et puis, forcément le ministre des Affaires étrangères en
aurait conféré avec ses collaborateurs, avec Georges
Louis...   ·

Rien de grave cependant n'est sorti de tout cela, objectera-t-on, sauf les « histoire terribles » qu'a mentionnées
M. Paul Cambon et qui se sont arrangées puisqu'il n'y a eu
d'éclat d'aucune sorte. Exact! Mais — je l'ai déjà noté —
le ciel européen était clair à l'époque Que fut-il advenu
s'il eût été chargé de nuages? Pourquoi, enfin, — j'en
reviens à ce qui me hantait, à ce qui me hante encore
l'esprit — cette institution de tête-à-tête obscurs entre le
président du Conseil et le représentant, je ne dis pas du
gouvernement anglais, — je dis : du Foreign Office, ne
faudrait-il pas ajouter : de l'*Intelligence Service?*

Sous l'empire de quels mobiles, de quelles contraintes,
Clemenceau imagina-t-il ou subit-il cette organisation de

gouvernement en désaccord avec l'esprit, sinon avec la lettre de notre Constitution?

Me faut-il donc croire ce que Maurice Barrès insinue dans son livre *Leurs Figures* quand il avance que Cornélius Herz, condamné par la justice française, réfugié à Bornemouth, n'a échappé à l'extradition menaçante que parce qu'il a livré à l'Angleterre des dossiers accablants pour des hommes politiques français, pour *un* homme politique (Clemenceau) (1) qui a, dès lors, appartenu à la Grande-Bretagne? Faut-il suivre l'ancien ministre des Affaires étrangères, M. Flourens, lorsque, dans un livre intitulé *la France conquise* — livre de partisan, je m'empresse de le dire, — il met sur le même pied Clemenceau et le triste second du régent, ce stipendié britannique, qui eut nom le cardinal Dubois? Faut-il, pour parler à la fois en clarté et en mesure, accepter, sans la retoucher par un commentaire, la formule que me livra Aristide Briand dans son cabinet de ministre des Affaires étrangères en 1928?

J'étais venu à cette date faire une visite d'amitié à mon collègue de la veille. L'entretien se prolongea. Nous évoquâmes le passé : Clemenceau, dont tous deux nous avions été jadis les collaborateurs. Depuis lors, depuis 1909, il était revenu au pouvoir. Ayant démoli par une critique

(1) Note ajoutée en 1930 — Ce qui me laisse à penser que Cornélius Herz était détenteur de pièces étrangement graves c'est ce que M Doumer président du Sénat m'a conté le 8 juillet 1930 Je déjeunais ce jour-là au palais du Luxembourg La conversation étant venue à tomber sur Clemenceau, le président, à côte duquel je me trouvais, m'apprit que le premier cabinet dont il fit partie, le cabinet Léon Bourgeois (fin 1895-commencement 1896) avait été saisi par le garde des Sceaux de la très grosse affaire suivante : certains papiers de Cornélius Herz — originaux ou photographies — étaient parvenus à la Justice, Clemenceau y était compromis de telle sorte que le ministre requérait des poursuites et, *pour commencer, une arrestation...*

Léon Bourgeois fit opposition. Il remarqua que l'affaire du Panama avait déjà fait tort aux institutions républicaines, que ce nouveau scandale serait lourd de conséquences redoutables

Le Conseil des ministres suivit son président.

impitoyable tous les gouvernements de la guerre, il était
parvenu à se hisser à leur place. J'omets intentionnellement
le campagne de calomnies dont il s'aida. J'en fus la victime
Je l'oublie. Briand, qui avait envisagé comme moi, de bien
plus près que moi, les possibilités de paix en 1917, qui avait
commis quelques imprudences auxquelles il sera fait allusion dans un autre chapitre et qu'on ne m'eût pas par-
données à moi si je m'y étais abandonné, avait failli me
rejoindre devant la Haute-Cour. Clemenceau l'en avait
publiquement menacé à plusieurs reprises. Je n'en suis pas
moins assuré que, comme moi, le ministre de 1928 dominait
le ressentiment que l'homme eût été fondé à nourrir.

Nous parlâmes donc de Clemenceau, de l'heureuse fortune qui lui advint en 1918 quand il eut la chance de voir
l'Allemagne, déjà vaincue sur les bords de la Marne et à
Verdun, plier enfin le genou tandis qu'il détenait le pouvoir.
Nous parlâmes surtout des traités qu'il signa, de ces traités
dont, a dit Anatole France, « l'Europe périra si la raison
n'entre pas enfin dans ses conseils. » Nous nous entretînmes
des avantages singuliers réservés par ces actes diplomatiques à certaine puissance. Briand m'expliqua comment,
de par la volonté de Clemenceau faisant litière d'avantages
que l'Angleterre nous avait concédés en des accords formels
librement signés, il s'en fallut de peu que nous ne fussions
évincés de toute participation aux gisements pétrolifères
de Mésopotamie. Comme je demandais à mon interlocuteur d'où, selon lui, dérivait cette méconnaissance des
intérêts de la France : « Oh ! je ne sais pas, me dit-il Ce
dont je suis convaincu c'est que Clemenceau n'était pas
libre vis-a-vis de l'Angleterre. »

A plusieurs reprises Briand répéta : « Il n'était pas libre
vis-à-vis de l'Angleterre. » Je cite textuellement.

Je ne prendrai pas les mots au pied de la lettre. J'inter-

préterai, en accord, j'en suis sûr, avec Briand lui-même :
Clemenceau fut le prisonnier — hors de tous liens d'argent
ou de vilenie — d'une doctrine qu'il avait préconçue, d'un
système de politique extérieure qu'il avait forgé et auquel
le rivèrent quelques-unes de ces légèretés ou de ces imprudences dont on dirait qu'il prend plaisir à les accumuler.

Qui verra le personnage comme je le vois, comme j'ai
essayé de le faire apparaître, comme je vais m'efforcer de
le schématiser partagera mon sentiment, j'allais dire notre
sentiment commun à Briand et à moi.

Un « composé de dissonances », a écrit Shakespeare d'un
de ses personnages. Le manteau, jeté par le grand écrivain
sur l'épaule d'un suivant, habille Clemenceau de pied en
cap. Chez lui les qualités et défauts s'entremêlent, se
heurtent, dissonent.

A première vue l'intelligence paraît remarquable, l'instruction étendue. Et l'on ne se trompe pas entièrement
quand on formule ce jugement On en revient pour partie
quand on a exploré l'homme. On s'aperçoit que la culture
est fragmentaire, le cerveau sans espace.

Il a des humanités. Il connaît la Grèce antique — il dit
la connaître (Jaurès affirmait qu'il ne la comprenait pas). —
Il possède ses classiques, la littérature française, la littérature anglaise — il parle admirablement la langue de nos
voisins. — Il sait l'Histoire de France, l'histoire des temps
modernes. Il ignore totalement la sociologie, l'économie
politique. Peut-être a-t-il parcouru Stuart Mill Je jurerais
qu'il n'a jamais lu ni Bastiat, ni Proudhon, ni Marx.

Sa superbe s'empresse dès lors à déclarer négligeables
finances, économie. N'allez pas lui parler de la loi du maté-
rialisme historique. N'allez pas lui dire que, part étant faite

au facteur idéologique, les mouvements des peuples sont conditionnés par les évolutions économiques. Il hausserait les épaules. Bornée par une paresse orgueilleuse, son intelligence se satisfait d'un rudiment politique. Épousant la formule enfantine de Michelet à savoir que la question économique n'est qu'une conséquence, qu'un approfondissement essentiel de la liberté, il a décrété dans son for intérieur que la liberté suffisait à tout. Presque libertaire, ai-je dit? Oui! non pas libertaire à la façon raisonnée d'un Herbert Spencer ou d'un Kropotkine, libertaire par irréflexion nonchalante, libertaire par penchant pour l'indépendance déréglée. Car celle-ci ne lui déplaît pas quand il la rencontre chez les citoyens et quand, bien entendu, il n'en pâtit pas. Car elle lui paraît être la norme des relations de peuple à peuple. Il raille toutes les tentatives d'organisation internationale qu'il a tôt fait de taxer de chimériques. Les nations doivent se battre périodiquement, elles se battront *in æternum*, juge-t-il. Rien d'autre à faire que de se préparer perpétuellement à la guerre.

Avant 1914, il n'avait pas compris, il n'a pas compris au cours du grand conflit, que la science avait aggravé, aggraverait de plus en plus les tueries dont elle avait déjà centuplé l'horreur, que demain elle livrerait aux hommes des secrets mille fois plus redoutables que ceux qu'elle leur avait déjà confiés et dont ils firent un si effroyable usage de 1914 à 1918, que, si l'on n'y prenait garde, non seulement la civilisation sombrerait sous les ruines mais que l'humanité disparaîtrait. Eût-il, même vaguement, pressenti ces choses, il n'eût pas couvé sous son aile les traités gros de cataclysmes. Mais, ces idées le dépassent. Son intelligence, alerte dans l'ordinaire, balbutie quand elle est en face des hautes questions. Il est au-dessous des grands problèmes qui se posent.

Il fut au-dessous de ceux, de moindre ampleur, qui se posèrent durant sa maturité, entre 1870 et 1914. Il resta constamment un homme de 70. Figé sur nos défaites accidentelles, il n'admit jamais, avec Gambetta, que les grandes réparations peuvent sortir du droit. Il se persuada que la violence internationale commise à notre préjudice ne pouvait en aucun cas, être annulée par d'autres voies que par les voies de la guerre. Imprudent et sommaire, il ne vit pas que, *quoi qu'on pût penser à cet égard*, il importait au plus haut point de détourner le peuple français, qui est de flamme, de tout projet, de toute idée, même vague, de collision nouvelle, qu'à ces fins il fallait donner un aliment hors du vieux continent au besoin d'activité qui dévore notre race Maîtresse d'un vaste empire colonial, moralement fortifiée par l'esprit de conciliation auquel elle serait contrainte de se plier en suite de son expansion au delà des mers, la France devait se trouver en situation de tirer profit de tous les événements qui surgiraient, de recueillir, lors des dislocations européennes inévitables, dans la paix si elle pouvait être maintenue, hors de la paix si elle était impossible à conserver — sa réserve lui valant des alliés, — les légitimes restitutions.

Grande politique, toute de sagesse et de raison ! L'évaltonné qu'il fut la combattit à outrance

D'abord, qu'est-ce que c'était que ça les colonies? Est-ce que ça présentait le moindre intérêt ces mondes nouveaux dont on lui rebattait les oreilles? L'Europe seule comptait. A courir ainsi après ces établissements en Afrique ou en Asie qui coûteraient gros et ne rapporteraient rien, on n'obtenait qu'un résultat : on mécontentait l'Angleterre. Et, sa politique à lui qu'il opposait, sans oser le crier tout haut, à celle des Gambetta et des Ferry, avait pour clé de voûte non pas l'alliance d'égal à égal avec l'Angleterre mais la subordination de notre pays vis-à-vis de la Grande-Bretagne dans toutes les questions extra-européennes. Heureusement pour nous, Clemenceau ne fut pas suivi sauf un seul jour, le jour néfaste où, docile à sa voix, le Parlement renonça à l'Égypte. Si sa thèse eût prévalu sur toute la ligne, elle eût abouti au recroquevillement de la France. Nous eussions laissé à d'autres l'empire du monde sans être assurés — loin de là — de l'alliance anglaise. Nos voisins, avec raison, n'estiment que les forts, ils font peu de cas des nations qui fléchissent devant eux.

L'homme cependant persistait, s'agitait, correspondait avec ses admirateurs de l'autre côté de la Manche — il n'en manquait naturellement pas. — Nul besoin d'évoquer les papiers ou les guinées de Cornélius Herz pour expliquer que Clemenceau ait par parcelles aliéné sa liberté politique. Une conception étroitement passionnée, à laquelle l'imprudence fit sans aucun doute cortège, le verrouilla.

Cependant, cet *étourneau malfaisant* — ainsi le qualifiait Gambetta (1), ce destructeur comme l'appelaient tous les politiques, presque sans exception, entre 1875 et 1900, s'est saisi à deux reprises des leviers de commande. S'il a détruit, saccagé plutôt, en 1919, il a connu à la même époque le grand triomphe, presque l'apothéose. Il a, un instant, symbolisé la victoire de la justice et du droit à laquelle je ne nie pas que son extraordinaire virilité n'ait concouru. — La vague de popularité qui l'avait enveloppé l'a ensuite laissé sur le rivage. Mais le silence dans lequel sa vieillesse s'est drapée lui a valu l'étonnement admi-

(1) Dans un déjeuner au Palais-Bourbon, Gambetta, président de la Chambre, a en face de lui Aurélien Scholl, le chroniqueur célèbre. Infiniment d'esprit Scholl mais souvent maladroit ! Le voilà qui se lance dans un éloge éperdu de Clemenceau Gambetta s'impatiente, s'agite, frémit, finit par couper court au dithyrambe « Écoute bien, Aurélien, ton Clemenceau, quand même il vivrait cent ans, ne sera jamais qu'un étourneau malfaisant. »

ratif de tous ceux qui prisent les grands recueillements.

Quelles qualités font donc chez cet homme étrange contrepoids à ses immenses faiblesses?

Il a le caractère. Je décompose : il a la volonté acharnée, l'infatigable ténacité, le courage indomptable. Et j'omets les dons secondaires, précieux pour un politique : la souplesse, l'habileté, la ruse.

« On ne fait rien avec son esprit, peu de chose avec son intelligence, tout avec son caractère, » a écrit Chamfort. Que n'eût fait Clemenceau qui avait le caractère, si celui-ci n'eût été marqué d'une double tare : orgueil, dureté? Les dissonances de Shakespeare !

Encore l'orgueil, cet orgueil fou qui rendait insupportable, presque odieux, à Clemenceau un collaborateur tel que moi du moment où il sentait que son gouvernement ne vivait que sous le pavillon de la réforme fiscale, cet orgueil ne va pas toujours sans grandeur... Lucifer capte les âmes... Anatole France m'a conté comment aux débuts de l'affaire Dreyfus, Clemenceau s'empara de lui. L'homme politique était bas alors. Il avait été lâchement abandonné par presque tous ses amis en 1893 après ses échecs (1). N'ayant pas le matelas d'un avoir personnel qui permit à d'autres d'attendre dans la sérénité silencieuse le retour à meilleure fortune, il dut se mettre au travail. Quel travail? Écrire? Ses intimes l'en disaient incapable. Jusque-là, il n'avait fait que causer les éditoriaux de son journal ou bien dicter, en des phrases essoufflées comme celles qu'il laissait tomber du haut de la tribune, des articles à ses

(1) Clemenceau en était réduit à une telle détresse qu'il suppliait Rabier, un des rares partisans qui lui fussent restés, alors député, mon collègue au Sénat aujourd'hui, de faire passer dans un grand journal un papier qu'il avait rédigé et dont la publication pouvait lui assurer une modeste rémunération Pas de signature au bas de l'article, était-il le premier à admettre. Aucune feuille à tirage n'eût supporté le nom de Clemenceau.

collaborateurs. Mais il avait le sens de la langue française.
Ses premiers papiers sont lourds, pâteux. Il émonde, il
allège sa prose. A force de travail il devient un des premiers
journalistes du temps. Il n'en est pas encore là lorsque,
en 1897, il dîne côte à côte avec Anatole France dans je ne
sais plus quelle maison. Les deux hommes sortent ensemble.
Ils cheminent à travers les rues désertes de Paris endormi.
Clemenceau se met à parler de l'affaire Dreyfus. Il demande
le concours du grand écrivain : « Nous serons seuls, dit-il.
Nous aurons tout le monde contre nous, » et il énumère
complaisamment les multiples forces politiques et sociales
qui feront obstacle. « Nous serons seuls, répète-t-il. Mais
nous vaincrons. » Et il redit, sans se lasser, la formule :
« Nous serons seuls, mais nous l'emporterons. » La phrase
hallucinante communique à celui qui la recueille la passion
de la lutte, la volonté de s'ériger au-dessus de la foule.
« Combien d'intellectuels, me disait Anatole France, n'a-t-il
pas conquis en leur insufflant pour un instant sa frénésie
de courage et d'orgueil ? »

La dureté lui est moins salutaire. Juste de dire qu'il n'en
a pas la frénésie. Il n'est ni cruel, ni méchant de parti pris.
Il n'aura pas le sadisme du mal. Mais, qu'on ne se trouve
pas sur son chemin ! Il brise, s'il est le plus fort bien entendu,
les êtres qui s'opposent à lui, qui le gênent ou dont il pense
simplement qu'il a intérêt à se débarrasser. Il apporte à
ces exécutions la férocité que symbolise le surnom dont il
se réjouit. Il est « le Tigre ». Seul le souci de sa stature peut
fléchir son insensibilité. L'intuition dont il n'est pas dépourvu lui suggère, d'aventure, que, pour prendre posture
avantageuse devant la postérité, il lui faut feindre quelques
sentiments d'humanité. L'orgueil lui dicte alors la compas-
sion. Mais il lui arrive aussi que ce même orgueil lui interdise
la pitié.

Un exemple : une lamentable histoire !

Quand il eut perdu « le docteur Herz », Clemenceau se mit à la recherche d'autres bailleurs de fonds pour sa politique et ses journaux. Après avoir frappé avec plus ou moins de bonheur à diverses portes, il découvrit et s'attacha Alphonse Lenoir. Un courtier de publicité brutal et grossier, pas mauvais homme, ayant — il va de soi — la moralité particulière à son métier, propre tout de même dans l'ensemble ou à peu près, infiniment supérieur en tous cas à ce misérable Cornélius ! Lenoir commandita Clemenceau, le fit commanditer. J'entends qu'il lui procura l'argent nécessaire pour faire vivre ses journaux, *l'Homme Libre* notamment, dont le directeur, c'est-à-dire Clemenceau, était appointé convenablement, largement si l'on veut, sans exagération cependant. Le rabatteur de l'homme politique que celui-ci ne rémunérait qu'en le promouvant dans la Légion d'honneur (1) ou en lui facilitant des affaires, mourut en 1915. Il laissait un fils Pierre Lenoir, qui ne valait pas cher. Un amoral, un de ces coureurs et de ces faibles qui sont capables de toutes les folies pour la première femme qui passe et qu'ils ont momentanément dans la peau. Il était jeune, à vrai dire. Se serait-il amendé ? Nul ne le peut savoir puisqu'il disparut tragiquement en 1919. Épris d'une

(1) Quand, en 1906, je redevins ministre des Finances, Poincaré, m'indiquant les croix disponibles, m'apprit que M Étienne, ministre de la Guerre dans le cabinet Sarrien, ami intime de Clemenceau, avait cédé aux Finances une croix d'officier pour M Lenoir Je me recriai « Vous ferez ce que vous voudrez, me dit Poincaré, mais je vous avertis que vous aurez quelques difficultés avec votre président du Conseil si vous refusez une croix qui, après tout, ne vous coûtera rien puisqu'elle est prise sur le contingent de la Guerre. » Je me résignai Lenoir que je ne connaissais pas vint me remercier. Il me servit depuis Il aida des journaux auxquels je m'intéressais pour des raisons politiques, sans que, moi, j'y recueillisse jamais le moindre avantage pécuniaire Je me trouvai ainsi tout à fait libre de répondre à Lenoir par l'intermédiaire de mon chef de secrétariat particulier auquel il avait manifesté, en fin 1913, son désir d'être commandeur de la Légion d'honneur, que « je n'aimais pas les plaisanteries de mauvais goût ».

fille aux dents longues, tenaillé par le besoin d'argent, il
succomba à une odieuse tentation. Mis en mouvement par
quelques coquins il accepta en pleine guerre de l'argent
allemand pour acquérir *le Journal*. L'affaire avorta. Qu'importait à Lenoir ! Ce qui l'intéressait c'était la commission
qu'il avait touchée : cinq cents billets de mille francs qui
lui passèrent tout juste entre les mains. Il les jeta, aussitôt
reçus, sur le lit de la drôlesse.

Les faits viennent cependant à être connus . incomplètement. Conseil de guerre ! Pierre Lenoir est mal défendu.
Les instigateurs du coup sont laissés de côté ou légèrement
frappés. Pour lui, la mort ! Les membres du tribunal militaire aperçoivent cependant que le ministère public, un
valet de bourreau, un magistrat à la Laffemas, un sieur
Mornet a requis, les a entraînés trop loin. Ils sont unanimes
à signer un recours en grâce. Pas de doute ! Pierre Lenoir
va être gracié, c'est-à-dire envoyé à Cayenne. La différence
de traitement entre lui et les misérables qui furent les
moteurs de l'entreprise est trop choquante. Au surplus, la
guerre est finie. Encore quelques semaines, la paix déjà
signée, sera définitive, la Cour de cassation arrêtera que
les sentences de mort prononcées à raison de faits politiques — la trahison est un fait politique — ne peuvent
pas recevoir exécution. Tout le monde s'attend donc à un
acte de clémence. Il suffit, pour qu'il intervienne, que le
ministre de la Guerre — Clemenceau — le recommande au
chef de l'État.

L'orgueilleux s'y refuse. Il n'en est plus à compter les
services qu'Alphonse Lenoir lui a rendus. S'il a pu poursuivre son action dans la presse, s'il a pu donner à sa
carrière politique le développement qu'elle a reçu, s'il a pu
vivre confortablement pendant des années, c'est grâce au
courtier dont il fut le commensal. Son intimité dans la mai-

son fut si grande qu'il consentit à figurer comme premier témoin au mariage du fils, au mariage de ce Pierre Lenoir qu'une sentence, jugée excessive par ceux-là mêmes qui l'ont rendue, vient d'atteindre. Le président du Conseil n'a qu'un geste à faire pour arracher à la mort le malheureux, le pâle comparse de gredins qui ont passé, eux, à travers les mailles de la justice. Ce geste, Clemenceau ne le fera pas. Il ne veut pas qu'on dise qu'il a sauvé le fils parce qu'il doit beaucoup au père. Dans les fossés de Vincennes, Pierre Lenoir, que la peur affale sur une civière, sera fusillé...

Des années auparavant, en 1907 ou en 1908, comme nous causions, le président du Conseil d'alors et moi, dans le cabinet du ministre de l'Intérieur, la conversation tomba sur Waldeck-Rousseau, sur l'action prodigieuse qu'il avait exercée, sur son incomparable puissance de rayonnement. Clemenceau s'étonnait. « Je ne comprends pas... je ne comprends pas, » me disait-il, me répétait-il, de sa voix aigue que j'entends encore.

« — Tu ne comprends pas, Clemenceau? Souviens-toi de la parole du Dante, de l'avis donné au damné virgilien : *Il faut être juste et ne point mépriser les dieux*. Les dieux, — nos dieux — c'est la Bonté, la Générosité, la Pitié, l'Humanité. Tu fis mine de les vénérer. Tu ne cessas de les renier aux souffles de la passion ou de ton intérêt. Waldeck-Rousseau les servit. *Il fut un juste*. »

FIN DU TOME PREMIER

TABLE DES MATIÈRES

CHAPITRE VII

CHAPITRE VIII

TROISIÈME PARTIE

CHAPITRE IX

CHAPITRE X

PARIS TYPOGRAPHIE PLON, 8, RUE GARANCIÈRE 1942 54679